イギリス憲法 I 憲政

Constitution of the United Kingdom Part I
Parliamentary Government

幡新大実

東信堂

はじめに

憲法と市民国家と立憲政治（ポリテイア）

「不文憲法の下における最終的審判者は政治である」（Peter Clarke, 1985[1]）

「誰かが意図したことではないが、時の政府が、何が憲法であるかを決定するのが、この国の憲法の独特のあり方である」（Vernon Bogdanor, 1995[2]）

それぞれイギリス近現代憲政史家と憲政学教授のコメントである。やや極端ではあるが、その分、イギリス憲法というものの本質をよくとらえている。それは一言でいえば自由である。

ここでオックスフォード大学の「憲政学」教授（Professor of Government and Politics）の肩書を持ち出したのでその和訳につき便宜的に説明するが、Governmentは、言うまでもなく名誉革命後の一六八九年にジョン・ロックが匿名で発表した『市民政府二論』（John Locke, Two Treaties on Government）の第二論文『市民政府の真の起源、範囲、目的についての試論』（An Essay concerning the True Original, Extent and End of Civil Government）の表題から来ており、Politicsは云うまでもなくアリストテレスの「政治学」（πολιτικῶν）から来ている。「政治学」という後世の題目でまとめられたアリストテレスの講義メモの集合体が一五八ヵ国もの古代ギリシャとカルタゴの都市国家の「国制」（πολιτεία）の膨大な経験主義的研究の成果であったと考えられること、その「国制学」（πολιτικῶν）が、都市国家（πόλις）の市民（πολίτης）の市民権→市民国家→その統治原理→立憲政体（πολιτεία）の学に他ならないことを考えれば、オックスフォード大学の科目名「政府（ないし統治）と政治」もギリシャ語のポリテイア（πολιτεία）＝市民権→市民国家→その統治原理→立憲政体→憲法ないし憲政を指す英語であると捉えることができるのである。

やや日本流の憲法学風に説明すれば、イギリスには「憲法典」と名のつく、たとえば統治機構のあり方や国の根本的な存在意義、価値ないし人権を一つの法律文書にまとめ、それを最高法規として通常の立法手続きよりも厳格な特別の改正手続きを要求するような手堅い「硬性」憲法はない。そのかわり通常の議会立法や慣習法や判例法そして法律ではない政治慣行上のならわし（習律＝conventions⇒76）その他の種々雑多な規範の束が総じて憲法を構成している柔軟性の極めて高い「軟性」憲法の国である（⇒57）。冒頭に引用したピーター・クラークやヴァーノン・ボウダナーの言は、イギリス憲法の柔軟性の度合いをよく表現しており、臨機応変、変幻自在ともいうべき、良く言えば「達人」の憲法、悪く言えば、その気になればどうにでも濫用できそうに見える憲法である。

例えば、本書で詳しく見るように、イギリス「憲法」に三権分立はない。立法府の多数を占める勢力が行政府を率い（議院内閣制）、第二次世界大戦中も行政府の大臣（大法官⇒218）が立法府の一部である貴族院の司法権を行使して、行政府の同僚が主張する公共の福祉が私人の権利に優先するという意見を述べ（Duncan v Cammell Laird [1942] AC 624）、裁判所はその「王冠特権」の貴族院「判例」から離れるのに長い歳月を要した。但し、もし「三権分立」が確立されていたら、その裁判で違った結果が出たか？と問えば、必ずしもそうではないと思われ、それは後に裁判の中身を見るので容易に理解できるであろう（⇒第二部）。

もちろんイギリスにはモンテスキューの時代（名誉革命後、ハノーバー朝初期）にはすでに立法権、行政権、司法権の機能的分立傾向があった。ただし、モンテスキューを通してアメリカとフランスの共和制憲法の基本原理となった権力と権力の抑制と均衡（check and balance）は、イギリス人の外「政」や後述する内「政」の原理であったとしても、必ずしもイギリス人の国「制」の原理ではない。イギリス人の国制の原理は統治任務の議会に対する「アカウンタビリティー」（accountability）である。これは一般的に「説明責任」と訳されているが、本来、委任事務、ロック式にいえば信託事務、の処理状況報告義務（学説彙纂三編三章四六節四款[3]を起源とし、ドマ『自然秩序における市民法』一編一五章三節八款[4]、フランス民法一九九三条[5]、ドイツ民法六六六条、日本民法六四五条にも受け継がれている義務）の応用である。一五五八年一一月一五日のエリザベス一世の王位継承演説に「天から委任された統治権の行使について……天に良い業績報告ができるように（make a good account）」という表現が出てくるが（⇒181—183、254注1）、まさにこれである。現在では、天（God）は人民（people）に置き換わり、人民からの信託業務（統治）の業績報告は、有権者の代表である衆議院（⇒165—166、221）に対してなされる。

　そして「現代憲法」の使命は「福祉国家」の樹立であるなどという憲法理論もあったが、そういう国家をいち早く実践的に樹立しようとしたのもイギリスの一九四五年七月五日の総選挙で圧勝したアトリー労働党内閣であった。まさに憲法を「時の政府が決める」例であったといえよう。ただし「ゆりかごから墓場まで」の福祉国家構想を描いたベバリッジ報告書は、一九四一年六月一〇日にチャーチル戦時挙国一致内閣の労働党のグリーンウッド無任所大臣が枢密院に設置した社会保険と関連サービスに関する官庁間委員会（Inter-Departmental Committee on Social Insurance and Allied Services）の報告書であった。一九四二年一一月二六日の閣議決定で、政府法案の前段階の政府統一見解をまとめた「白書」（White Paper ⇒156）として一二月二日付けで議会に提出されたものである（Cmnd 6404）。要するに、チャーチル内閣は国民に「戦争に勝ったら福祉国家にしてやるから頑張って耐えろ」と示唆し、一九四五年五月八日にドイツ軍降伏文書が批准されて戦争が終わると、国民は二ヵ月後の総選挙で福祉国家の期待を実現してもらうために労働党に投票したといえる。戦後の労働党単独内閣が実施したその具体的な制度、国民保険（National Insurance）、国民健康サービス（National Health Service）や法的扶助（Legal Aid）などは、国家財政の窮乏とともに近年後退が著しいものの、党派を超えて支持を集めて定着した。

　イギリスというのは、このように総選挙に反映された民意に従って議会の中の多数派の構成する政権が時々交代するという時間的な勢力均衡を保ちながら、第二次大戦後は、王制と貴族制と民主制の混合国制（議会）のバランスを守る保守党と、労働者階級の利益を代表する労働党という階級イデオロギーの対立する二大政党が交互に政権を担当し、それぞれの憲法理論に従って統治してきた、非常に幅の広く自由な統治が可能な国なのである。

「法典化されていない憲法を持つ民主主義は、法律ではなく、正統性（legitimacy）というより広い概念に頼るところが大きい」（Jonathan Sumption, 2011[6]）

これは貴族院の旧裁判権を継承した連合王国最高裁判所の初の弁護士出身の裁判官の言で、「正統性」とは、人民主権的な正統性に他ならない。これは裁判官の人事についても一定の民主的な説明責任（accountability）が要求されるという文脈における発言で、キャリア裁判官たちがほぼ独占的に自らの独善的基準で後継者を選び易い二〇〇五年憲法改革法（Constitutional Reform Act）所定の裁判官人事制度（キャリアの元大蔵官僚が設立の中心となり人事の非政治化と能力本位主義を追求した）について、民主的な点検機能が働かないところでは、司法権を制度的に私物化する司法官僚が出現すると批判しているような側面がある。司法権については別冊にするが、イギリスは「硬性」憲法で三権を分立させるよりも、自由選挙を通じて表明された民意に従って政権が、ときどき、常識的期間内に、交代する時間的な勢力均衡（balance of powers）を保つことで、権力の腐敗や恣意を抑制し、行き過ぎに歯止めをかけてきた。モンテスキュー式に分立した三権間の抑制と均衡（議院内閣制と矛盾）ではなく、政党間の勢力均衡こそがイギリス憲政の基本原理であり、人民から信託された統治業務の説明責任の実効性を担保するのである。

だからこそイギリスには、「硬性」憲法によって樹立された国には見られない政治的な幅と度量があるともいえる。日本は、これまで戦前はドイツ、戦後はアメリカという、それぞれ独自の、やや宗教的な憲法信仰を持つ国々から過剰な影響を受けてきた。いわゆる自主憲法制定論というものも、そういう憲法信仰の裏返しに過ぎない。しかし、少なくとも日本が本来、一番学ぶべき実践的な立憲議会政治の母国はイギリスなのである。

このささやかなる一冊は、すでに世に山ほど出ているイギリス憲法概説書に蛇足を加えるつもりではない。

そもそも本邦初のバリスター星亨もイギリス憲法を学びにミドル・テンプルの門を叩いた。近年では戒能通厚『イギリス憲法の実像・その歴史的文脈』（法律時報二〇一一年八三巻一号〜連載中）という社会学的・理論的・学説史的視点からの大作があり、戒能通厚編『現代イギリス法事典』新世社二〇〇三年も、「事典」という名前ではあるが、基本的に歴史的総論、統治機構、行政法、地方自治、教育法制、労働法制（欧州連合法）、スコットランド法制、北アイルランド法制等を、日本を代表するイギリス法研究の各専門分野の大家が執筆した必読の基本書である。また加藤紘捷『概説イギリス憲法〜由来・展開そして改革へ』勁草書房二〇〇二年も日本向けに歴史的、理論的説明にも紙面を費やし、イギリス現地での公法（Public Law）教育の編制も考慮したと思われる編制で仕上がった良書である。Philip S. James の名著 *Introduction to English Law* (London: Butterworths, 12th ed., 1989) の矢頭敏也訳を参考にしたという所も、その一端を説明しているかもしれない。とくに欧州連合法とイギリス憲法さらに欧州各国比較憲法の視点では、『イギリス憲法とEC法〜国会主権の原則の凋落』東京大学出版会一九九三年の著者、中村民雄編『ヨーロッパ「憲法」の形成と各国憲法の変化』信山社二〇一二年が格好の新作である。

　分野によっては、本書よりもこれらの書物を読む必要性の方がはるかに高い場合も少なくない。たとえば欧州連合との関係では中村教授の本、スコットランドやウェールズや北アイルランドの住民投票と自治議会については加藤教授の本は必読であり、『現代イギリス法事典』はいずれの場合も常に必携である。また本書第五章の選挙法改正の簡単な歴史をアリストテレス用語で財産評価制（τιμοκρατία）から民主制（δημοκρατία）への転換として説明したが、少なくともその背景として戒能通厚『イギリス土地所有権法研究』岩波書店一九八〇年は古典的力作であり、決して戒能土地（不動産）法研究は「憲法とは関係がない」などと速断することのないようにしていただきたいと思う。

　本書ではイングランド・ウェールズの法廷弁護士として法律的憲法の概説書を書くというよりは、やや長期にわたってイギリスに滞在して大きな政権交代を二回見てきた経験から、憲法学というものがともすれば見失いがちな憲政史的次元の話を含めて、イギリス人の国制と憲政の特徴と基本原理を明らかにしながら、適宜、筆者の独断と偏見を交えて日本憲法〜憲政史のドラマにも光を当ててみたい。

これは別に世に言う「比較憲法学」をやりたいわけではない。イギリスと日本は、ともに同じ温帯の島国で少なくとも歴史的にはときどき女性の君主があらわれて近隣の大陸諸国を驚かせる国だといっても、土台やつくりや体質（constitution を医学的にいうと体質）が違うので単純比較ができるとは毛頭思っていない。しかし、適宜、日本の憲法に影響を与えた部分や、それに関連する日本と英国両国の憲政史上のエピソードに私見を加えて、読者の知的興味と自国の憲政への参加意欲や問題意識を刺激することができれば、幸いである。

なお本書では、二〇〇六年法令改正促進法（Legislative and Regulatory Reform Act 2006）は論争的かつ専門的で本書の目的に適さないので扱わなかった。

本書執筆の動機

まず一部学生諸君の要望に応え、筆者の一般教養セミナーおよびその次の段階の読み物として提供したいという目的がある。二〇〇九年八月三〇日の日本の総選挙は、史上初めて衆議院で過半数を超える政党を交代させたという意味で、日本憲政史上、大きな歴史的意味を持つ総選挙であった。民主党は四八〇議席中三〇八議席（六四％）を獲得し、半数を六八議席も超える圧勝であった。新内閣総理大臣が衆議院の任期四年（憲法四五条）を目処に仕事をして次の総選挙で有権者の審判を仰ぐという本格的な政権交代の可能性を示唆するのに十分な数字に見えた。

面白かったのはイギリス人の反応である。総選挙直後、筆者はイギリスで隣の改装工事をしている業者の面々から話しかけられ、民主党の地すべり的勝利（landslide）について「みんな日本のニュースに注目しているけれど、半世紀以上続いた体制（regime）がそう易々と政権交代を受け容れるはずがないから、すぐに崩壊するとみんな言っているよ」と言われた。オックスフォードで塾の講師をしている友人のクリストファーからは「ド素人内閣で果たして結果を出せるか（can they deliver?）」という手厳しいコメントをもらった。いずれも、おそろしいほど正確な予想であったが、イギリスで日本政治が話題になること自体が非常に珍しいことなので、さすがは民主主義の母国、関心度は非常に高かった。

筆者は上のコメントについて、総選挙で政権交代が常識的期間内にときどき起こるかどうかが民主主義国であるかどうかの指標であるとのカール・ポッパーの受け売りをして、「一九八九年の東欧革命のようにこれからの道のりは長く険しいが、有権者（the electorate）の快挙には違いない」というように答えておいた。その年のクリスマスには長年お世話になったストックィン教授7に「（日本にとって）二〇〇九年という年は東欧にとっての一九八九年に割と似た意味を持ち続けるであろう」と書いて送った。ストックィン教授は日本からは悲観的な観測ばかりが寄せられていると言いながら、嬉しかったようで、民主党の江田五月が、二〇〇九年一〇月の同教授とのインタビューの中で、政権交代を「一八六八年の明治維新と一九四五年の米軍による占領改革に続く第三の革命であり最も重要な革命である」と位置づけたことをふりかえって、日本の再生に淡い期待を託した8。

その後の日本のみじめで悲惨な現実は、イギリスの建築業者や塾の講師の見方の方が大学教授の淡い期待よりも、はるかに正確で本質をついていたことを証明した。

もちろん日本の二〇〇九年の政権交代はその二〇年前の東欧革命とは違った。総選挙の明確な結果であったので、形式的には、まさに議会制民主主義の王道であり、大統領制のもとにおける韓国や台湾の政権交代よりも、さらに本格的といえたのである。それでこそ中国との違いが明確なはずであった。そして、変わらなければならない現実に迫られていたし、その必要性は今でも続いている。「消えた年金」や膨れ上がる財政赤字ばかりではない。

実は、筆者は、総選挙の直前、八月二〇日に、日弁連のある弁護士から、冤罪の経験を具体的な司法改革につなげる装置としてイギリスの王立委員会（royal commissions）について調査を依頼されていたので、日本の政権交代を見て司法改革の実現に向けてある種の期待感を抱いた。当時、富山の氷見事件（柳原浩氏が真犯人出現で再審無罪）、栃木の足利事件（菅家利和氏がDNA再鑑定で無実と判明～のちに再審無罪）など、検察も認めざるをえない冤罪が連続で発覚していたことから、日弁連の依頼内容に即して、本格的な政権交代をきっかけにして冤罪原因の調査そしてそれに基づく具体的な捜査・刑事手続の改革が進むことを祈った。まさか二〇一〇年七月一四日に筆者が日弁連でイギリス王立委員会について報告（⇓本書259）するまでに、同年六月四日、鳩山由紀夫内閣がわずか九ヶ月足らずで倒壊してしまうとは呆れて開いた口が塞がらなかった。あれほど衆議院議員の任期四年を基本単位とした政権運営をすると公言していたのにも拘らずであった。イギリスでは二〇一〇年五月六日の総選挙後、二〇一一年九月一五日に制定された定期議会法（Fixed-term Parliament Act 2011）が習律（convention ⇓76）上の首相の解散権を剥奪し、内閣不信任決議の場合を除き、衆議院議員の任期五年をほぼ固定化する方向へ動いたので（⇓140、207）、鳩山の「言っていたこと」は、現代イギリス議院内閣制の進む方向性を先取りするものであったとも言えるのだが惜しいことをした。

これでは旧東欧のルーマニアよりも性質（タチ）が悪い。ルーマニアでは、東欧革命の年、共産党が、悪いことはすべてチャウシェスク書記長独りに責任を押し付けてこれを殺害して「清算」し、共産党を二つに割って名前を変えて二大政党にして、総選挙で二大政党間の政権交代を実現することで自由民主主義の形を整えて、見事、欧州連合加盟を果たした。どうもイギリスの建築業者が「日本で半世紀以上続いたレジーム」と呼ぶものには、ルーマニア式に自民党を二つに割って（つまり民主党の結成）、その間で政権交代を実現させる程度の「度量」さえないようである。日本の既存レジームの許容できる政治の多元性または「幅」は、ロシヤや中国や北朝鮮の向こうを張って東アジアで自由と民主主義を標榜すべき日本、イギリス（連合王国）の約二倍の人口をかかえる高度産業技術国家日本としては、世界標準から見て、あまりにも狭小過ぎる。

端的にいえば、総選挙前に、とくに大きな政権交代、つまり日本の自由民主党のように約半世紀にもわたって政権を担ってきた政党が支持を失い、野党の方に支持が移っていることが世論調査で明確に予想されている段階で、公的な捜査・訴追機関が野党の党首やその周囲の人物を政治犯の被疑で公然と捜査し、逮捕することや、総選挙の結果その野党が政権政党になった直後に、その有力議員や秘書を同様に公然と捜査し、逮捕、訴追することは、イギリス議会政治の常識から見れば、選挙権者（electorate）の判断、政権選択を前にして、これに横から予断と偏見を与えて妨害し、総選挙を通して表示された有権者の判断や意思を冒涜することに他ならず、いずれも総選挙の過程、すなわち正常な民主主義のプロセスに対する重大な干渉と侮辱であり、極めて悪質なファウル・プレーである。

筆者はイギリスでの博士論文の執筆過程で西洋人にとって自由で公正な選挙という民主主義のプロセスを尊重できるかどうかが、文明国かそうでないかの基準なのだということを体感した。「文明国」とか「野蛮国」などの具体的な「言葉」が発せられたわけではない。対話のなかでそう実感したのである。これは、一九九三年五月に国連（ＵＮＴＡＣ）がカンボジアで実施した総選挙とその後の第一党と第二党の「シャム双生児（二重体）政府」（連立内閣と違い、首相、内相、防相など主要閣僚が二人ずついる政府）の結成について、シハヌーク元国王を大統領に選出する「ナポレオン三世的解決」案についてのＵＮＴＡＣ行政部長ポーセル（フランスのパリ行政裁判所次長）の見解を触媒にして、国連特別政治問題（ＰＫＯ）担当事務次長グールディングやＵＮＴＡＣ選挙部長オースティン（第三世界での選挙管理の専門家で一九七八―一九七九年のローデシアからジンバブウェへの体制移行のための総選挙を実施）をはじめとするイギリス人関係者とのインタビューや、論文の口頭試問（viva）を通して感じたことである。

実は、イギリスでも二〇〇八年一一月二七日、ロンドン警視庁のテロ対策部隊が、突然、当時の野党第一党保守党の影の内務省入国管理担当副大臣（shadow minister of state for immigration）ダミアン・グリーン代議士を内務省機密情報漏洩の共同謀議または幇助の被疑で逮捕したことがある（⇒174、176―177）。当時、衆議院議員の任期満了（二〇一〇年五月）まであと一年五ヵ月で、まだ直前とは言い難かったが、興味深かったのは警察の行動についての世論の反響である。

この野党議員の逮捕は、時間的には九時間もの身柄の拘束ののち、翌年二月まで保釈されたが、これについて同じ党のキャメロン党首は「スターリン的」野党弾圧と非難[9]、革新系ガーディアン紙もロンドン警視庁の行為を「ジンバブウェ」政治[10]に例えた。

それは、ハワード保守党元党首のＢＢＣのインタビューに対する答えでは「国会侮辱」（contempt of Parliament）[11]、タイムズ紙の表現で「自由と民主主義に対する歴史に残る攻撃」（a historic attack on liberty and democracy）[12]、革新系の日曜版オブザーバー紙の表現で「憲法に対する攻撃」（constitutional affront）[13]であった。革新系ガーディアン紙は「民主主義の母国（Mother Democracy）においてあるまじきこと」[14]、または「ネアンデルタール的」[15]、いわば現生人類との生存競争に敗れて絶滅した人種のような遅れた原始未開の野蛮行為であると酷評した。ガーディアン紙はさらに続けて「バナナ共和国」（a banana republic）という比喩も用いた[16]。これはアメリカ資本のバナナ農園に支配された米国の「裏庭」すなわち中南米の政争に明け暮れる弱小国を指す。ちなみに日本も米国政府関係者によってそのような表現で心の底から軽蔑されきっている[17]。

ガーディアン紙への読者の投稿では、野党議員を逮捕するとは「シュタージ（旧東ドイツ国家公安警察〔Staatssicherheit〕）的」、自由党の貴族院議員の投稿では「ファシスト的」暴挙であった[18]。要するに、政治的立場を問わず、新聞や読者はいずれもイギリスの政治が遅れた「劣等国」の政治に堕してしまったという、極めて、厳しい評価をした。

なおダミアン・グリーン代議士に対する被疑は、二〇〇九年四月一六日に公訴長官（Director of Public Prosecutions）ケール・スターマー（弁護士出身）が不起訴処分にした。曰く、「この件について公訴を提起すれば、陪審員が、内務省の公務遂行に支障は出たと判断しうる証拠もあり、公務に対する障害を過小評価すべきではない。しかし、漏洩した内容は国家安全保障や、軍事、治安、諜報上の秘密、あるいは人命にかかわる情報ではなく、むしろ、それについて報道し公に議論すべき正統な公的利益があると考えられるものが含まれており、本件の事実関係に照らす限り、有罪評決を得ることは難しいと考えられる」という理由で、起訴できないと、警視庁に助言した[19]。事件は、これで衆議院議員の任期満了まで丸一年を残して、終了した。

議会特権（⇓160）や議会侮辱（⇓164）などの論点は後に詳述する（⇓176—177）のでここで鵜呑みにしないでいただきたいが、野党議員逮捕というものが、どれくらい「民主主義の母国」にとって卑劣な行為に見えるか、それをよくあらわしている世論の反応である。

政治のフェア・プレー

日本政治は、わかりやすく言えば、サッカー（football）のボールを小学生低学年の児童が金魚の糞ないし団子になって追っかける団子サッカーである。自民党の長期一党支配とは団子サッカーに他ならない。団子にならないで別行動をとる選手がいると、すかさずレフェリー（検察）がレッドカードを出す。まさに「中東の笛」のような審判で、審判のファウルにレッドカードが要るような試合である。要するに、それはもはやサッカーではなく、ボールを先頭で独占している選手（自民党）も決して上手なプレーヤーには育たない。育つ機会がない。あまりにもひどいので、選手交代となり、先頭でボールを蹴る選手を民主党に替えたら、練習不足で脚がもつれて躓いて転んだ。それを全員でよってたかっていじめて起き上がれなくしてしまった。審判はそれを見てただニヤニヤ笑っている。その間に別の選手（菅そして野田）がこぼれたボールを拾って味方のゴールにシュートを決めて（own goal）、得意になり、味方のキーパー（小沢）と取っ組み合いの喧嘩を始めた。それを見て審判はゲラゲラと大声をあげて愉快そうに手を叩き腹を抱えて笑っている。これが日本政治の近況である。

やはり政治でも「フェア・プレー」の方を競ってもらいたいので、一度、日本は、サッカーと同様、ヨーロッパから、あるいはオーストラリアあたりから、「監督」を呼んだ方が良いかもしれない。

それでは「植民地」ではないか？そうかもしれないが、筆者の目には、今の日本の官僚や国会議員は、集団としては、結局「植民地」のように宗主国の手で指導してもらうことを心から望んでいるように見える。大日本帝国も、おそらく一人常識的な経営者がトップにいれば、中国からの撤兵問題でアメリカと無謀な戦争をして滅びるような愚かな真似20はしなかったであろうと思われる。そして、その当時の水準と今も大して変っていない。

日本人は政治のファウル・プレーしか見たことがないので、フェア・プレーの何たるかがサッパリ分からないのだろう。自民党が野党に転落したとたんに、ただ何でも反対して噛み付くだけのしがない野党に身を窶（やつ）しているところからも、それは分かる。日本の国会議員や官僚が見たことのない政治のフェア・プレーを習得するために、日本が給与を支払って外国から「監督」を招く、「最高経営者」(Chief Executive Officer) を雇い入れると、そう割り切って考えればよいであろう。筆者の気が短いだけかもしれないが、日本政治もここまで堕落してしまうと、悲しいかな、この際、そこまでやる必要性まであるように思われる。

筆者は、そう思いつつ、日本で憲法が予定している議会制民主主義の諸制度を正常に機能させ、民主主義のプロセス(過程)を公正に進行させ、フェア・プレーを実現させるにはどうしたらよいか考えている。本書はそれを考えるヒントになればと希望する。

筆者の一番恐れていることは、日本、とくに霞ヶ関と永田町と経団連とマスコミが、このまま白人至上主義者やキリスト教原理主義者の他人種異教徒に対する偏見を、実証的に正しいと証明し続けることである。

そして二〇一一年三月一一日の大地震と大津波で福島第一原子力発電所において同時多重メルトダウン事故が起こった。これは、日本の国家国民の存亡にかかわる事件であると同時に、最悪の事態を回避するチャンスでもあると思うので、筆者のイギリスでの体験を読者のみなさんと共有しておきたいと思う。

一九九六年頃、あるイギリス人科学者に誘われてパグウォッシュ会議のイギリス部会に参加したことがある。パグウォッシュ会議とは、一応、原子力の軍事利用ではなく平和利用を推進する会議ということになっていた。ロンドンのバッキンガム宮殿から海軍門に向う並木道に面した場所だった。私を誘った科学者が驚き恥じ入ったほど、当時からパグウォッシュ会議は二酸化炭素による地球温暖化対策を名目とした原子力発電推進運動にハイジャックされていた。原発は、放っておけば自然に放射線と熱を出して原子炉を溶かしてしまう核燃料の核反応を抑える水を海水で冷却するかわりに大量の熱湯を海に注ぐので、地球温暖化に大いに貢献している事実は云うまでもないが、問題は講演者が単なる商売人ならまだしも理工系の大学教授の肩書きを持つヤクザであったことである。原発を推進する日本を嘲笑っていた。私は問うた「日本人が沢山原発を作っていることの何がそんなにおかしいのか?」その男は目をあわせようとせず、「日本人、日本人」とニヤニヤ笑い続けた。儲かって笑いが止まらないというのなら、まだ理解できるが、そうではなかったから、恐ろしいと思ったのである。アメリカ人であったが、イギリスにいて初めて私は本物の人種主義者に出会った気がした。日本人は白人至上主義者に「勝手に自滅してくれるバカな劣等人種」だと嘲笑われているのである。

日本は、今、知らず知らずの間に、日中戦争の泥沼よりはるかに恐ろしい原発の泥沼に嵌っている。わずか寿命三〇年しかもたない発電装置のために、半永久的な放射性廃棄物の山（プルトニウムの半減期は二万四千年）をこしらえて、この世界有数の地震火山国の、一体どこに放射能のゴミを捨てるつもりか？それどころか大地震と大津波と火山の大噴火は、日本列島の場合、いつか必ず、絶対に、百パーセント間違いなく到来する緊急事態であり、単に、その正確な時期と場所と規模が予測不能であるということに過ぎない。その地質学的現実を考えれば最初から原発など作らないけれども、電気は欲しい。もう利権がからんで身動きがとれない。今を食いつながなければならない。原発に食わしてもらっていると洗脳（マインド・コントロール）されている。実は、原発は今回の福島原発事故が明らかにしたように、停止してもその後も長く核燃料を冷却し続けなければ大事故になるので、原発を止めても仕事は急にはなくならない。かつて寺田寅彦は天災に備える国防（「天災と国防」経済往来一九三四年一一月号）を訴えた。この地震火山列島で原子力をもてあそぶこと自体が、最大の国防上の脅威であり、人類全体の安全保障にもかかわる。そして「天災は忘れた頃にやってくる」のである。

今、ここで原子力政策の転換ができないというのであれば、それは、かつて自国の軍隊を自分で制御できずに自壊したよりも悪い結果になる。アメリカにはベトナム戦争の泥沼から自ら撤収する力があったが、日本は日中戦争の泥沼から自力で撤収できずにアメリカに八つ当たりして滅んだ。日本軍は太平洋戦線において物理的に米軍によって破壊される前に、中国戦線において軍律が崩壊して内的に自壊しており[21]、陸軍ではアメリカにその中国から撤兵するように要求されて頭に来て、真珠湾攻撃の前から「玉砕国は再興できる」[22]とか、「日米戦争は負けるかも知れぬが、戦わずして四等国に堕するよりも、いさぎよく戦って二六〇〇年の歴史を飾る」[23]などと言っていたという。それは国家の自爆に他ならなかった。そして二〇一二年四月、東日本大震災による原発事故から一年と一ヵ月が過ぎ、原発再稼働を決定した政権与党の政調会長代行（仙石由人）が「原発全面停止は日本の集団自殺」（一六日名古屋）と発言した。これは一九四一年一二月「今アメリカと戦わなければ四等国に堕す」という考え方と軌を一にする。かつての「皇国不滅神話」と全く同次元の非科学的な「原発安全神話」の嘘ではりかためた原発推進の泥沼、アメリカどころか、この地球という惑星の地殻変動を根本的に甘く見た幼稚で無謀な挑戦から撤収できるかどうか、将来の世代のことを考えて、まともな「国」として自律ができるかどうか、戦後の国制の本質が、今、問われている。

古代ギリシャの三賢人曰く（幡新大実『イギリスの司法制度』東信堂二〇〇九年二一八頁）、

● 「汝自身を知れ」（γνῶθι σ'αὐτόν）ミレトスのタレス
～日本は現在生成活動中の地震火山列島である。

● 「過ぎたることなかれ」（μηδὲν ἄγαν）アテナイのソロン
～福島の原発事故もチェルノブイリもまだ何も終わっていない。

● 「保証、則、破産」（ἐγγύη πάρα δ'ἄτη）スパルタのキロン
～原発安全を請け合ったら、その瞬間に破滅の女神にとり憑かれている。

これは憲法以前の、常識の問題かもしれない。

人の人たるは金権力の虜囚に非ざるに発す。常識というか理性が支配できない人間は、他人に管理してもらわないと自分では正常な判断ができないという意味で自由人に劣る（Aristotle, *Politica*, I.1254b1-10）。そういう人間を本性的奴隷（制度的奴隷の対）と定義すれば、日本の権力者はその本性が奴隷的である。実際に自制心に欠けて自分で自分に負けてアメリカに戦争をしかけて自爆した日本に軍隊を持たせることは「気違いに刃物」だから憲法九条ができた。日本国憲法はその意味で自由市民の立憲政体のための道具（instrument＝証書）ではなく、世界の安全のための

いわば成年後見制度である。人間は良い目的のために道具（ὄργανα）を思慮深く用いることができるが、それを悪い目的のために無謀に用いると、万物の中で最も有害な最悪の存在に堕す（Aristotle, *Politica*, I.1253a31-38）からである。日本がこの地震火山列島において無思慮にも約半世紀にわたって推進してきた原発政策は、日本の権力者が自由社会のまともな大人に成長するどころか、いまだに、そういう万物に劣る最も有害で最低の恥ずかしい存在のままであることを立証している。日本が現状のような重度の制限能力国（つまり立憲政体からは程遠い）から脱皮して、自由市民の立憲政体を築くためには、権力者の慢性的な奴隷根性を払拭しなければならない。

そのためには何が必要か？

原発問題に即して、イギリスの憲法原理である「説明責任」（accountability）から考えれば、東京電力、関西電力をはじめとする各地方の私的独占企業が原子力発電所を経営してきたこと自体が、国制上の根本的な誤りである。理由は、オリンパスの粉飾決算に限らず、収支報告（accountability）も監査も軽視されてきた日本において、現代文明の死命を制する電力を私的に独占させて原子の火という人間の制御の効かない凶器を与えたことで、電力会社は、かつての帝国陸海軍と同様に、誰にも説明責任を果たさない絶対権力と化し、その絶対的な腐敗力に規制当局の官僚も内閣もその中枢神経を侵され、もはや誰もこれを制御できなくなっているからである。この問題を現代の統「治」権干犯と呼ぶ。

解決策は、この現状認識から、導き出すしかない。

日本は、憲法という紙切れはあっても、政党間の時間的な勢力均衡がなく、独占政権政党の長期支配のもとで国会を通した統治の収支報告において粉飾決算が延々と続く間に、いつの間にか原子力という麻薬に侵されてしまった。いわば原子力麻薬の奴隷と化した重度の中毒患者に支配されている国である。原子力麻薬の奴隷はすでに禁断症状に喘いでいるが、これから本格的に長くて苦しい禁断症状と闘いながら厳しい治療を受けなければならない。麻薬依存症の治療は特殊の病院または医療刑務所において必然的に基本的人権の制限ないし停止を伴うが、それは本当に人間としての尊厳のある自由人となるために必要なリハビリテーションである。

この日本の悲惨な現実は、憲法を書く（あるいは書き換える）こと以上に大切な憲法的価値があり、その政治的実践がいかに大切であるかを立証している。本書で探訪するイギリスの自由市民国家の経験は、国難の時に、はじめて、その国の立憲政体の動的（ダイナミック）な真価が問われることを示唆している。諦めないで子孫の自由のために生きよう。

1 Peter Clark, 'The Edwardians and the Constitution' in Donald Read, ed., Edwardian England, Groom Helm for the Historical Association, 1985, p. 46.

2 Peter Hennessy, The Hidden Wiring: Unearthing the British Constitution, London: Indigo, 1996, p. 22.

3 Procurator ut in ceteris quoque negotiis gerendis, ita et in litibus ex bona fide rationem reddere debet.

4 Les procureurs constitutés, et les autres préposés à la conduite et administration de quelque affaire, sont tenus de rendre compte de leur maniement, et de restituer de bonne foi ce qu' ils ont reçu...

5 Tout mandataire est tenu de rendre compte de sa gestion, et de faire raison au mandant de tout ce qu'il a reçu en vertu de sa procuration, quand même ce qu'il aurait reçu n'eût point été dû au mandant.

6 Jonathan Sumption QC, 'Judicial and political decision-making: the Uncertain Boundary', F. A. Mann Lecture 2011.

7 Arthur Stockwin, Nissan Professor of Japanese Studies, Oxford 1982-2003.

8 Arthur Stockwin, 'Political Revolution in Japan', Japanese Studies at Oxford, 2010, issue 2, p. 4.

9 The Guardian, 27 November 2008, " Cameron anger at 'Stalinique' arrest of Tory MP in leak inquiry" by Nichols Watt.

10 The Guardian, 28 November 2008, 'A White Flag to Stalinism' by Frank Fisher; The Observer, 29 November 2008, " Why doesn't anyone say: 'Not in Britain'?" by Nick Cohen.

11 The Guardian, 28 November 2008, 'Damian Green arrest, PM accused of contempt of Parliament', by Andrew Sparrow and Nicholas Watt, quoting

from BBC's The World at One interview with Michael Howard and others.

12 The Times, 1 December 2008, 'A historic attack on liberty and democracy' by William Rees-Mogg.

13 The Observer, 30 November 2008, Editorial, 'The Prime Minister's silence betrays Parliament'.

14 The Guardian, 1 December 2008, 'The wrong arm of the law', by Ian Dale.

15 The Guardian, 1 December 2008, 'The wrong arm of the law', by Ian Dale.

16 The Guardian, 1 December 2008, 'The wrong arm of the law', by Ian Dale.

17 産経新聞二〇一〇年三月一五日ワシントン佐々木類。

18 The Guardian, 29 November 2008, 'Searching Questions', Letters by Richard Memmot (Sheffield) and Tony Greaves (House of Lords, Liberal Democrat).

19 Crown Prosecution Service <www.cps.gov.uk>, 'CPS advises Metropolitan Police no Prosecution of Damian Green or Christopher Gally', 16 April 2009.

20 一九四一年一〇月一五日頃、軍令部総長永野修身曰「撤兵問題で戦争するのはバカげたことだ」新名丈夫編『海軍戦争検討会議記録』毎日新聞社一九七六年一四〇頁（一九四六年一月二二日澤本頼雄、開戦当時の海軍次官談）。

21 幡新大実『「戦陣訓」と日中戦争～軍律から見た日中戦争の歴史的位置と教訓』軍事史学第四三巻第三・四合併号（日中戦争再論二〇〇八年二二三頁。この研究に粟屋憲太郎教授から不可欠の資料、和田盛哉編「戦陣訓および派遣軍将校に告ぐに関する研究」（一九七二年未刊行）の提供を受けた。ここにあらためて謝意を表する。

22 新名丈夫編『海軍戦争検討会議記録』毎日新聞社一九七六年一三八～一四〇頁（榎本重治開戦時海軍経理学校教官談）、一四一～二頁（澤本頼雄開戦時海軍次官談）。

23 新名丈夫前掲一四一頁（三代辰吉開戦時第七三二航空隊司令談）。

大目次／イギリス憲法Ⅰ　憲政

詳細目次／イギリス憲法Ⅰ　憲政

第三編　統治機構

第七章　行政府（Executive）　181

イギリス憲法Ⅰ　憲政

第一編　歴　史

序章　イギリスの暦

イギリスの憲法的法源とされる『権利の請願』(Petition of Right) や『権利の章典』(Bill of Rights) や『王位継承法』(Act of Settlement) の採択年は、古い記録ではそれぞれ一六二七年、一六八八年、一七〇〇年、より最近の記述ではそれぞれ一六二八年、一六八九年、一七〇一年となっている場合があり、一年ずつずれている。同様に歴史的な判例の年が一年ずれていることも稀ではない。

原因は次の三つの理由による。第一に、議会立法を各会期の始まった年でまとめて一冊にしていたこと (Acts of Parliament (Commencement) Act 1793 により改正)、第二に年のあらたまる日が一月一日ではなかったこと及び暦が現在のグレゴリオ暦ではなくユリウス暦だったこと (Calendar (New Style) Act 1750 により二段階で改正)、第三に国王の治世年の数え方は践祚の日から一年と数えていたこと (Acts of Parliament Numbering and Citation Act 1962 により改正) である。

一. 議会会期の始まった年

議会立法は理論的には一つの会期 (session) 中に成立した全ての立法が全体で一冊の法律 (statute book) を構成し、

個別の立法はその「章」（Chapter）と捉えられていた。

議会立法施行法（Acts of Parliament（Commencement）Act 1793）が施行されて、立法が裁可された年月日が立法名とともに記録されるようになるまでは、同じ会期の立法はその会期の開始年で知られた。この例が王位継承法（一七〇〇年に始まった会期で、一七〇一年に成立）であり、権利請願も同様に議会が請願を採択し国王の署名を得た年（一六二八年のそれぞれ五月八日と六月七日）ではなく、議会の該当会期の始まった年（一六二七年）で記されたのである。

なお、個別立法を「章」（chapter）と呼ぶ慣習は、現在も続いており、例えば憲法改革法（Constitutional Reform Act 2005）は二〇〇五年の第四「章」（Chapter 4, c. 4）と記されている。

二　年のあらたまる日

一七五二年一月一日（ユリウス暦）に新暦法（Calendar (New Style) Act 1750）が施行されるまで、年があらたまるのは一月一日ではなく聖母マリアの受胎告知祭（Annunciation; Lady Day）で、それは原則三月二五日であった。また一二世紀末までは聖誕祭 Christmas の一二月二五日で年が改まることが多かった。

ただし受胎告知祭は日曜日と復活祭（Easter; Pascha ← Πάσχα）および復活祭週（Paschal Week、復活祭直前の一週間で「棕櫚の日曜日」Palm Sunday から始まる）と重なるとその後になった。復活祭はユダヤ教の過越祭（פסח; Passover）つまりユダヤ暦（太陰暦）のニッサン（ניסן）の月の一四日を起源として、三二五年のニカイア公会議以降「春分の日の後の初満月の次の日曜日」とされていて、毎年移動する。このため三月二五日が復活祭週の始まる棕櫚の日曜日の前の日曜日に当ればその翌日の三月二六日月曜日に、棕櫚の日曜日から復活祭当日のいずれかの日に当れば、復活祭の次の日曜日の後の月曜日（四月二日から九日にかけて）に延期された。つまり年始は休み明けでなければならなかった。

たとえばチャールズ一世の処刑は「一六四八年一月三〇日」、王制廃止は「一六四八年三月一七日」、共和制

(Commonwealth) が宣言されたのは「一六四九年五月一九日」と記録されているが、もちろん王制廃止から共和制宣言まで一年以上も待った事実はなく、一月一日改年法に従えば王制廃止は一六四九年三月一七日で共和制宣言の約二ヶ月前に過ぎなかった。ちなみにこの年の受胎告知祭は三月二五日が復活祭だったので、その次の日曜日の後の月曜日四月二日であった。同様に一六八八年から一六八九年への年改めの受胎告知祭は三月二五日が復活祭週の最中だったので、復活祭（三月二一日）の次の日曜日の後の月曜日四月八日であった**1**。

本書では一律一月一日改年法を用いる。

ちなみに新暦法（Calendar (New Style) Act 1750）は一七五二年一月一日（ユリウス暦）から一月一日改年法を採用した。このため前年の一七五一年は三月二五日から一二月三一日までの二八二日しかなかった。

そして新暦法は従来のユリウス暦そのものも一七五二年九月二日水曜日をもって終了させ、翌木曜日からグレゴリオ暦を採用し一七五二年九月一四日とした（一一日進んだ）。

なお新暦法は法案提出者、チェスターフィールド伯爵の名前をとってチェスターフィールド法（Chesterfield's Act）の名でも知られる。この慣わしは現代ではアメリカ合州国の立法について残っている。

(1) 大陸では……

一月一日に年をあらためるやり方は古代ローマ（ユリウス暦）のものであるが、一五二二年にベネチアで復活し、一五五六年にスペイン、ポルトガル、旧教ネーデルラント諸州、一五五九年にプロイセン、デンマーク、スウェーデンで採用され、一七二五年にはロシヤでも採用されていた。

一方、グレゴリオ暦は一五八二年二月二四日の教皇勅書（bulla）で教皇グレゴリウス一三世が採用した。教皇勅書はユリウス暦を同年一〇月四日木曜日で終了させ、スペイン、ポルトガル、ポーランドとイタリアのほとんどでグレゴリオ暦が翌日から始まり、それは一五八二年一〇月一五日金曜日であった。グレゴリオ暦採用の初日は、フランスでは同年一二月二〇日月曜日、ネーデルラント北部のブラント州とジーラント州などでは同年一二月二五日クリスマス土曜日、旧教ネーデルラント諸州では翌一五八三年一月一日、オランダ州（Holland）では同年一月一二日、スコットランドの法的公式文書に関しては一六〇〇年一月一日であった。

名誉革命の記録はこのためオランダの新暦とイギリスの旧暦が錯綜する。例えばオレンジ君（Prince of Orange）ウィリアムがオランダのハーグからイングランドに武力介入する理由を宣言（⇒26）したのは新暦一六八八年一〇月一〇日で、ハーグ宣言にはこの日付が記されているが、この日はイングランドでは旧暦一六八八年九月三〇日であった。そしてウィリアムの征英艦隊がハーグを出港したのはオランダ側の記録で新暦一六八八年一一月一一日であったのに対し、英仏海峡を渡ってイングランド西部デボンのブリクサム（Brixham）港に投錨したのはイギリス側の記録で旧暦一六八八年一一月五日であった。これはもちろんタイム・トラベルを行ったのではなく、イギリス到着は新暦同年一一月一五日でハーグ出港の四日後であった。

そしてジェイムズ二世がイングランドからの逃亡に成功したのは旧暦一六八八年一二月二三日で、フランスに到着したのは新暦一六八九年一月四日であった。しかし別に逃亡に一二日もかかったわけではなく、フランス到着はイギリスの旧暦では一六八八年一二月二五日「クリスマス」で脱出の二日後であった。

ジェイムズ二世の逃亡を受けてオレンジ君ウィリアムがウェストミンスターに制憲議会（Convention Parliament）を召集した日は「一六八八年一月二二日」、制憲議会が『権利章典』（Bill of Rights）、後に『臣民の権利と自由を宣言し王位継承を定める法律』（An Act declaring the Rights and Liberties of the Subject and settling the Succession of the Crown）と名づけられる証書をウィリアムとメアリーに手交して夫妻を共同王位につけた日は「一六八八年二月一三日」とイギリスでは記録されているが、この場合も別にタイム・トラベルが起こったのではなく、当時イギリスでは改年日が一月一日ではなく春の受胎告知祭（上述の通り四月八日）だったために年が改まらなかっただけで、新暦ではそれぞれ「一六八九年二月一日」と「同年二月二三日」であった。戴冠式が「一六八九年四月一一日」に実施されたのは、単に当時の旧暦で新年＝受胎告知祭が明けるのを待ったのである。名誉革命と権利章典は当時「一六八八年」の出来事として表記されたが、それはいわば「一六八八年度」ということで、今風に言えば一六八八年から一六八九年にまたがっていたのである。

（2）会計年度（Fiscal Year）

会計年度も新暦法の施行前は一般の暦と同じで受胎告知祭を起算日として原則三月二五日から三月二四日までの一年間であった。

新暦法の施行にともない一七五二年度は一七五二年三月二五日（ユリウス暦）から数えて途中グレゴリオ暦への転換による一一日間の「欠損」を補って三六五日経った一七五三年四月五日（グレゴリオ暦）で終了した。こうして、一七五三年度以来、少なくとも個人課税に関して、現行の四月六日から翌年四月五日までの会計年度が使用されている（但し、政府予算や法人税については四月一日から三月三一日までの会計年度が適用されている）。

つまり、会計年度は元来ユリウス暦の受胎告知祭から数えて一年間という旧暦を基礎として生まれ、途中グレゴリオ暦への転換のために日付が一七五三年当時のユリウス暦の三月二五日にあたるグレゴリオ暦の四月六日が初日となって、現在に続いているのである。なおグレゴリオ暦そのものは基本的に世紀があらたまる毎に一日ずつユリウス暦よりも進んでいくが、これはもはや会計年度の開始日には影響しない。

この会計年度の歴史に鑑みれば、原則三月二五日から三月二四日の旧暦年は「年度」と捉えると分かり易いであろう。

三、治世年（Regnal Year）

王の公式文書、立法や裁判記録に用いられた治世年は、受胎告知祭でもいわんや一月一日でもなく、少なくともリチャード二世(践祚一三七七年六月二二日)からは践祚の日(accession)から数えた。しかも、それ以前は戴冠式(coronation)から数えることが多く、ジョン王のように昇天祭（Ascension）に戴冠式を行った君主の場合は、昇天祭から昇天祭前夜までが治世年となった。厄介なのは、昇天祭とは西方教会では復活祭を一回目の日曜日に数えて六回目の日曜日の後の木曜日にあたり、復活祭そのものも前述のように移動したので、ジョン王の治世年は毎年移動しその長さも一定ではなかった[2]。幸い、マグナ・カルタの捺印日、一二一五年六月一五日は、ジョン王一七年（一二一五年五月二八日〜一二一六年五月一八日）のことで、同じ日付が同じ治世年の間に二回発生するような厄介な年ではなかった。

エリザベス一世は一五五八年一一月一七日（ユリウス）に践祚したので初年は一五五八年一一月一七日から一五五九年一一月一六日までで、最後の四五年は一六〇二年一一月一七日から死亡した一六〇三年三月二四日（当時の改年法では「一六〇二年三月二四日」）までである。なお、戴冠式は一五五九年一月一五日であった。

従って、判例集などで例えばMich. 30&31 Eliz. という表記があれば、これはMichaelmas Term of the 30th and 31st years of the reign of Queen Elizabeth ということで、ミクルマス（Michaelmas）は大天使ミカエル祭（九月二九日）のことであるが、裁判所の開廷季では秋季のことを指す。エリザベス一世の場合は治世年がこの秋季の間にあらたまったので

30 Eliz.: 17 November 1587-16 November 1588
31 Eliz.: 17 November 1588-16 November 1589

ということで一五八八年の秋季を指す。スペイン無敵艦隊との決戦の後である。

また、Pasch. 1 Jacobi とはジェームズ一世元年のパスカ（復活祭）で、践祚翌日（受胎告知祭三月二五日）に「改年」

して復活祭はその一月後の一六〇三年四月二四日で、その年の春季を指す。

なお、治世年は、連合王国では議会立法番号引用法（Acts of Parliament Numbering and Citation Act 1962, 10&11 Eliz. 2 c. 34）に従い、一九六三年一月一日から使用されなくなり、通常のグレゴリオ暦年を用いている。ただしカナダなどは現在でも元首エリザベス二世の治世年を用いている。

四. 記憶のかなたから（from time immemorial）

イギリスの時効取得（prescription）は、コモンロー上（制定法と区別する意味で）は、「記憶のかなたから（since time immemorial）」、非暴力的、公然、他人の権原にすがることのない（nec vis, nec clam, nec precario）、継続的な（continuous）利用者（user）」に適用される。ここで「記憶のかなた」とは一二七五年のエドワード一世の第一ウェストミンスター法（Statute of Westminster I）によれば、リチャード獅子心王の治世元年（一一八九年九月三日）以前と定められている。

これは、リチャード一世の頃から治世年（regnal year）が継続的に使用されるようになったことと関係していると思われる。

五. 本書の記述における暦について

本書は、イングランド王国およびその継承国の暦法を基準としつつ、すべて一月一日改年法で年を記述する。したがって基本的にチェスターフィールド新暦法に従い、ユリウス暦からグレゴリオ暦への転換がおこるのはユリウス暦の一七五二年九月二日（グレゴリオ暦では一三日）とグレゴリオ暦の同年九月一四日（ユリウス暦では三日）の間であるが、一七五二年一月一日以前の出来事でも、すべて一月一日で改年して数える。ただし名誉革命など暦年法を

六．歴代君主表

王家	代	王	先代との続柄	戴冠 / 践祚
Normandy	1	William I	母の兄の孫	1066.12.25
	2	William II	子	1087.09.09
	3	Henry I	弟	1100.08.02
(Blois)	4	Stephen	甥（姉の子）	1135.12.22
Normandy	5	Matilda	Henry I の娘	(1141.04.07)
(Blois)		Stephen	（復位）	(1141.11)
Plantagenet	6	Henry II	Matilda の子	1154.10.25
	7	Richard I	子	1189.07.06
	8	John	弟	1199.04.06
	9	Henry III	子	1216.10.19
	10	Edward I	子	1272.11.16
	11	Edward II	子	1307.07.07
	12	Edward III	子	1327.02.01
	13	Richard II	孫	1377.06.21
Lancaster	14	Henry IV	従弟（叔父の子）	1399.09.30
	15	Henry V	子	1413.03.20
	16	Henry VI	子	1422.08.31
York	17	Edward IV	Edward III の玄孫	1461.03.04
Lancaster		Henry VI	16 復位	1470.10.30
York		Edward IV	17 復位	1471.04.11
	18	Edward V	子	1483.04.09
	19	Richard III	叔父	1483.06.26
Tudor	20	Henry VII	Edward III の玄孫（曾孫の娘）の子で Edward V 姉の夫	1485.08.22
	21	Henry VIII	子	1509.04.21
	22	Edward VI	子	1547.01.28
	?	Jane	Henry VIII 妹の孫	1553.07.10
	23	Mary I	Edward VI の姉	1553.07.19
	24	Elizabeth I	妹	1558.11.17
Stuart	25	James I	Henry VIII 姉曾孫（姉の子の娘の子）	1603.03.24
	26	Charles I	子	1625.03.27
	27	Charles II	子（王政復古）	1649.01.30 (1660.05.29)

王家	代	王	先代との続柄	戴冠 / 践祚
	28	James II	弟	1685.02.06
	29	William III & Mary II	Charles I 娘の子 & James II の娘	1689.02.13 (1694.12.28)
	30	Anne	Mary II の妹	1702.03.08
Hanover	31	George I	James I 曾孫（娘の娘の子）	1714.08.01
	32	George II	子	1727.06.11
	33	George III	孫	1760.10.25
	34	George IV	子	1820.01.29
	35	William IV	弟	1830.06.26
	36	Victoria	姪	1837.06.20
Saxe-Coburg-Gotha	37	Edward VII	子	1901.01.22
	38	George V	子	1910.05.06
Windsor	39	Edward VIII	子	1936.01.20
	40	George VI	弟	1936.12.11
	41	Elizabeth II	娘	1952.02.06

異にする国をまたいで発生した事件などでは便宜的に本書の修正イングランド暦年法に加えてグレゴリオ暦の日付を括弧書きで記すことがある。

1　過去と未来の復活祭のユリウス暦とグレゴリオ暦の日付の計算はユトレヒト大学 <www.staff.science.uu.nl/~gent0113/easter/easter_text2a.htm> 参照。

2　詳しくは井ヶ田良治『法を見るクレオの目〜歴史と現代』京都・法律文化社一九八七年二九—三〇頁参照。征服王ウィリアム一世からエリザベス一世までの治世年月日は <www.medievalgenealogy.org.uk/guide/chron.shtml> に記録がある。

第一章　連合王国成立史

一．「イギリス」の名前とつくり

オックスフォード大学ボードリアン図書館所蔵の慶長一八年八月二八日（ユリウス暦で一六一三年一〇月二日）の源（徳川）家康の「いんぎらていら」（羅 Inglaterra）宛朱印状[1]において「いぎりす」の名で登場する国は、「イングランド」（England）を指すと思われるが、当時のイングランド王ジェイムズ一世は元々「スコット人の王」（Rex Scotorum）ジェイムズ六世がイングランド王位を継いだもので、イングランド王として自動的にアイルランド王でもあり、ロンドンから三王国を統治した。これはいわゆる同君連合で、憲法、国制的にはイングランド、スコットランド、アイルランドは三つの別々の王国で三つそれぞれの議会を有していた。

当時のイングランド王国は今では「大ブリテンおよび北アイルランド連合王国」（The United Kingdom of Great Britain and Northern Ireland[2]）を構成する、三つの、それぞれ別々の法制度を持つ「法域」（jurisdictions）の一つである。筆者は「イングランド」と「ウェールズ」の二単位から構成される単一法域（England and Wales）の法曹組合（Inns of Court）の一員（バリスター〔barrister-at-law〕）なので、司法制度や刑事司法や私法などについて書くときは、通常この法域を「イギリス」と呼んでいる。しかし、連合王国の憲法的規範の中には一二一五年（現行一二九七年）の「マグナ・カルタ」（Magna Carta）や一六二八年の「権利の請願」（Petition of Right）や一六八九年の「権利の章典」（Bill of Rights）などイングランド王国時代に遡るものも少なくない。したがって本書においては「イギリス（憲法）」の呼称をもって「連合王国（憲法）」を含む場合がある。そこで、本章は、まず、連合王国の成立史を、一〇六六年のノルマン人のイングランド征服以降、とくにテューダー朝（一四八五年～一六〇三年）以降に焦点を当てて簡単に振り返る。

二．同君連合の成立

(1) ウェールズ

ウェールズはケルト系住民が居住し、政治的分裂状態が続き、ノルマン・プランタジネット朝による征服は南部から進んだ。ヘンリー二世（在位一一五四年～一一八九年）の時代、北ウェールズのギネス（Gwynedd）の首領は、かつてウェールズ王（rex Wallis）を唱えていたのが一一六五年にあらためて「ウェールズ大君（Prince[3] of Wales）」と自称するようになり、百年後の一二六七年にはギネスの首領は「ウェールズ大君」としてイングランド王ヘンリー三世（在位一二一六年～一二七二年）と正式にモンゴメリー条約を締結するに至った。ただしヘンリー三世は、かの「マグナ・カルタ」（Magna Carta）に署名したジョン「失地」王の息子で、シモン・ド・モンフォールの乱（一二六三年～一二六五年）が初めて選挙で選ばれた県や町の代表を議会に参加させて（⇓124）王に対抗したため、イングランド国内をまとめるのに苦労していた。

ヘンリー三世を継いだ息子のエドワード一世（在位一二七二年～一三〇七年）はウェールズ征服に乗り出し、軍費調達のために議会を頻繁に開きながら（⇓123）、一二八四年のウェールズ法（Statute of Wales）でイングランド式の広域治安制度を導入、一三〇一年にはウェールズ生まれの太子エドワード（エドワード二世）をウェールズ大君に任命した。孫のエドワード三世（在位一三二七年～一三七七年）がエドワード黒太子をウェールズ大君に任命して以来、イングランド王の世継（heir apparent）がウェールズの君主となる慣例となったとされる。これは同君連合というよりは一種の二重王国であった。

ウェールズ北端の島アングルジー出身のオーウェン・テューダーはイングランド王ヘンリー五世の未亡人の情夫となり、ばら戦争でウェールズをランカスター家の兵站拠点に提供、三代にわたって逆玉の輿を重ね、孫のヘンリーは一四八五年八月二二日にリチャード三世を破り、ヨーク家の王女エリザベスと結婚することで、イングランド王ヘンリー七世となった。その子、ヘンリー八世（在位一五〇九年～一五四七年）は、ローマ教皇庁から分離した後、一五三六年のウェールズ法律法（Laws in Wales Act 1536）でウェールズを法的にイングランドの一部となし、一二の県と一二の町から衆議院議員を選出させ、相続法などイングランド法をウェールズに適用し[4]、一五四二年のウェールズ法律法（Laws in Wales Act 1542）でウェールズの行政、治安維持制度と封土処分権等のイングランド法化が図られた[5]。これでウェールズはイングランドと同一法域（jurisdiction）となった。

(2) アイルランド

アイルランドもケルト系住民が居住し、政治的分裂状態が続いていたが、イングランド王ヘンリー二世（アンジュー伯）が一一五五年にローマ教皇ハドリアヌス四世（イングランド出身）から「アイルランド領主」（Dominus Hibernae）の称号を得て、実際には一一七一年に「アイルランド領主」として現地に入って多数の現地諸侯を手なずけ、一一七七年には太子ジョンを同領主に任命した。一般的にはイングランド王がそのままアイルランド領主を唱えた。

ちなみに中世期イングランドのアイルランド支配地域はダブリンを中心とした狭い範囲に限られ、これを柵（羅 palus→英 pale）で囲んだために「柵内」（塞内）という意味で「ペイル」（the Pale）と呼び、その外、いわば「塞外」（beyond the pale）には、イングランド式の行動様式や道徳や文明の基準は通用しないという差別的な意味も込められるに至った。

ばら戦争（Wars of the Roses）の後、ヘンリー七世はアイルランド統治を固めるため、領主代ポイニング（Edward Poyning）を通してアイルランド議会をイングランド議会に従属させる立法を制定させた（Poyning's Law 1495）。次のヘンリー八世はローマ教皇庁から分離すると、一五四二年にアイルランド議会をしてイングランド王およびその王位継承者が自動的にアイルランド王になると定めさせ（Crown of Ireland Act 1542）、イングランドとアイルランドの永久的同君連合が成立した。ただし、同じ年にウェールズが法的にイングランドと一体とされたのとは違い、アイルランドはあくまでも独自の議会を持つ別の国のまま、むしろ正式に王国となり、王代（Vice-Roy ＝ Lord Lieutenant）が置かれた。

イングランドの方は、ヘンリー八世が男子王位継承を望んで妻をとりかえるためにローマ教皇庁と断絶してプロテスタントの英国教会を創設し、紆余曲折の末、一五八八年、イングランドのプロテスタントがエリザベス女王のもとに結集してカトリックの強国スペインの侵略を跳ね除け、一六〇三年、エリザベス一世が未婚のまま死亡してテューダー王朝が断絶したことをもって、プロテスタント信仰がイングランドという国の存続を支える柱としてその国体的重要性を増した。一方、アイルランドの住民は大半がカトリックのままであった。

【こぼれ話】
ヘンリー八世は元来とても敬虔な人物であったらしい。姉のマーガレットは、父王ヘンリー七世の政略で一五〇二年のイングランドとスコットランドの永久平和条約（⇓20）にもとづいてスコットランド王ジェイムズ四世に嫁ぎ、ヘンリー八世のために重要な政治的役割を果たし、そのために夫と不和になり、ついに離婚してしまった。姉のテューダー家に対する忠誠と離婚が、弟のヘンリー八世のその後の五回の離婚と再婚の心理的要因を作ったのかもしれない。

【サッカー】
サッカーの国際試合は歴史を背負っていると言われる。イングランド対ドイツや、日本対ロシヤの試合結果によって暴動が起こるのは、その例であるが、アイルランド対イングランドというのは、イングランドにとってはとてもやりにくい試合らしい。日本対韓国ないし北朝鮮というところであろうか。

(3) スコットランド

ケルト語で「アルバ」(Alba)とも呼ばれるスコットランドは、八四三年にケネス(Kenneth MacAlpin)が創設し、コンスタンチン二世(在位九〇〇年～九四三年)の治世にラテン語の「ピクト人の王(Rex Pictorum)」からケルト語で「アルバ王(Ri Alban)」と呼ばれるようになり、マルコム三世(在位一〇五八年～一〇九三年)がラテン語とギリシャ語で「スコット人の大王(Scotorum Basileus)」と呼ばれ、その子のダンカン二世(在位一〇九四年)から「スコット人の王(Rex Scotorum)」というラテン語呼称もケルト呼称とあわせて定着したようである。

マルコム三世は、一〇一六年デーン人クヌートのイングランド征服によりキエフそしてハンガリーへと逃げた故エドモンド二世の世子(aetheling)エドワードの子女をかくまい、そのうちのマーガレットと結婚しマティルダが生まれた。マティルダはイングランドのノルマン征服王朝の三代目ヘンリー一世(在位一一〇〇年～一一三五年)の后になり、その娘のマティルダは神聖ローマ皇帝ハインリヒ五世の皇后となり、皇帝の死後プランタジネット家のアンジュー伯ジェフリー五世と再婚して後のイングランド王ヘンリー二世を生んだ。

スコットランドはそのヘンリー二世(治世一一五四年～一一八九年)の攻撃で領土を失いつつも久しく独立を保ち、一二～一三世紀には繁栄期を迎え、イングランド王エドワード一世がウェールズ攻略後に矛先をスコットランドに向けたときも何とか持ちこたえた。

●永久平和条約から同君連合へ

一五〇二年一二月一〇日、「スコット人の王」（King of Scots）ジェイムズ四世は、イングランド王ヘンリー七世の王女マーガレットを后に迎えた。「永久平和条約（Treaty of Perpetual Peace）を批准し、その条項に従いヘンリー七世の王女マーガレットを后に迎えた。「永久平和」条約そのものは次のヘンリー八世（マーガレットの弟）が自ら「スコットランド領主（Lord of Scotland）」を名乗ってジェイムズ四世を立腹させ、一五一三年にスコットランドがフランスとの同盟を優先してイングランドを攻撃して敗退して潰え去った。しかし、その前に履行された婚姻条項は百年後にスコットランドとイングランドの同君連合をもたらした。

すなわち一六〇三年三月二四日、イングランド女王エリザベスの死亡に伴い、ヘンリー七世の血筋を引くのは百年前の永久平和条約でスコットランド王ジェイムズ四世に嫁いだマーガレットの孫（エリザベス女王から見ていとこ姪）メアリーの忘れ形見ジェイムズ（一五六七年七月二四日以来スコット人の王ジェイムズ六世）だということになり、このジェイムズにイングランド王位が継承された。これで、イギリス諸島（British Isles）ほぼ全域にわたる同君連合が完成した。

ただしジェイムズの母メアリー一世（スコット人の女王在位一五四二年～一五六七年）はフランス王フランソワ二世の元后で、イングランドのカトリック教徒からイングランド王位継承者と目されていたことから、その子孫のステュワート朝の王はプロテスタントであったとしても「敵国」イングランドにあってカトリックに傾斜していないかと疑われ、難しい舵取りが必要とされた。

ジェイムズはロンドンを拠点にしてイングランドとスコットランドとアイルランドの統一的統治を目論んだが、一六〇三年にイングランド王位を継いだ時点で三六歳、実の母を殺した国に乗り込んで「王権神授説」しか頼るものがなかったけれども、自らの難しい立場も理解して比較的慎重であった。

●内乱（Civil War）

しかし、その息子のチャールズ一世は、一六二五年三月二七日の王位継承時に二四歳、ややずぼらな父ジェイムズとは対照的に生真面目な性格で人間関係は下手であった。王位継承直後、フランス王アンリ四世の王女アンリエット・マリーを后に迎え、マリーはカトリック信者として英国教会式の戴冠式を拒否し、イングランドのプロテスタント信者の間では、エリザベス女王の姉のメアリー女王（カトリックでスペイン王フェリペ二世と結婚して共同統治し、死後、プロテスタントの妹の治世においてスペインの侵略を招いた）、スコット人の女王メアリー（エリザベス女王に対するカトリック系王位継承権者）と並ぶ三人目のQueen Mary（后メアリー）として嫌悪された。英国教会では聖母マリア（メアリー）信仰は偶像崇拝として禁じられている。チャールズ一世は、むしろ三十年戦争で実姉エリザベスの嫁ぎ先でプロテスタントのプファルツ選帝侯領の回復のためにスペインやフランスと戦ったが、イングランドのプロテスタント議会の理解は得られず、議会を通さずに軍費を調達しようとし、かつ戦果も挙げられず、父の代からの寵臣バッキンガム公（公爵一六二三—二八）の不人気も災いして色々と衝突し、その結果、一六二八年の「権利の請願」に署名することとなった。王はそれ以降、議会を開かなかったので政権はむしろ安定した。しかし重用したカンタベリー大主教（一六三三—四五）ウィリアム・ロード（William Laud）の三王国の宗教を平準化して統一しようとする政策が三国各国で嫌われ、一六三七年のスコットランドの反乱や、一六四一年のアイルランドの反乱が起こると危機管理に失敗、一六四二年には内乱に陥った。歴史家ジョン・モリルは、この内乱を飛行機事故に例えて、機械の故障や金属疲労よりもパイロット（チャールズ一世）の操縦ミスの要因の方が大きかっただろうとしている[6]。

なお日本語で「清教徒（ピューリタン）革命」と呼ばれる出来事をイギリスでは「内乱」（The Civil War）という。ホッブスとロックがそれぞれ社会契約説と社会「信託」説で事後的に正当化した政変はそれぞれ「王政復古」と「名誉革命」であって「清教徒革命」などはイギリス法制史において認知されていない。それは「万人の万人に対する闘争」すなわち「乱」に他ならず、後に触れるように法的にはすべて「王政復古」で否定されたので「乱」ではあっても「革命」などではないのである。アメリカの南北戦争（The American Civil War）と区別するためにイギリス内戦（The English Civil War）とも言うが、イングランド、スコットランド、アイルランドの「同君三王国の内乱」（The Civil War of the Three Kingdoms）と捉える方がより適切であろう。

三、共和国（Commonwealth）による統一（union）

(1) 新教連盟（Solemn League and Covenant）

一六四三年、チャールズ一世がアイルランド兵（カトリック）を動員してイングランドでの勢力挽回を図ると、イングランド議会（チャールズ一世の第四議会＝長期議会〔Long Parliament〕一六四〇～一六四八）は、スコットランドの指導的勢力である改革長老派（Covenanters）と宗派を同じくする議員も多かっただけでなく、そうでない英国教会派（監督派）の議員も王に敗れるよりはとスコットランドとの同盟に賛成した。イングランド議会はスコットランド議会との間で『イングランドとアイルランドにおける宗教改革の維持とスコットランドの改革済みの宗教防衛のための厳粛なる連盟と捺印協約』（Solemn League and Covenant for Reformation and Defence of Religion～以下「新教連盟」と訳す）を結び、英国教会（監督派）を先進的なスコットランド教会（長老派）式の組織編制に改める条件で、スコットランドからの援軍を取り付けた。新教連盟は宗教盟約であってスコットランドとイングランドの政治的関係については何も言及しなかったが、スコット兵の参加で議会軍は王軍に対して優勢に転じた。

(2) 共和国（Commonwealth）

しかし戦争は政治的には何の解決ももたらさなかった。ただ、内乱は局地戦用の一過性の民兵（militia）の寄せ集めとは違うプロの近代的軍隊、常備軍を生んだ。一六四五年一月六日にイングランド長期議会とスコットランド議会の合同委員会（新教連盟の「両王国委員会」Committee of Both Kingdoms）が設置した「新規軍」（New Model Army 1645～1660）である。

プロの軍隊とは、一旦できてしまうと、戦争（＝職業）の必要性がなくても、食いつなぐためには暴力に訴えることも辞さないものである。血の犠牲を払った割には戦争が破壊以外に何ももたらさなかった現実の虚しさを甘受することもできない。そこで、代わりに宗教的に清く純粋な（Puritan）理想の実現のために更なる血の犠牲が必要であると熱狂的に確信することで、軍隊「自存自衛」の過去と将来を正当化しようとした。このため、ごく一握りの軍人が、王と和解しようとする議員を脅してイングランド長期議会を支配下に置き、これに反発する地方勢力（スコットランドも「新教連盟」の長老派組織条項をイングランドの純粋主義者＝ピューリタンが遵守しなかったために離反してチャールズ一世に寝返った）と戦闘状態に入った[7]。一六四八年一二月七日には新規軍がクーデターで長期議会の半数を粛清（Pride's Purge）、その結果、軍隊の意思が残余議会（Rump Parliament）を抑えて、一六四九年一月三〇日、チャールズ一世を殺し[8]、同二月一四日、枢密院を廃して国務院（Council of State）を設置、同三月一七日、王制廃止、同三月一九日、貴族院廃止、同年五月一九日、イングランドを共和国（Commonwealth）とした。

神がかりの軍指導者クロムウェルは、一六五一年のうちにスコットランドを占領、一六五三年春までにアイルランドを討ち平らげ、同四月二〇日に残余議会を解散、試行錯誤の結果、同一二月一六日、『統治章典』（Instrument of Government）[9]という名の「軍隊の書いた憲法」（＝英語圏初の成文憲法典）を制定し「イングランド及びスコットランド及びアイルランド共和国」（Commonwealth of England, Scotland and Ireland）の「護民官」（Lord Protector）に就いた。そして一六五四年四月一二日の護民官の『統一律令』（Ordinance of Union）が実際にスコットランドとイングランドを一体の共和国に統合した。

この措置は、護民官クロムウェルの晩年の一六五七年五月二五日に第二護民議会が護民官の権力を制限する目的で作った共和国第二憲法『謙虚な請願と助言』（Humble Petition and Advice）で共和国第一憲法『統治章典』が修正されたことに伴う事後的立法修正法、すなわち一六五七年六月二六日に裁可された『一六五三年四月二〇日（＝残余議会解散日）から一六五四年九月三日（＝第一護民議会開設日）までに制定された法律や律令に関する法律と宣言』[10]によって、その効力を追認された。

しかし、一六五八年九月三日にクロムウェルが死んでしまうと、その息子では将軍たちの嫉妬に耐えられず、一六五九年五月七日、残余議会が復活し、残余議会が解散されていた期間の立法が全否定されて、イングランドとスコットランドの単一共和国は消滅した。

思えば、今日でもイギリスに根強い「成文憲法典」に対する懐疑というものは、この神がかり軍隊が暴走の挙句に血で汚れた手にペンを持ち紙に書きつけた二つの紙切れ憲法（paper constitutions[11]）に対する根本的な懐疑に根を持ち、その後の対岸のフランスにおける相次ぐ革命による同様に血に飢えた成文憲法の乱発を見て、より強固なものとなったのだと思われる。そしてここに武器の代りに投票で革命を起こす近代イギリス人の国制の原点がある。

(3) 王政復古（The Restoration）

新規軍の将軍たちの権力抗争の中で駐スコットランド部隊の司令官ジョージ・モンク（George Monck）が実権を握ると、法制度の復旧が加速した。一六五九年一二月二四日には長期議会が復活、翌一六六〇年三月一六日に長期議会が正式に自ら解散（一六四一年の自らの立法で自ら解散しない限り解散できなかった）し、同年四月二五日に制憲議会が王にも議会自身にも忠誠を誓うことなく勝手に集まり（Convention Parliament）、一六六〇年五月八日付けで、一六四九年一月三〇日のチャールズ一世の殺害に遡る過去の一九年間を全否定し、チャールズ二世がその期間を遡って王位を継承したことにした（王政復古）。

これをもって共和国による旧三王国の統一（union）は法的には解消され、その過去は「乱（civil war）」として片づけられ、三王国はそのまま旧に復した。クロムウェルの武力征服は、しかし、その後の三王国の法的統一、すなわち「連合王国」の成立、に至る政治経済社会的素地を提供した。

四．連合王国の成立

（1）名誉革命（The Revolution）

イングランドとスコットランドとの合邦は、王政復古直後も、また名誉革命直後も検討されたが、うまくいかず、結局、名誉革命による変則的な王位継承とフランスとの戦争の中での同君連合の維持をめぐってはじめて進展した。

名誉革命による変則的な王位継承の宗教的背景として、王政復古で王位についたチャールズ二世と一六八五年にその後を継いだ弟のジェイムズ二世は、当初プロテスタントであったが、母マリーのカトリック信仰の強い影響を受けていた。特に弟のジェイムズ二世は兄のように辛抱することができず、王位継承前から公然とカトリックに改宗し、イタリアからカトリックの後妻マリアを迎えた。

実は、ジェイムズ二世には改宗前にプロテスタントの先妻アンから生まれた二人のプロテスタントの王女がおり、オランダのオレンジ君[12]ウィリアムに嫁いだ長女メアリーは王位継承権第一位であった。そして、オレンジ君ウィリアム自身も、イングランド王チャールズ一世の長女メアリーの子であった。イングランドのプロテスタントは、ジェイムズ二世のカトリック信仰は一代限りの気まぐれで、次の代からプロテスタントに戻ると信じて辛抱していた。

ところが一六八八年六月一〇日（グレゴリオ暦同二〇日）、ジェイムズ二世とカトリックの後妻の間に王子が生まれると、予定されていたプロテスタントの王女メアリーへの王位継承に危機が生じた。カトリック王朝の出現を恐れたイングランドの「不滅の七人」（The Immortal Seven ～ホイッグとトーリーの領主各一名、停職処分中のロンドン主教一名、不遇の陸軍と海軍の将校各二名ずつ）は同年六月三〇日（七月一〇日）オレンジ君ウィリアムに軍事介入を要請[13]、ウィリアムはフランスのルイ十四世に対抗するアウグスブルク同盟にイングランドを引き入れる好機と見て、同九月三〇日(一〇月一〇日)、「不滅の七人」の起草した『オレンジ君ウィリアムが武力をもってイングランドに現れる理由の宣言』(Declaration by William Henry ... Prince of Orange ... of the reasons inducing him to appear in arms in ... England)、すなわちプロテスタント信仰を守りイングランドとスコットランドとアイルランドの三王国に自由と法を回復するという「侵略公約」(The Invasion Manifesto)をほぼ原文通りに受け入れて発表[14]、英仏海峡の天候の回復を待って、同一一月一日(一一日)、艦隊を率いてハーグを出港、四日後の一一月五日(一五日)、イングランド西部ブリクサムに投錨した。ウィリアム来寇の報を聞いたジェイムズ二世は父チャールズ一世が殺されたことを思い出して鼻血を出し、一二月一一日(二一日)にフランスへ脱出を試みたが、海岸で忠良なる漁師に止められて、貴族院の手でロンドンに呼び戻された。

一方、ウィリアムは無血で一二月一二日(二八日)にロンドンまで進軍、「軍事介入の目的は速やかに自由で合法的な議会を召集し国民の苦悩に対処すること以外にはない」という「侵略公約」第二九条に従い、まず自由選挙ではなかったジェイムズ二世唯一の一六八五年選出の議会ではなく、故チャールズ二世の第五回かつ最後のオックスフォード議会(一六八一年三月にオックスフォードで召集)の生き残り及びロンドン市長と町年寄と参事(便宜上「旧衆議院議員ら」とする)を召集することを決めた[15]。

ここで合法的な議会招集のための国璽を預かる大法官(⇓218)の座す貴族院は、手続的には国王ジェイムズ二世を枢密院に招き正式に議会を招集させるつもりでいたが、一六八八年一二月二三日(一六八九年一月二日)、ジェイムズ二世が失踪しフランスに渡ったことが判明。貴族院は考えあぐねた末、クリスマスにウィリアムに超法規的な「制憲議会」(Convention Parliament[16])の召集とそれまでの暫定統治を要請、翌一二月二六日に集まった旧衆議院議員らも貴族院と同じ要請をなし、総選挙を経て[17]、一六八九年一月二二日に制憲議会が召集された。

一六八九年一月二八日、こうして新たに選ばれた衆議院はホイッグがやや優勢であったが、ウィリアムに王位継承させる前段階の措置として「ジェイムズ二世は王国憲法の転覆に努め、王と民の間の原契約に違反し、イエズス会士やその他の悪者の助言で、基本法を犯し、王国から身を引いて政府を放棄したため、王座は空となった[18]」という革命的な決議を採択した。貴族院はトーリーが優勢で「オレンジ君は、ローマ教皇庁の恣意的な支配を打ち砕きメアリーの王位継承を助ける天の使者として摂政につく」という方針で、決議文末の文言に限り、コモンロー上前例のない「（政府）放棄」という表現を「逃亡」に修正し、非合法性につながる「空位」の表現にあくまでも反対し、貴衆両院で双方の決議の否決合戦が続いた。そうこうしているうちに大陸ではルイ十四世がラインラントを侵略し（プファルツ継承戦争）オランダに迫る勢いを見せたため、ウィリアムは摂政案や妻だけに王冠を授ける案ならオランダに帰ると言い出し、メアリーも夫と一緒でなければ王冠を受けないと明言したため、貴衆両院は協議会を開き、衆議院はイングランド王位は選挙制ではなく世襲制であることをむしろ強調するためにジェイムズ二世が「逃亡」したとするより、政府を永久に「放棄」したと事実認定する方がよく、「放棄」した以上「空位」になるのだと貴族院を安心させ、二月六日、貴族院も衆議院の元の決議に賛成した[19]。二月一二日、制憲議会両院は夫婦一緒に王冠を授ける方針で新たに『権利章典』（Bill of Rights）の名で知られることになる「宣言」（declaration）を採択、翌一三日、これをウィリアムとメアリー夫妻の前で朗読して、その王位継承に関する最終条項に基づいて王位を夫婦に授けた[20]。

制憲議会は二月二三日に自ら通常議会に改組し、四月八日の受胎告知祭（新年）を待って、四月一一日に戴冠式が催された[21]。その日、スコットランド（の新暦では四月二一日）三身分（estates）の臨時集会（Convention）も『権利の請求』（Claim of Right）を採択して同夫婦にスコットランド王位を授け、五月一一（二一）日にその受諾を条件に入府式が催された[22]。

（2）イングランドとスコットランドの合邦

こうして三王国の王位を継承したウィリアム三世（スコットランドで二世）とメアリー二世の従兄妹夫婦には子が

できなかった。一六八九年二月一三日の制憲議会の行動（Act ＝立法）＝王位継承を定めた権利章典を正式の議会立法として追認する一六八九年一二月一六日の王冠および議会追認法（Crown and Parliament Recognition Act 1689）で世継に内定したメアリーの妹のアン（デンマーク后）も子ができにくく、アンにせっかく授かっていたウィリアム王子も一七〇〇年七月三〇日に夭逝してしまった。このため、一七〇一年六月、イングランド議会は、フランスに亡命したジェイムズ二世のカトリックの子孫に王位を奪われないように、ジェイムズ一世の長女エリザベス（プファルツ選帝侯妃）の長女ゾフィー（ブルンスウィック・リューネブルク選帝侯妃）とそのプロテスタントの子孫に王位を継承させることに決めた（Act of Setlement 1701）。

しかし、イングランド議会はこのときうっかりスコットランド議会の意向を聞き忘れたために、スコットランド議会は一定の条件が満たされない限りイングランドとは別のプロテスタントの王位継承者を選ぶ法案を可決、一七〇四年にスペイン継承戦争への従軍を拒否するぞとアン女王（一七〇二年王位継承）を脅してその裁可を得て、これを王国保安法（Act of Security 1704）として成立させてしまった。スペイン継承戦争でフランスと交戦中のイングランド議会は経済制裁と個別の買収工作をもってスコットランド議会に揺さぶりをかけ、王国保安法の廃止かイングランドとの合邦かの二者択一を求めた。

一七〇六年七月二二日（八月二日）、イングランド議会とスコットランド議会の代表者の間で両国の合邦条約（Treaty of Union）を締結、これについて両国議会が承認立法（両国議会の Acts of Union 1707）を制定し、一七〇七年五月一（一二）日をもって「大ブリテン連合王国」（The United Kingdom of Great Britain）が誕生し、両国議会が合体した。一五〇二年のイングランド王とスコット人の王の間の永久平和条約にもとづくスコット王とイングランド王女の結婚が一〇〇年経って一六〇三年のスコット王によるイングランド王位継承（相続）により両王国の同君連合をもたらし、それから一〇〇年経った一七〇七年、両国はついに一つの連合王国に合体した。

一七一四年六月八（一九）日、王位継承者ゾフィーが世を去ると同年八月一（一二）日アン女王も後を追うように世を去り、一七〇一年王位継承法の規定により、同日、故ゾフィーの長男でハノーバー選帝侯のゲオルグが連合王国の王位を継承しジョージ一世となった。ハノーバー朝の誕生である。スコットランドでは、スコットランド系ステュアート朝の断絶が惜しまれ、その翌年一七一五年、名誉革命におけるジェイムズ二世の退位を否定しその子孫による王位継承を主張するジェイムズ派（James のラテン語形 Jacob から the Jacobites と呼ばれる）の武力蜂起が発生し、オーストリア継承戦争中の一七四五年にもこれが再発し、その結果スコットランドの連合王国へのさらなる融合を促した。

この武装蜂起の最後を飾った一七四六年四月一六日のクロードンの戦（Battle of Culloden）ではネス湖の近くで高地スコット人が連合王国政府軍めがけて猛然と突撃（Highland Charge）して政府軍の圧倒的な銃撃の前に全滅した。政府軍にとっては、何ら戦略的、戦術的価値を見出すことのできない突撃で、まるで自殺、すなわち突撃して死ぬことに意義を見出しているような、物凄い突撃であった。そしてスコット人は、この敗戦の深い恨みを今も決して忘れていないという。

【こぼれ話】

ドイツの哲学者として有名なイマヌエル・カント（Immanuel Kant, 1724-1804）は『永久平和のために』（一七九五年）を発表したが、祖父はスコットランド人でハンザ同盟の通商都市ケーニヒスブルクに移住した。実は一七〇七年の連合王国成立前後からスコット人がよくイングランドや欧州大陸に渡るようになった。孫のイマヌエルの代になって家名をドイツ人に「ツァント」と発音されるのがいやで綴りをCからKに変え、洗礼名もヘブライ語（「主は我等とともに」）に忠実に綴りをEからIに変えた。

カントの著作 *zum ewigen Frieden, ein philosophischer Entwurf* は岩波文庫の宇都宮芳明訳では『永遠平和のために、一哲学的考案』となっている。確かにドイツ語を逐語訳するとそうなるが、その二年後に世に出された『道徳形而上学』（一七九七年）を見るとカントは当時のローマ法学にも造詣が深かったことが明らかで、すると永久平和の平和（pax）とはむしろ平和条約（講和条約）のことで、「永久平和条約の哲学的な草案」という真の意図が見えてくる。実際、その中身は予備条項六ヵ条、確定条項三ヵ条から成り、各条項に注釈が施され、確定条項の後にも補足の注釈が延々と続く。つまり構造的にも「法案」（Entwurf）になっている。そもそも平和条約とは一五〇二年のスコットランドとイングランドの間の例に限らず、一般に「永久平和」を謳うもので、一八三三年の暹（シャム）米修好通商条約の第一条も一八五八年の日米修好通商条約の第一条も永久平和（perpetual peace）条項であった。ただし一五〇二年のスコットランドとイングランドの永久平和条約はローマ教皇アレクサンダー六世が聖別した神聖な条約で、一五一三年にスコット王ジェイムズ四世がこれを破毀したとき、ローマ教皇レオ十世は破門をもって応酬し、ジェイムズ四世は間もなく死亡した。

　カントの一七九五年の作品は同年四月のプロイセン王とフランス共和国の間のバーゼルの和約（永久平和条約）が執筆の直接的動機を与えたとされる。プロイセンが捲土重来を期すためのとりあえずの講和は、カントの予備条項第一条の「将来の戦争の火種を留保した講和条約」の実例であろう。カントはもちろん一七一三年四月のユトレヒトの和約＝スペイン継承戦争における英仏単独講和（⇓201）の条文交渉に携わったサン・ピエール神父が発表した「欧州永久平和条約案」（le projet pour rendre la paix perpétuel en Europe）にルソーが注釈をつけたものから深い影響を受けていた。そのユトレヒトの和約も第一条で「イギリス女王アンとフランス王ルイ十四世がtreaty of universal perpetual peace（世界的永久平和条約）を締結する」と謳っていた。

　ではカントは一五〇二年のイングランドとスコットランドの永久平和条約から影響を受けたかどうか？厳密な考証はないが、条約上の結婚から一〇〇年後にスコットランド王がイングランド王位＝王国を「相続」し、それからさらに一〇〇年経つ間に小さなスコットランドの方が大きなイングランドに逆に呑み込まれたことも、カントの祖父のことを思えば、念頭になかったともいえないかもしれない。カントの永久平和条約草案の予備条項二条「独立国はその大小を問わず相続、交換、売買、贈与の対象になってはならない」つまり「国と国民は王侯貴族の私有財産ではない」（Erbungを近代国際法的に「継承」と訳したのでは「私有財産」のニュアンスは出ない）という主張の背景には、そういうイギリスを含めたヨーロッパの慣行があったように思われる。カントはローマ教皇のかわりに理性をもって世界的永久平和条約を追求したかったのであろう。

(3) 大ブリテンとアイルランドの合邦

アイルランドは一六四一年の反乱以来「カトリック連合」(Confederate Ireland)が伸張し、中南部を中心にイングランドとスコットランドの双方からほぼ独立した状態になっていたが、一六四九年にクロムウェルの神がかり新規軍が、一六四一年の反乱時に発生したカトリック兵による北東部アルスターのプロテスタント住民虐殺に対する仇討ちを名目として侵入してきて、一六五三年までにアイルランドを徹底的に「征伐」した。

その後、一六六〇年の王政復古でチャールズ一世の忘れ形見の二人の王子が熱烈なカトリック信者の母アンリエット・マリーとともに英仏海峡を渡り相次いで三王国の王位を継承することとなったが、とくに弟のジェイムズ二世は、母マリーが一六二五年に英国教会式の戴冠を拒んだのと同様に、一六七三年の宗門検法(Test Act)に従って英国教会式の忠誠宣誓と儀礼を行うことを断固として拒否して、軍艦卿(Lord High Admiral⇒214)を辞した。

一六八八年の名誉革命でフランスへ亡命したカトリックのジェイムズ二世は、ルイ十四世の援助を得て一六八九年にアイルランドに上陸してスコットランドへ攻撃をかけた。このためイングランドでは「無血革命」(ジェイムズ二世が鼻血を出した程度)であった「イギリス継承戦争」も、とくにアイルランドでは血で血を洗う流血の大惨事に発展して一六九一年まで続き、国土を荒廃させ、民を疲弊させた。

アイルランドは、住民の大半がカトリックなので、一七〇七年のプロテスタントの連合王国成立後もその属国、植民地として扱われ、一七二〇年には連合王国議会は対アイルランド立法権を確認し、アイルランド貴族院の上訴裁判権を否定する立法を制定した。北米十三州でも一七六五年の印紙税法(Stamp Act 1765)が「代表なくして課税なし」という主張に支えられた住民運動を惹き起こしたので、一七六六年にこれを廃止する法律の中で対アイルランド一七二〇年立法とほぼ同内容の定めをなし、どちらも植民地側の見方で連合王国議会の勝手な「宣言」という意味で「宣言的立法(Declaratory Act)」と呼ばれる。その後、北米十三州で反乱が起こった。一七八一年のヨークタウンの戦いで反乱の鎮圧に失敗すると、翌一七八二年、連合王国議会は足元のアイルランド議会を懐柔するために、一四九五年のペニング法や一七二〇年の宣言法を廃止してより独立的な地位を許した。このときのアイルランド立法を後世、集合的に「一七八二年憲法（Constitution of 1782）」と呼ぶ。同年一一月三日のパリ条約で連合王国はしぶしぶ「アメリカ合州国」の「独立」を認め、以前に増して植民地帝国の建設に熱意を燃やすようになった。

ところが一七八九年、フランスで革命が勃発、一七九三年にルイ十六世が殺され、一七九七年に反革命同盟が北イタリア戦線でナポレオンの前に崩壊した後、一七九八年にアイルランドでまた反乱が起きたため、連合王国は足元の安全のためにもはやアイルランドを完全かつ永久に併合するしかないと考えた。一八〇〇年三月二八日までに両国議会が合邦八ヵ条（terms of union）に合意、同年七月二日に連合王国議会が承認立法（Union with Ireland Act 1800）を制定、同年八月一日にアイルランド議会も二度目の投票で承認立法（Act of Union (Ireland) 1800）を制定し、同日両国議会の立法がジョージ三世の裁可を得て、一八〇一年一月一日から施行され、同日「大ブリテンおよびアイルランド連合王国」（The United Kingdom of Great Britain and Ireland）が成立した。なお、合邦の餌として提示されたカトリック住民の公民権（議員になれる）は、結局一八二九年のカトリック信者救済法（Roman Catholic Relief Act 1829 ⇒82—83、185）まで実現されなかった。

（4）アイルランドの分離独立

一九一八年一一月一一日の第一次世界大戦の休戦を受け、連合王国では前回（一九一〇年一二月）から八年ぶり、三年遅れの総選挙が一九一八年一二月一四日に実施された。アイルランドでは少し遅れて同一八日に実施されたが、全島一〇五議席中、七三議席を独立派のシン・フェインが獲得、翌一九一九年一月二一日にシン・フェイン議員だけが集まって、一方的に「アイル共和国」（Irish Republic）の独立を宣言し、独立国としてベルサイユ講和会議にまで参加しようとした。

一九二〇年一二月二三日、連合王国（ロイド＝ジョージ内閣）は、アイルランド統治法（Government of Ireland Act 1920）

を制定してアイルランドを翌一九二一年五月三日からプロテスタントが多数の北部六県とカトリックが多数の南部二六県に分割し、同年同月二四日の総選挙が南北両アイルランド議会のそれぞれの衆議院議員を選出した。南アイルランド議会では独立派のシン・フェインが一二八議席中一二四議席を獲得、これらのシン・フェイン議員は以後自ら「アイル（共和国）議会」の議員のつもりで行動した。北アイルランド議会では五二議席中、連合王国残留派のアルスター合邦党（Ulster Unionists）が四〇議席を獲得した。

一九二一年一二月六日、「大ブリテンとアイルランドの間の（二国間）条約のための合意条項」（Articles of Agreement for a Treaty between Great Britain and Ireland）が連合王国首相とシン・フェイン全権との間で調印された。同年同月八日、同「合意条項」所定の手続に従って、北アイルランド議会が、「アイル自由国」（Irish Free State）から分離して連合王国に復帰する一方、同年同月一六日、合意条項をまず連合王国議会が投票で承認、一九二二年一月七日、シン・フェインのアイル議会議員（連合王国の視点では南アイルランド衆議院議員の一部）が僅差で承認、同年同月一四日、南アイルランド衆議院全体も承認、その結果を受けて、同三月三一日、連合王国議会が「アイル自由国合意条項法」（Irish Free State (Agreement) Act 1922）を制定した。これが同年一二月六日に施行されてアイル自由国がコモンウェルス内の「自治領」（dominion）として成立し、合意条項はこれをもって連合王国とアイル自由国の間の正式な「条約」として発効し、一九二四年七月一一日付けで国際連盟に寄託された。

ただし、連合王国の名称が「大ブリテン及び北アイルランド連合王国」（The United Kingdom of Great Britain and Northern Ireland）になったのは一九二七年四月一七日のことである[23]。王の称号はそれまで「神の恩寵による、大ブリテンおよびアイルランド連合王国と英海外自治領の王、信仰の擁護者、インド皇帝[24]」であったがその後も、しばらく「神の恩寵による、大ブリテン、アイルランド、および英海外自治領の王、信仰の擁護者、インド皇帝[25]」と呼ばれ、最初の部分が「大ブリテンおよび北アイルランド連合王国の王」となるのは、一九三七年一二月二九日のアイルランド国制法（Constitution of Ireland Act 1937）が一九二二年アイル自由国国制法（Irish Free State (Constitution) Act 1922）に置き換わるのを待たなければならなかった。

なお、アイルランドでは、一九三七年憲法で大統領（President）職が置かれたが、それでも国家元首（Head of State）はイギリス国王で、これが本当に共和国（コモンウェルスの加盟国の資格を失う）になったのは一九四八年のアイルランド共和国法（Republic of Ireland Act 1948）の発効した翌一九四九年四月一八日のことであった。コモンウェルスの方はその一〇日後に共和国の加盟を認めたが、アイルランド共和国の復帰はなく、むしろ、一九七二年に連合王国とアイルランド共和国は一緒にヨーロッパ共同体に加盟した（⇓72）。

五．女性および女系王位継承について

イングランドは一〇一三年デーン人スウェインと一〇一六年のその子クヌートによる武力征服、一〇六六年一月五日のエドワード懺悔王（Edward the Confessor）の死後、同年一〇月一四日のヘイスティングスの戦（Battle of Hastings）でウェセックス伯ハロルドを破ったノルマンディー公（Duke of Normandy）ウィリアムによる王位継承（ウィリアム一世）、一四八五年八月二二日のボズワースヶ原の戦（Battle of Bosworth Field）でリチャード三世を破ったテューダー家のヘンリーによる王位継承（ヘンリー七世）、そして一六八八〜八九年の名誉革命でジェイムズ二世が失踪した後のオレンジ君（Prince of Orange）ウィリアムとメアリー夫婦による共同王位継承（ウィリアム三世とメアリー二世）など、武力征服または武力による威嚇による王位継承が時々発生した。

ただし、ウィリアム一世は先王エドワード懺悔王の傍系の従兄甥（王母エンマの兄の孫）、ヘンリー七世はヘンリー六世の異父弟とエドワード三世の玄孫（曾孫の娘）の間にできた子、ウィリアム三世はチャールズ一世の娘の子で、いずれも女系王位継承の側面を持っていた（ただしウィリアム三世の共同君主メアリー二世は先王ジェイムズ二世の長女なので男系）。

それどころか、ウィリアム一世はノルマンディー公ロバート一世の非嫡出子（William the Bastard）、ヘンリー七世も、ランカスター家の始祖ランカスター公ジョンの非嫡出子ジョン・ボウフォート（John Beaufort）の孫娘マーガレットと、ヘンリー五世の后（Catherine of Valois）の婚外子エドモンド・テューダーの間にできた子供であった。

女系といえば、一三三七年、エドワード三世がアキテーヌ公としてフランス王フィリップ六世に臣下の礼をとるように要求されたとき、エドワード三世は自らフランス王フィリップ四世の娘イザベラの子として女系フランス王位継承権を主張してこれを拒否し、男系男子王位継承に限るフランク族のサリー法（lex Salica）を主張するフィリップ六世と対立して百年戦争の火ぶたを切った。以来、イングランド↓大ブリテン連合王国の君主は、一八〇一年一月一日に大ブリテンおよびアイルランド連合王国が成立するまで、自らフランス王であると唱え続けた（ちなみに今日のエリザベス二世もノルマンディー半島沖のガーンジー諸島とジャージー諸島をノルマンディー公ウィリアムの相続人として所有し続けており、これらのノルマンディー公領は連合王国が対外的には実効支配していても、連合王国の国内法上は「フランスの一部」なので、エリザベス女王は今なお「フランス」に君臨している）。

ノルマン朝のヘンリー一世死後はヘンリー一世の姉の子（女系）スティーブンと、ヘンリー一世の娘（男系）マティルダが王位を争い（The Anarchy＝無主時代）、結局、そのマティルダの子がヘンリー二世（女系）として王位を継承してプランタジネット朝を開いた。テューダー朝のエリザベス一世の後は、ヘンリー七世の娘の子の娘の子ジェイムズ（女系）が王位継承してステュアート朝に交替した。

このように女系王位継承がしばしば発生する国であるが、ヘンリー八世が破門を恐れず英国教会を樹立し五回も妻を取り換えたくらい男系男子王位継承を切望したことも事実で、それはテューダー家の出自コンプレックスとともに、ばら戦争（Wars of the Roses）後の王権ひいては王国安定のためでもあった。実は、エドワード懺悔王からノルマンディー公ウィリアムへの飛躍した女系王位継承にはエドワード懺悔王の約束とローマ教皇の勅許があり、ヘンリー七世も王位継承権を争う者に対してローマ教皇の破門状を活用したが、ヘンリー八世以降、ローマ教皇の権威を使うことはできなくなった。それで、ヘンリー八世が切望した男子エドワード六世が一五歳で死亡したあとの二人の男系女子（メアリー一世とエリザベス一世）、そして名誉革命による二人の男系女子（メアリー二世とアン）への王位継承、そしてアン女王の後のハノーバー朝への女系王位継承は、すべて議会立法によるものであった。

そしてビクトリア女王の後のアルバート夫君のサックス・コブルク・ゴータ朝（ドイツとの戦争のためウィンザー朝と改名）、エリザベス二世の後に予定されるフィリップ夫君の「ギリシャ」朝への女系王位継承も、一七〇一年王位継承法（Act of Settlement）を前提にしている。

王女の王位継承や外国王室をもまきこむ女系王位継承は、たしかに例外的で、不安定さ、国制・憲法的危機というべき状態と重なりやすい。しかし、バイキングに国を繰り返し奪われたエセルレッド無思慮王（Aethelred the Unready）やフランス王ルイ八世に攻められたジョン欠地王（John Lackland）など弱い男子が国を束ねられずに外敵の侵略を呼び、その反対に強い女子が圧倒的な外国軍を跳ね除ける国民の精神的支柱となったのも事実で、一五八八年八月、英仏海峡の対岸において小回りの利くイギリス水軍が巨大なスペイン無敵艦隊をまるで赤壁の戦のような戦術で火攻めにした頃、まだその報に接していなかったエリザベス女王は、八日、エセックスのティルベリーで敵上陸に備えてまるでジャンヌダルクのような井出達で前線兵士の前に立ち現われ「朕の身を案じて剣や槍の間に身を置くことに反対する者も多かった。しかし、私は命が惜しいからと、わが忠良かつ親愛なる民を疑うことなどできない。この身はかよわい女の体でも、私にはイングランド王の鋭気が満ちている。わが王国を侵略する者は、スペインであれ、ヨーロッパのどこの君主であれ、目にもの見せてくれようぞ！[26]」と閲兵していた。そもそもエリザベス一世の治世とその前後の憲法的危機はすべて父ヘンリー八世の複雑な女性遍歴が生み出したものであった。

議会立法による例外的な王女の王位継承や女系王位継承がイギリス流の動的（ダイナミック）で漸進的な立憲君主制の発展に果たした役割は決して小さくない。

なお、二〇一一年四月二九日のウィリアム王子（王位継承第二位）の成婚を契機に、現在の男系男子優先の王位継承原則を緩和して男系であれば姉が弟に優先して王位を継承するように改正する案が、同年一〇月二八日に連合王国と英連邦諸国中エリザベス女王を元首に頂く一五ヵ国の首脳会談で合意された。これはヘンリー八世の第三王位継承法（Succession to the Crown Act 1543）以来の原則の修正を意味する。それはヘンリー八世の太子エドワード（六世）とその子孫、そして制定時のヘンリー八世の后に生まれるかもしれない子孫の後位にエドワードの二人の姉、メアリー（一世）とエリザベス（一世）の順番で王位継承権を与えた議会立法で、男系男子優先で男系女子にも王位継承権を与えたところが現行の一七〇一年王位継承法（Act of Settlement 1701）に受け継がれている。二〇一一年の「英連邦の日」の主題が「変化をもたらす力としての女性（Women as Agents of Change）」だったことから、エリザベス二世はサミットの席上、その主題が今後も続くように願うと発言し、エリザベス一世に王冠を授けた王位継承法以来の原則のさらなる変更に合意する意向を表明したと見られている。今後、一六ヵ国各国の立法改正が必要となるが、ケンブリッジ公ウィリアム夫妻の第一子は性別に拘らず王位継承第三位となるであろう。その後の問題は、イギリスの男系王朝概念ひいては王室の存続そのものへの影響で、女王となるべき王女の婿を例えば外国王室等から選ぶのかどうか、難しい選択が待っている。

【余談】
吉田松陰のいう日本の万世一系綿々と続く皇国体とは男系に他ならない。しかし長州は朝鮮に近いせいか始祖に天照皇大神（女性）を祀る日本の中では大陸的発想が強い。過去に女帝はいたし、中国歴代王朝に比べればその頻度は高く、女系皇位継承が疑われる例も皆無ではない。例えば天智と天武の母が「皇極」＝皇統の極？ならば、父はなぜ「舒明」なのか？弟のはずの天武の方が兄のはずの天智より日本書紀によると年上であった。諡号を贈った天武朝にとって、母（皇極＝斉明）の方が父よりも皇統の意味で、はるかに大切であったように見える。また、国難のときにあえて女帝をたてるのも、危機の乗り越え方として、決して無意味なことではない。魏志倭人伝の倭国大乱のあとの壱与の擁立の例もある。

1 MS Jap.b2; Derek Massarella and Izumi K. Tytler, 'The Japanese Charters: The English and Dutch Shuinjo' (1990) 45 Monumenta Nipponica 189-206.

2 Royal and Parliamentary Titles Act 1927, c. 4, s. 2.

3 Princeを「王子」と訳したのでは「ウェールズの君主」（マキャベリの『君主論』は英語でThe Prince）という意味が出ないので、徳川期日本の征夷大将軍に適用された李氏朝鮮の太子の称号「大君」を用いる。

4 Laws in Wales Act 1535 (repealed by Welsh Language Act 1993 on 21.12.1993).

5 Laws in Wales Act 1542 (repealed by Welsh Language Act 1993 on 21.12.1993 and Sale of Goods (Amendment) Act 1994 on 3.1.1995).

6 Kenneth O. Morgan, *The Oxford Illustrated History of Britain,* New Edition 2009, p. 304 by John Morrill.

7 Kenneth O Morgan, 2009, pp. 321-324, per John Morrill.

8 Kenneth O Morgan, 2009, pp. 323-4, per John Morrill.

9 田中英夫編『英米法辞典』東京大学出版会一九九一年の訳による。但しinstrumentは契約証書、遺言証書、証券など法律効果を伴う文書を指すので『政体証書』でもよかろう。

10 An Act and Declaration, touching several Acts and Ordinances made since the Twentieth of April 1653, and before the Third of September 1654; and others.

11 ケンブリッジの歴史家John Morrill, 'The Stuarts' in Kenneth Morgan ed., The Illustrated Oxford History of Britain, 2009, p. 327にpaper constitutionsという侮蔑を込めた表現がある。

12 Prince of Walesを「ウェールズ大君」と訳す以上、Prince of Orangeもオレンジ君と訳すべきであろう。

13 Immortal Seven: Earls of Devonshire and of Danby (Whig and Tory landed magnates), Bishop Crompton of London, Earl of Shrewsbury and Viscount Lumley (disaffected army officers), Edward Russell and Henry Sidney (disaffected naval officers). Tim Harris, *Revolution: The Great Crisis of the British Monarchy, 1685-1720,* Penguin History, 2007, p. 271.

14 Thomas Osborne, Earl of Danby. The Declaration of His Highness William Henry, by the Grace of God, Prince of Orange, etc., of the reasons inducing him to appear in arms in the Kingdome of England, and for preserving the Protestant religion, and for restoring the laws and liberties of England, Scotland and Ireland, The Hague, 10 October 1688 (NS). Robert Beddard, *Kingdom Without A King: Journal of the Provisional*

Government in the Revolution of 1688, Phaidon Press, Oxford, 1988, pp. 124-128; 145-149.

15 Tim Harris, 2007, 280, 329-334.

16 意味は正式の召集手続を踏まずに「勝手に召集された議会」。 William Blackstone, *Commentaries on the Laws of England,* vol. I, 1765, p. 147. cf. English Convention 1660 (Restoration); Philadelphia Convention 1787 (US); National Convention 1792 (France).

17 J. H. Plumb, 'The Elections to the Convention Parliament of 1689', [1937] 5 Cambridge Historical Journal 235, 244-245.

18 That King James the Second, having endeavoured to subvert the Constitution of the Kingdom, by breaking the Original Contract between King and People; and by the advice of Jesuits, and other wicked Persons, having violated the fundamental Laws; and having withdrawn himself out of this Kingdom; has abdicated the Government; and that the Throne is thereby vacant.

19 Tim Harris, 2007, 324-328.

20 Tim Harris, 2007, 329-334.

21 Harris, 2007, p. 334, pp. 346-7.

22 Harris, 2007, p. 405-6.

23 Royal and Parliamentary Titles Act 1927.

24 By the Grace of God, of the United Kingdom of Great Britain and Ireland and of the British Dominions beyond the Seas King, Defender of the Faith, Emperor of India.

25 By the Grace of God, of Great Britain, Ireland and the British Dominions beyond the Seas King, Defender of the Faith, Emperor of India.

26 My loving people, we have been persuaded by some that are careful of our safety, to take heed how we commit ourself to armed multitudes for fear of treachery; but I assure you, I do not desire to live to distrust my faithful and loving people ... I know I have the body but of a weak and feeble woman, but I have the heart and stomach of a kind, and of a King of England too, and I think foul scorn that Parma or Spain, or any Prince of Europe should dare to invade the borders of my realm.

第二章　平和的生存権の歴史

一．常備軍は原則違法

名誉革命において、一六八九年二月一三日にイングランド制憲議会がオレンジ君ウィリアム夫妻に王冠を授けた法的道具（instrument）、いわゆる『権利の章典』（Bill of Rights）は、その第六条に曰く、「王国内で平時に議会の同意なく常備軍を徴集し維持することは違法である。」（That the raising or keeping a standing Army within the Kingdom in Time of Peace, unless it be with Consent of Parliament, is against Law.）

一六八九年四月一一（二二）日、スコットランド制憲議会がオレンジ君ウィリアム夫妻に王位を授ける前に『権利の請求』（Claim of Right）と並んで採択した「侵害条項」（Articles of Grievances）第一三条にも「平時に議会の同意なく常備軍を徴集し現役で維持することは侵害である」（That the levying or keeping on Foot a standing Army in Time of Peace without Consent of Parliament is a Grievance.）とある。

▼　カントがスコットランド系移民の三世であったことからすると、カントの『哲学的永久平和条約案』の予備条項第三条「常備

軍は時とともに撤廃されるべし」にも影響を与えたかもしれない。

日本の比較憲法学では注目度が低いが、条文の字面を見るだけでも、イギリスの権利章典（Bill of Rights）第六条と後述する年次軍罰法（Mutiny Acts）とその継承立法（Army Act 1881; Army Act 1955; Armed Forces Acts 2006-2011 など）は、日本国憲法第九条と自衛隊法の関係を考えるに当たり、一つの重要な示唆を与えてくれるように思われる。

二　歴史的文脈

(1) ドイツ三十年戦争と権利の請願

一六一八年、ボヘミアのプロテスタント勢が、カトリックのボヘミア王、ハプスブルク家のフェルディナンド二世にかわって、プロテスタントのプファルツ選帝侯フリードリヒ五世を「ボヘミア王」に推挙したが、プファルツ選帝侯はイングランド王ジェイムズ一世の長女エリザベスの嫁ぎ先であった。選帝侯フリードリヒは岳父ジェイムズ一世の反対を押し切ってこれを受け入れたので、妃のエリザベスは「ボヘミア后（Queen of Bohemia）」となり、英語ではこの称号で知られる。この結果、フリードリヒは神聖ローマ皇帝フェルディナンド二世と対決、三十年戦争の緒戦を戦うこととなった。そして一六二〇年には皇帝軍によりプラハを追われ、一六二二年には本拠地のプファルツをも追われてオランダへ亡命した。

一六二五年にイングランド王位を継いだチャールズ一世は、姉エリザベスの嫁ぎ先の失地を回復する目的でスペインやフランスと交戦した。

それだけでなく、三十年戦争には多くのイギリス領主が独自に領民を率いてスウェーデンのグスタフ・アドルフス大王（在位一六一一年～一六三二年）の軍に加わるなどして大いに戦い、武器、戦術、軍法会議の先進知識を持ち帰ると同時に、文字通り「血に飢えて」帰ってきたことが、後のイギリス三王国内乱（The Civil War）の基本的土壌を形成した。

しかし、チャールズ一世はイングランド議会への説明不足で予算を得られず、議会を迂回して戦費を調達する手段を開発、とくに一六二五年以来、毎年、大権をもって軍司令官に軍事条例（articles of war）を制定する権限を委任し[1]、戦費調達を強制するために徒に人を投獄し、軍費節約のために兵隊を国内の民家に宿営させるなどした[2]。このため、一六二八年五月、元首席裁判官、衆議院議員エドワード・クックらが、イングランド王国では古来平時において通常のコモンローを排除して軍法（martial law）を宣布することは違法であり、議会の承認なき課税は違法、監禁は人身保護令状でその理由を問うことができ、兵士の民家への勝手な宿営は禁止されているとする「権利の請願」（Petition of Right）を起草し、同年六月七日、チャールズ一世の署名を得た。

この頃は、まだ三王国内乱（Civil War 1642～1660）に陥る前のことであったが、「権利の請願」は、平時において軍法が宣布され兵隊が無法を働き平和な市民生活を乱すことを禁止した点で、いわば「平和的生存権」ともいうべき発想を、大憲章（Magna Carta）以来の伝統的「臣民の権利」ということにして王にその遵守を請願したといえよう。ただし、そういう権利がもっとも蹂躙されたのは内乱時代であった。

(2) 常備軍（a standing army）

イギリス初の近代的常備軍は、イングランド長期議会（一六四〇～一六四八）がスコットランド議会と合同で内乱中の一六四五年一月六日に創設した新規軍（New Model Army）で、これは、第一章でも触れたとおり、一旦できてしまうと戦争の必要性があろうとなかろうと自存自衛するために熱烈なピューリタン信仰のもとに結束して暴走して一六四八年一二月七日の軍事クーデターで親の長期議会そのものを粛清し、翌年一月三〇日には「敵」チャールズ一世を殺し、神がかりのクロムウェル軍事独裁とスコットランドとアイルランドの武力「討伐」をもたらし、クロムウェルの死後ほどなく一六六〇年の王政復古（⇓24）で解散された[3]。しかし、王政復古でチャールズ一世の殺害された一六四九年一月三〇日に遡って王位継承したチャールズ二世も、一六八五年にこれを継いだジェイムズ二世も常備軍を維持し、政敵の弾圧に利用した。

（3）名誉革命と権利の章典[4]

名誉革命の詳細な経緯は25～27頁に詳述した。

一六八九年二月一三日に制憲議会がオレンジ君ウィリアム夫妻に王位を授ける法的道具となった『権利章典』の法的性格については後述するが（⇓102―103）、現代に至るまで通常の議会立法以上の最高法規性を認められる傾向があることは、たとえば一九九二年に貴族院上告委員会がPepper v Hart［1992］UKHL 3事件で権利章典第九条（議会内言論、討議、議事の自由）にかかわる争点を裁くために通常の五人法廷ではなく七人法廷で臨んだことにも表れている。

（4）権利章典第六条の制定理由と意義

権利章典第六条は、のちの一七八七年のアメリカ合州国憲法における対応規定（一編八条一一号）が、連邦議会の権限として陸軍の徴集と維持の目的で二年を超える予算計上を禁じている関係上[5]、憲法学的には軍隊の予算を通じた民主的コントロールの文脈でのみ捉えられやすい。しかし、名誉革命におけるイングランド制憲議会は、オレンジ君ウィリアムがフランス王ルイ十四世との戦争にイングランドを動員する目的で渡英して王位を継承したことを踏まえて、渡来人君主の海外での戦争へのイングランド軍の動員を自主的にコントロールする目的で、権利章典第六条を設けたと思われる（このことは日本国憲法第九条の起草者の動機とは異なる実際上の用法と重なる）。

そして、常備軍の違法化は後の合州国憲法とは本質的に違う。ブラックストーンは、権利章典第六条の背景として、一六二八年の権利請願が平時における軍法（martial law≒戒厳令）下の無法は侵害であると言っていたのに、内乱後も、チャールズ二世が平時に約五千人の兵を維持し、ジェームズ二世がそれを三万人以上に増員し、その費用のすべてを民の負担に帰したことを挙げている6。

王政復古後の王党派（騎士派 Cavaliers）や英国教会、のちのトーリー党へ連なる勢力も、内乱の生んだ常備軍（New Model Army）が暴走して、終わったはずの内乱を蒸し返して王を殺害し議会まで解散してクロムウェルの軍事独裁を実現したことに対する強い嫌悪感から、常備軍というものに一貫して反対であった7。

一六八九年一月〜二月の制憲議会の貴族院の顧問としてウィリアム三世の即位を可能にするための憲法的措置をとるのに指導的役割を果たしたとされるのがジョン・ホールト（Sir John Holt）で8、王政復古後の「国家裁判」（state trials）で反逆罪に問われた被告人の弁護で名を上げ、自由と人権の擁護者として名高く、一六八五年にジェイムズ二世によりロンドン記録裁判官に任命されたが、翌一六八六年、戦時でもない限り逃亡罪で死刑を科すことはできない、つまり平時に軍法（martial law）裁判権は行使できないと無罪判決を下したために裁判官職を追われた経験があり、革命後、ウィリアム三世から王座裁判所首席裁判官（一六八九〜一七一〇亡）に任命された9。この人が権利章典第六条の起草者の一人かもしれない。

実は、スコットランドでも、一六八九年四月一一（二一）日に三身分制憲議会（Convention of the Estates）が採択し同五月一一（二二）日にウィリアムとメアリーの承認を得た『権利請求』（Claim of Right Act 1689）は、第八条「王国中どこであれ陸軍将校を裁判官として雇い……臣民を正式な裁判をよらず略式で陪審や記録抜きで死刑に処すことは違法である」、第一七条「平和であるべきときに王国の如何なる場所であれ軍隊を敵対的に送り込み、兵や物資を徴集し、如何なる方法であれ無償で民家に兵隊を宿営させることは違法である」、第二〇条「平時に民家に同意なくまたは議会の授権なく兵隊を駐屯させることは違法である」と、内乱時代や王政復古後の常備軍の具体的問題を列挙し、イングランドの一六二八年の「権利の請願」と共通する内容になっている。

以上のことを考慮すると、「権利章典」が常備軍を原則違法とした理由は、①渡来人君主の戦争にイングランドが動員されることへの警戒、そして一六二八年の「権利請願」の趣旨を踏まえて、②兵隊の駐留が一般市民生活に与える物理的危険（在日米軍の米兵や軍属の問題と共通）を念頭に置いたもので、その意味で現代の日本で日本国憲法前文や同第九条等から導き出された「平和的生存権」[10]に通じる趣旨であっただけでなく、③その法的意味として、コモンロー文事（civil）裁判権の正常性（business as usual）の軍事裁判権の非常性に対する優位を導くものでもあったというべきであろう。

ブラックストーン曰く、

「軍法には何ら一定の原則があるわけでもなく、その決定も全く恣意的なもので、（内乱時代を生きた）マシュー・ヘイル裁判官の見立て通り[11]、その実は無法であり、法の一種として許容されているというより無法がまかり通っているだけである。軍隊における秩序と統制の必要性以外に軍法の存在意義はなく、従って平時には軍法は許容されるべきでなく、（コモンローを司る）国王裁判所において国法に従い万民に正義が行き渡るべきなのである[12]。」

三．名誉革命後のイギリス軍事法制の発展

（1）年次軍罰法（Mutiny Acts）（一六八九～一八七九年）

名誉革命でイングランド制憲議会がウィリアム三世とメアリー二世を擁立しても、軍隊の中には、あくまでジェイムズ二世（スコットランドで七世）に忠誠を誓い、あるいは少なくともオレンジ君ウィリアムのルイ十四世との戦争（アウグスブルグ同盟戦争またはプァルツ継承戦争）に従軍してオランダに出征しなければならない理由はないと考え、反抗して北へ帰る部隊（多くはスコット兵）があった[13]。この動きに対して軍隊の統制を維持するために、コモンローは軍統制法違反、たとえば「反乱罪」（mutiny）などを裁くものではなかったので、特別立法が必要となった。これを意訳して「軍罰法」（Mutiny Act 1689）という。

軍罰法は、権利章典第六条が「王国内」(外人国王ウィリアムの所領等を除く)の「常備軍」を違法としていることを踏まえて、有効期限一年の時限立法として制定され、その後、毎年立法され直すこととなった。年次軍罰法は、例えば一六九七年に九年にわたったアウグスブルグ同盟戦争が終結した時点で再立法措置はとられず、一七〇二年にスペイン継承戦争が勃発して新に制定し直されるまで四年間にわたり消滅したことがある。その後は、一八七九年の陸軍統制法(Army Discipline and Regulation Act 1879)制定まで毎年立法され続けた。ただし国内限定なので立法し忘れても王の徴兵権のあまり大きな制限にはならなかったようである。

そして、海兵隊(Royal Marines)も「常備軍」に当たるということで、一八六〇以来、海兵隊軍罰法[14]が同様に毎年再立法された。

(2) 軍統制法(Service Discipline Acts)(一八八一〜二〇〇六年)

陸軍は、その後、一八八一年の陸軍法(Army Act 1881)が議会両院の積極的投票で承認された勅令(Order in Council)でその効力を延長されない限り一年で失効するものとされ、毎年そのような勅令で一九五五年の陸軍法(一九五七年一月一日施行)まで効力を延長された。一九五五年の陸軍法も、二〇〇六年の軍隊法(Armed Forces Act 2006)が二〇〇九年一一月八日に施行されて置き換わるまで、同様に毎年議会両院の賛成決議を受けた勅令で効力を延長された。

空軍は、第一次世界大戦末期の一九一七年の空軍設置法(Air Force (Constitution) Act 1917)で設置されたときから、その効力を一八八一年の陸軍法の効力が年次勅令で延長されるのに合わせる形で出発した(同法一二条二項)。一九五五年の空軍法は同年の陸軍法と一組で制定され[15]、同様に年次の議会両院賛成決議を得た勅令で効力が延長されない限り一二ヶ月で失効すると明記され(空軍法二二四条三項)、陸軍法と同時に同じ形で二〇〇六年の軍隊法に置き換わった。

海軍は、古来、王の船（King's Ships）の集団であったが、早くも王政復古直後の一六六一年に議会立法[16]による授権で存在することになった。海軍は一六八九年の権利章典第六条の「常備軍」（standing army）には当たらなかったので、近年の一八六六年の海軍統制法（Naval Discipline Act 1866）も、一九五七年の海軍統制法も、時限立法ではなく恒久法として制定された。しかし、一九七一年の軍隊法（Armed Forces Act 1971）は、一九五七年の海軍統制法を、一九五五年の陸軍法と空軍法と同様に一年で自動的に失効する時限立法に修正した。そして一九七一年の軍隊法は陸軍法、空軍法、海軍統制法の効力を一年に限り延長し、五年後までは毎年貴衆両院の賛成議決を得た勅令（Order in Council）をもって延長を繰り返すことができる制度であった。つまり、実質的には毎年議会両院の賛成議決を経た勅令で延長され、五年に一回、そのような勅令の授権立法も制定し直される制度で、海軍も陸空軍と同様に権利章典のいう「常備軍」と同じ扱いを受けることになった。

（3）二〇〇六年の軍隊法（二〇〇九～二〇一一年～）

二〇〇六年軍隊法（Armed Forces Act 2006）のもとで、一九五五年の陸軍法と空軍法および一九五七年の海軍統制法は二〇〇九年一一月八日に失効し、同時にその代わりに旧三軍法を一本の議会立法にまとめた規定が発効した。二〇〇六年軍隊法は、その後、二〇一〇年の議会両院の賛成議決を得た勅令で二〇一一年一一月八日までその効力を延長されたが[17]、二〇一一年末を越えて勅令で延長することはできない（二〇〇六年法三八二条四項）と規定されていた。

二〇一一年一一月三日、議会は新たな議会立法（Armed Forces Act 2011）を制定し、二〇〇六年軍隊法の三八二条を改正し、二〇一一年軍隊法の施行から一年で失効するが、五年後の二〇一六年までは勅令（Order in Council）で一年に限り延長できると定めている。つまり、二〇〇六年軍隊法の措置は、一九五五年陸軍法と空軍法そして一九五七年海軍統制法という三軍の実体法を一つの議会立法でまとめ、それを一九七一年軍隊法以来採用されてきた手続で延長する、すなわち、原則一年で失効するが、五年おきに制定される軍隊法の授権のもとで、毎年議会両院の賛成議決を必要とする勅令で実体法を延長できるという手続を採用したといえる。

このように、イギリスでは権利章典第六条のもとで、原則違法の常備軍の例外的設置を年次の議会立法ない し議会両院の積極的投票で正当化するという憲法的習律（constitutional convention ⇓76）が成立し、これは、一九七一年には海軍に拡大し、今日でも忠実に守られている。憲法にいわゆる将来のためのプログラム規定を書くなどということよりも、権利章典第六条の文言を超えて、このように後世の実績が積み重ねられ、現在に続いているところに、イギリスらしい「不文憲法」のあり方を見る思いがする。

（4）軍法会議の通常刑事訴訟化

なお、軍法会議制度は、オーストリア継承戦争中のトゥーロン沖の海戦（一七四四年）における失態を受けて一七四九年の海軍統制法[18]が海軍独自の軍法会議制度を樹立して以来、陸軍（一九一七年に空軍が加わる）と海軍の二制度に分かれてきた。一九七一年から二〇〇六年まで五年おきに八回制定された軍隊法（Armed Forces Acts）は両者の違いを次第に収斂させて、二〇〇六年軍隊法で統一化は完成し、この点の規定は二〇〇九年一〇月三一日に施行された。

正式の軍法会議（Court-Martial）は、陪審員の代わりに将校が事実問題を担当する以外は、現在では、通常の刑事訴訟を担当する裁判官と、訴追側と弁護側の両通常弁護士が軍法会議を担当し（ただし訴追側弁護士は形式的に将校の肩書を得る）、上訴も、通常の控訴院裁判官が高等軍法会議（Court-Martial Appeal Court）の裁判官の職務を担当する形になって[19]、手続的にも通常刑事訴訟化が進んでいる。つまり、権利請願と権利章典およびヘイルとブラックストーンの伝統的な軍法不信を背景として、軍法会議の通常刑事訴訟化が進んでいる。

これは、裏側から見れば、通常法の非常法（有事法制）に対する優越、通常権力（背広組）による非常権力（制服組）

の支配、非常時・緊急事態においてもあくまでも理性と法が支配する体制をイギリスの立法や実務が長年にわたり動的に追求しているということであり、これこそが、日本の動的な憲法史を見たときに欠如しているものである。「非常時」ですべてが正当化されてしまう、そういう脆弱な法体制であってはならない。それこそが「権利請願」から「権利章典」を通して現代軍事法制に流れるイギリス法の精神であろう。

四．まとめ

軍隊は一度出来てしまったら、戦争がなくなって失業する危険が迫れば、新たに戦争を起こしてでも食いつないで「自存自衛」しようとする傾向がある。このことは第一章で見たイギリス初の近代的常備軍、「新規軍」（New Model Army）が実証している。「ピューリタン革命」とは三国内乱（The Civil War of the Three Kingdoms）の生んだ新規軍が食いつなぐための欲求を宗教的純粋主義（puritanism ＝原理主義）で正当化した軍事独裁に他ならなかった。新規軍は「敵」（かたき）である王だけでなく「親」の議会まで否定した。王政復古後の王の常備軍にも辟易して名誉革命後に集まったイギリス制憲議会が「王国内で平時に常備軍を議会の承認なく徴集、維持することは違法である」と宣言した（『権利章典』第六条）のは、その文脈において非常に合理的であっただけでなく、『権利請願』に見られる「平和的生存権」的な考え方に裏打ちされるものでもあった。

日本で「平和的生存権」というと、人権、とくに司法的に裁判可能な権利として具体的にどんな意味を持つかといえば、それは曖昧さを伴う。ただし、マシュー・ヘイルとウィリアム・ブラックストーン流のイギリス憲法の中核にあるのは、軍隊が平時に戒厳令を敷いて無法を行い恣意的な軍法会議でごまかし、本来なら通常裁判所の適正手続の中で保護されるはずの自由を否定してしまうことを違法としているところであろう。

ここで第二次世界大戦後の世界を顧みると、一九六一年一月一七日のアイゼンハワー米大統領の退任演説の当時には、第二次世界大戦を通して肥大化した世界最強のアメリカ軍が米ソ冷戦・朝鮮戦争のために解散されずに常備軍化し、軍事産業と癒着して「軍産複合体」（Military-Industrial Complex）に成長し、マンハッタン計画で原爆を開発したような「科学技術エリート」（Scientific-Technological Elite）と一緒になって、すでに民主主義の脅威となっていた[20]。この点を見ても、イギリス内乱時の常備軍の暴走の歴史は、第二次世界大戦が終わっても冷戦、冷戦が終わってソ連が崩壊しても、いつの間にか地域紛争と宗教的テロとの戦争で、例えば北大西洋条約機構がいつまでも解散されないことなどを含めた現代国際関係にも、大きな教訓を遺しているといえよう。

そして、権利章典第六条が議会（Parliament）に常備軍の徴集維持権があることを宣言して軍隊を制御しようとしたように、アイゼンハワー大統領も民主主義に対する潜在的脅威として、「軍産複合体」と「科学技術エリート」のいわば「軍産学」の提携（鉄の三角形）を挙げたときに、実はこれに議会（Congress）を加えることを考えていたが、最終的に思いとどまったという。議会こそが民主主義の要であるからである。

本書は、日本についても、理論的には、議会制民主主義を発展させて、国会による軍隊、公共の正統な物理的暴力（das Monopol legitimer physischer Gewaltsamkeit, Max Weber, *Politik als Beruf* (1919), Duncker & Humblot, Berlin, 1991, S8）の監督、統制を実践していく選択肢はあると考える。例えば、イギリスが権利章典第六条のもとで発展させてきた原則違法の軍隊を例外的に議会の時限立法で設置する方式にならって、国の正統な物理的暴力は国会だけが設置でき、その設置法は憲法第九条の例外であるため、毎年国会が新に立法措置をとらなければ自動的に失効するという制度を採用することも、自衛隊の違憲性の一つの緩和方法かもしれない。

しかし、イギリスの権利章典第六条なら原則違法の軍隊も例外的に議会立法の授権を受ける限り合法的に存在できるが、日本国憲法第九条はあらゆる戦力の包括的禁止であり、一旦その例外を国会立法で認めると、次にそういう例外戦力に裁判権（軍法会議）を持たせるために特別裁判所を禁止している憲法第七六条二項の例外もできる、さらに憲法第三章の基本的人権の例外もできるということになって、なし崩し的に憲法秩序が崩壊してしまう危険をはらむ。かといって自民党の主張するように改憲して自衛隊を憲法上の国防軍に位置付けることは、イギリスの権利章典第六条の下、議会の授権により例外的に一時的に違法性を解除された軍隊とは憲法秩序上の位置づけと方向性が逆であり、違憲のまま生まれた軍隊を合憲にする、つまり軍隊のために憲法を作ることになるため、その実践において再び憲法と国を軍に隷従させる道を開くだろう。そもそも財務省、外務省その他の官庁にも検察や警察にも憲法上の根拠はないのに、軍にだけ憲法の根拠を与えると軍と国防省を前者に対して優越的地位につかせることにつながりかねない。むしろ憲法と自衛隊の抵触を緩和する措置、例えば自衛隊を、各国軍が海賊（暴力的反捕鯨船活動などを含む）などの国際法上の犯罪を取り締る国際社会の警察機能を果たすべき潮流に沿った目的・名称の、例えば、洋上に広く展開する日本列島における海洋立国に適した陸上・航空部隊を伴う海洋警備隊（Marine Guards）に改組し、その設置立法をイギリス式の臨時の時限立法とする方策などの方が、日本の国情や国民大多数の意向に即した望ましい改革ではないかと思われる。

1 War Office, *Manual of Military Law*, 1882, pp. 7-8.

2 Kenneth O. Morgan, ed., *The Oxford Illustrated History of Britain*, new ed., Oxford, 2009, pp. 308-310 per John Morrill.

3 Kenneth O. Morgan, 2009, pp. 321-329 per John Morrill.

4 Kenneth O. Morgan, 2009, pp. 337-342 per John Morrill.

5 The Constitution of the United States of America (1787), Article I, s. 8, ss. 11: To raise and support Armies, but no Appropriation of Money to that Use shall be for a longer Term than two Years.

6 William Blackstone, *Commentaries on the Laws of England*, I. 13 (1st ed., 1765, pp. 400-401).

7 Tim Harris, 2007, 336-337.

8 Encyclopaedia Britannica, 11th edition (1911), Holt, Sir John.

9 Ibid. Tim Harris, 2007, 188.

10 札幌地判昭四八年九月七日判例時報七一二巻二四頁（長沼ナイキ事件札幌地方裁判所福島重雄裁判長）。

11 Sir Matthew Hale (1609-1676), *A History and Analysis of the Common Law of England* (1713), c. 2.

12 For martial law, which is built upon no settled principles, but is entirely arbitrary in its decisions, is, as Sir Matthew Hale observes, in truth and reality no law, but something indulged rather than allowed as a law. The necessity of order and discipline in an army is the only thing which can give it countenance; and therefore it ought not to be permitted in time of peace, when the king's courts are open for all persons to receive justice according to the laws of the land. Blackstone, 1765, (I. 13) p. 400.

13 William Winthrop, *Military Law and Procedure,* 2nd ed., Government Printing Office, Washington DC, 1920, p. 19.

14 23 Victoria, c. 10 of 31 March 1860.

15 Army Act 1955 (c. 18) and Air Force Act 1955 (c. 19) of 6 May 1955.

16 13 Charles II, St. 1, c. 9.

17 SI 2010/2475.

18 22 George II, c. 33.

19 Courts-Martial (Appeals) Act 1951; Courts-Martial (Appeals) Act 1968.

20 Public Papers of the Presidents of the United States, *Dwight D. Eisenhower, 1953-1961,* vol. II, US Government Printing Office, Washington DC, 1961, pp. 1035-1040.

第二編　総　論

第三章　法源（Sources of Law）

連合王国憲法の法源（sources of law）としては、次の五つが挙げられる。

一．コモンロー（common law）
二．議会立法（statutes）
三．議会の内規と慣習（law and custom of Parliament）
四．憲法的習律（constitutional conventions）
五．権威書（authoritative works）

もちろん法源の階級、とくに次章で述べるダイシー流の議会内王冠主権論上の裁判所にとっての法的拘束力の順位は、議会立法が最高で、議会立法以上の法源はない。コモンローはその下で、権威書は厳密には裁判所を拘束しない。議会の内規と慣習は議会が専轄し、裁判所は裁かない。憲法的習律は後述するように、習律が拘束する対象（たとえば王冠）そのものが自ら管轄し、裁判所も議会も正式に管轄権を有するわけではない。しかし歴史的に見てコモンローが基本原則を定める主要な法源であることは憲法の分野でもある程度妥当する。議会立法や習律がその例外または代替ルールを定め、議会立法はコモンローを排除して適用されるが、習律はコモンローを排除せずに政治上の慣行を修正する。以下、詳しく説明する。

一．コモンロー

比較法学者フォーゲナウアーによればコモンローには次の四つの意味がある。

① 比較法的に大陸法（civil law）と区別される英米法（common law）、
② 法制史的に地方の固有法（iura propria; municipal laws）と区別されるイングランド王国の普通法（ius commune）ないし共通法（common law）、
③ 法源的に議会立法（statute law）と区別される判例法、
④ ③の中でも歴史的に大法官裁判所（Chancery）の管轄してきたエクィティ（equity）と区別される、国王裁判所が管轄してきたコモンロー[1]。

イギリスの憲法学者ダイシーによれば、「コモンローとして知られる法律」とは、「成文、不文を問わず」、「慣習（custom）、伝統（tradition）、裁判官の作った法諺《ほうげん》（法律的ことわざないし格言 judge-made maxims）の集合体（mass）のこと」である[2]。これは以下に見る通りフォーゲナウアーの②のコモンローのことを指すと捉えてよいだろう。

歴史的に見れば、コモンローを③判例法（case law）と捉えるのは一九世紀以来の実定法主義の考え方を反映しており、それ以前の一七世紀のヘイル裁判官や一八世紀のブラックストーン教授は、判例とはむしろコモンローの証拠であると捉えていた[3]。つまり個々の判例が集積してコモンローを形作るのではなく、コモンローとは古（いにしえ）から伝わるイングランドの伝統的共通法を指し、個々の判例はその証拠に過ぎず、裁判官の仕事は判例という証拠をもとに本体のコモンローを説明し（expound）、明確にし（clarify）、公示する（publish）ことにあった[4]。これが②のコモンローである。成文の判例とは古から伝わる不文のコモンローのいわば端緒であって、決してその本体だとは捉えられていなかったのである。

その観点から見れば、コモンローの証拠とは判例だけではなく、たとえば一二一五年のマグナ・カルタ（「大憲章」、現行法は一二九七年版）もイングランド古来の自由権を王があらためて確認（confirm）したという意味でコモンローの証拠、言い換えればコモンローを議会立法が成文化したものと言えなくはないように思える。

また一三世紀の王の御前裁判官ブラクトンの著作とされる『イングランドの法と慣習』（Henry de Bracton, De Legibus et Consuetudinibus Anglicae）などの権威書（authoritative works）も少なくともクックの時代においてはコモンローの証拠の一つであった。とくに「法の支配」を示した法諺（maxim）「王は何人の下にあってもならないが、天と法の下にある。なぜなら法が王たらしめるからである」（ipse rex autem non debet esse sub homine, sed sub Deo et lege, quia lex facit regem; Bract. Lib. i. fol. 5）は一六〇七年の裁判例（Case of Prohibitions del Roy, 12 Co Rep 63, 65）においてクック王座裁判所首席判事が引用したことによって判例法（法源として権威書以上の権威を持つ）となっている。クックにとって「法の支配」の「法」とはコモンローに他ならなかった。

以上のような歴史的なコモンローの「定義」②は、現代イギリス憲法の主要法源としてのコモンローとは何かを考えるときにも忘れるべきではない。なぜなら、次項で「議会立法」として列挙するが形式的には決して疑義の消えることのない一六二八年の権利の請願（Petition of Right）や一六八九年の権利の章典（Bill of Rights）も、究極的には「臣民の古来の自由権の再確認」という意味でコモンロー（その本体は不文）の断片的な成文の証拠として、憲法的権威を保っている側面があるからである。権利章典が厳密な実証的歴史研究によれば「古法の確認」であるにとどまらず「後世における伝統の創作」の側面を有しているにしても、その憲法的権威は本来的に不文のコモンローの成文化（reduction to writing）、明確化であることに根拠を求める方法もありうる。その権威は、決して議会立法としての実定法主義的な手続論や形式論では説明できないし、憲法制定権力論（pouvoir constituent）のようなフランス語の理論を借用しても決して十分な説明にはならない。

また、コモンローを③の判例法の意味に限った場合、一八七三年（一八七五年改正）の最高法院法（Supreme Court of Judicature Acts 1873-5）と一八七六年の貴族院上訴管轄権法（Appellate Jurisdiction Act 1876）以来、現在では判例の序列が明確に整理されており、先例拘束性があるのは貴族院（ただし二〇〇九年一〇月一日から連合王国最高裁判所）と控訴院（ただしスコットランド法域には独自の裁判所制度があり、北アイルランド法域にはイングランド・ウェールズ法域式の裁判所制度がある）の判決の判決理由（ratio decidendi）と呼ばれる部分だけである。しかし、詳しくは拙著『イギリス債権法』（二五―二六頁）を参照して欲しいが、同著で述べたとおり、近代裁判所制度が整えられる前の国王裁判所群の判決例にも注意を払う必要がある。それは貴族院（↓新最高裁）や控訴院も、確かに法分野によって差はあるものの、近代裁判所制度成立以前の古い裁判所群の裁判例（②のコモンローの証拠の一部）をやはりコモンローとして尊重する傾向があるからである。

すなわち現代でもコモンローは、③の判例法の意味に限っても、日本の民法や刑法の分野ではまさに法典的地位を占め、個別の議会立法が特別法としてこれを補完ないし修正する傾向性が顕著である。憲法の分野でも程度の差こそあれ、基本的にはやはり同じことが言える。たとえば個人は議会立法で禁止されていない限り何をしても自由であるというイギリス憲法の最高原則はコモンロー上のもので、今では一九九八年人権法（Human Rights Act 1998）という議会立法が欧州人権条約上の諸権利（Convention rights）の主要部分を列挙してこれに国内法効力を与えているが、コモンロー上の個人の自由とはそれで決して網羅されて置き換ったわけではない。人権法により列挙、特定されないで残存している自由権（residual freedom）がある。つまり人権法はコモンローを補完する。この点については後述する。

そして二〇〇〇年一〇月二日の人権法施行以来、連合王国の裁判所は同法が国内法効力を認めた人権条約上の諸権利を適用してこれまでに数多くの判例を生み出しているが、この手の判例法は形式的にはコモンロー③に当てはまるものの、②には当てはまらない。

（1）慣習法（Customs）

たとえば王の大権（royal prerogatives）とは何か、議会立法（Act of Parliament）とは何か、あるいは議会内王冠主権（Crown in Parliament）とは何かは、基本的に慣習法に従い、コモンローが承認した範囲において、議会立法による修正を経た形で定められている。

（2）王の大権（Royal Prerogatives）

王の大権の内容は後述する（⇓187、236）。

なお、王の大権は大臣（ministers）の助言と承認により行使されるのが憲法的習律（constitutional convention ⇓76）である。

ここでは次の三点が基礎として重要である。

（ア）クックは一六一一年に「王には何人にも問えない大権（prerogatives）などはなく、ただ国法が王に許す権力だけがある」（Case of Proclamations, 12 Co Rep 74）と判じた。すなわち個別の国王大権の存否と範囲はコモンロー上の法律問題で裁判官が決める。

（イ）国王大権は議会立法により修正ないし廃止することができる（Attorney-General v de Keyser's Royal Hotel Ltd [1920] AC 508）。

（ウ）Council of Civil Service Unions v Minister for the Civil Service [1985] AC 374（国家公務員労働組合連合会対国家公務員担当大臣＝首相兼任）事件の貴族院判決は、国王大権の行使についての司法審査は適宜、必要に応じて積極的になされるべきであることを示した。

（3）裁判所の権限

国王大権の中でも、とくにその司法大権の担い手である裁判所の考え方と権限と手法は、歴史の中で人権保障の文脈で重要な役割を果たすように発展してきた。

（ア）　個人の本来的自由（residual freedom）

（イ）　制定法解釈（statutory interpretation）

（ウ）　大権令状または命令（prerogative writs or orders）

（ア）個人の本来的自由（Residual Freedom）

個人の本来的自由とは、個人は、法律が禁止する場合を除いて何をするのも本来自由であり、法律による授権があるから自由なのではない。これは、イギリスの裁判所の最も基本的な考え方であり、コモンローの根本原理といっても差し支えない。

この考え方を裏返せば、国王大権はコモンロー（したがって裁判所）が認める種類と範囲においてしか存在せず、その範疇に含まれない行政権はすべて個別の議会立法による授権を必要とすることになる。これが、イギリス公法の基本構造である。

イギリスでは、この考え方から、一九九八年人権法が欧州人権条約を国内裁判所で直接適用させるまで、自由や人権を個別に列挙する必要はないと考えられてきた。

（イ）立法の解釈（Statutory Interpretation）

王座裁判所首席判事としてコモンローの主催者であったクックはコモンローの基本原則に反する議会立法は違法であるという考え方を示していた。ただし一六一〇年のボーナム事件（Bonham's Case, 8 Co Rep 375）の判決理由は「何人も自らの事件で裁判官たり得ない」aliquis non debet esse iudex in causa sua という自然的正義（natural justice）そのものでコモンローよりも狭いものであった。クックのボーナム判決を援用して一七六五年の議会立法 Stamp Act 1765

（印税法）に対して反旗を翻した北米十三州のその後の独立、憲法制定と連邦最高裁による違憲立法審査権（Marbury v Madison 5 US (1 Cranch) 137（1803））の確立と発展を別として、イギリス本国では議会立法を超える法源は生まれなかった。

ただし、議会立法の文言を解釈するのは裁判所である。とくに立法の文言に幅があれば、個人の自由や財産権をできるだけ制限しないように合理的に（as far as reasonable to do so）解釈する伝統的手法がある。一九九八年人権法（Human Rights Act）三条一項の「立法は（as far as possible to do so）、可能な限り欧州人権条約上の権利に効果を与えるように解釈されなければならない」という規定は、そのコモンロー裁判所の伝統の上に立って、より強力な「解釈」権限を裁判所に与えている。人権法については後述するが、その他、課税には明確かつ明示の規定が必要である（A-G v Wiltshire United Dairies (1921) 37 TLR 884）とする判例もある。以上のような、議会立法解釈上の「推定（presumptions）」にはこの他、次のようなものがある。

- コモンローの変更
- 裁判所の管轄権（裁判権）の剥奪
- 故意を要件としない刑事責任を科すこと
- 議会立法の遡及適用

もちろん、これら議会立法解釈上の推定は明確かつ明文の制定法規定で排除することができるのが限界である。議会立法が意図しているとするならば、非常に明確かつ明文（clear and explicit）の根拠規定がなければならない。

最終的に、議会、とくに一九一一年制定一九四九年改正議会法（Parliament Acts 1911-1949）のもとで優位を占める衆議院は、総選挙で有権者によって選ばれ、かつ実際にときどき政権交代が起こるために、自由や財産権を理不尽に剥奪するような立法をするはずがないという、歴史的、伝統的信頼というものもある。この点については議会内王冠主権論に譲る。

（ウ）大権令状または命令

【歴史】

法の支配（rule of law）の自然な要請として、王の司法大権を行使する裁判所がその他の公権力の行使の合法性を点検し、権限踰越があれば正すということが考えられる。イングランドでは、とくにクック王座裁判所首席裁判官（Chief Justice of the King's Bench, 1613-1616）は、裁判手続きによらず王の平和（King's Peace）を破壊し臣民を抑圧するような過誤や不埒その他の統治上の間違いがあれば、王座裁判所にそれを正す権限があると主張した（James Bagg's Case (1615) 11 Co. Rep. 93b, 98; Co. Inst. Vol. IV, p. 71）。その手段として活用されるようになったのが国王裁判所の種々の大権令状（prerogative writs）であった。

大権令状には、ベイカーの掲げる歴史的発展の順序に従うと5、

① prohibition（「禁止令状」）、
② quo warranto（「どんな権限があって？〔by what authority?〕」というラテン語の文句から「権限開示令状」）、
③ habeas corpus（「〔～の〕身柄を確保せよ〔you shall have the body〕」というラテン語の文句から来ているが、目的が後に変遷して「人身保護令状」）、
④ mandamus（「世は命ずる〔we command〕」というラテン語から「職務執行令状」）、
⑤ certiorari（← certior〔more certain〕← certus〔certain〕、「もっとはっきりさせる〔to make more certain〕」、つまり「確かめる」、「点検する」というラテン語から「記録移送令状」などと意訳されているが、その発給は一種の上訴審管轄権の行使であった）

などの種類があった。

【人身保護令状（writ of habeas corpus）】

この令状は「(～の) 身柄を確保せよ」というラテン語の文字通りの意味が示唆する通り、元来は例えば陪審員

の身柄を押さえて法廷に連行し仕事をさせるための令状であった。しかし、一六世紀に入ると枢密顧問や国の役人等に身柄を不当に拘束されたときに、その身柄を法廷に引き出させて、裁判所が拘束の合法性を問い、釈放させる道具、すなわち「人身保護令状」に発展した。王座裁判所の首席裁判官クックは、この令状を下位裁判所だけでなく、枢密院と深い関係にあった高等宗教裁判所（High Commission）などに対しても発給してコモンロー裁判所の管轄権を広げた。後述する一六七九年の人身保護法（Habeas Corpus Act 1679）は、チャールズ二世の治世において、世継の弟ジェイムズがカトリックに改宗しカトリックの妃を娶るにつけて、その王位継承に反対する勢力が、事前に人身保護令状の刑事事件での使用を制定法で守り効果的なものにするために議会にかけたもので、貴族院は一〇七人出席中、五七対五五（計一一二票なので五票水増しが明らか）の僅差で可決してチャールズ二世の裁可を得た。この議会立法で、人身保護令状は、裁判所の休廷期にも発給でき、発給から三日以内に被拘束者の身柄を法廷に引き出させて拘束の理由を問い、理由がなければ釈放、あっても拘束が開廷期二期以上及ぶ場合は保釈させるという、市民の身体的自由の保障のためにより効果的な内容となった。なお議会での立法手続上の瑕疵《かし》（きず）は主張されたことがないが、少なくとも一六八九年権利章典第九条により、裁判所で問うことができない。詳しくは第五編、市民的自由で扱う。

【大権命令と司法審査】

ベイカーは大権令状を一九世紀中ごろの訴訟手続改革で大部分廃止された訴訟方式（forms of actions）の生き残りとみなしている[6]。議会立法で種々の行政庁が行政審判所（administrative tribunals）として準司法的権限を行使するようになるにつれ、裁判所もとくに記録移送令状の「記録」の意味（本来訴訟記録）を緩和して解釈して、行政庁の決定が臣民の権利義務に干渉する場合にその法的過誤を正すことに用いるようになり、禁止令状、職務執行令状などとともに行政庁に対する司法審査の武器として二〇世紀に急成長を遂げた。

一九三八年の裁判所行政雑則法（Administration of Justice (Miscellaneous Provisions) Act 1938）は記録移送（certiorari）、職務執

行（mandamus）、禁止（prohibition）の各「令状」をそれぞれ「命令」（order）に置き換えた。権限開示令状はエクィティ上の差止命令（injunction）で実際上の効果を遂げられるので廃止された。

一九九八年の民事訴訟規則(Civil Procedure Rules, CPR)はラテン語の使用を廃止し、大権命令もそれぞれ次のような「英語」に置き換えられた。

● certiorari（記録移送命令）→ quashing order（破棄命令）
● mandamus（職務執行命令）→ mandatory order（職務執行命令）
● prohibition（禁止命令）→ prohibiting order（禁止命令）

とくに記録移送命令については、すでに記録の形式的な点検の意味は消失して、行政庁の決定の実体的点検を経てこれを破棄する命令となっていたが、ラテン語から英語への改正はこれを確認した。詳しくは第四編に譲る。

二　制定法

(1) 議会立法（Statutes）

議会立法は連合王国の裁判所が裁判権を行使する法源の中では最高である。

議会立法は最高法源であり、欧州共同体法（European Communities Act 1972）が連合王国国内に持ち込んだ欧州共同体→連合法秩序における欧州法の首位権（primacy ⇒104―105）を主要な例外として、議会立法は将来の議会を拘束しえない（詳しくは92、98を参照）。

とはいえ、憲法的重要性の高い議会立法は枚挙に暇がなく、とても網羅できるものではないが、便宜的にいくつか例を掲げる。白丸○印は二〇〇二年二月一八日にローズ控訴院判事(Laws LJ)が Thoburn v City of Sunderland [2002] EWHC (Admin) 195（英尺貫法使用禁止事件⇒105―106）で近年のコモンロー上「憲法的立法」（constitutional statutes）として認められるものとして例示したものである。ダイヤ◇印は二〇〇五年六月一五日のイングランド・ウェールズ首席判事（当時）ウルフ卿（Harry Woolf）の公演『マグナ・カルタ～今次の憲法改革の一先例』（Magna Carta: A Precedent for Recent Constitutional Change）において一般に特別の憲法的地位（special constitutional status）を認められている立法として例示したものである。重なるものと重ならないものがある。どちらも決して網羅的ではない。中世立法の立法年については序章を参照のこと。

○　マグナカルタ（Magna Carta 1215、現行法は一二九七年）⇒10、16、105、111、114、115、247
●　自由選挙法（Freedom of Elections Act 1275）⇒123、148
◇　権利請願（Petition of Rights 1628）⇒16、42—43、45—46、50、111—112、114
◎　人身保護法（Habeas Corpus Act 1679 and Administration of Justice Act 1960）⇒43、64—65、111—112
◎　権利章典（Bill of Rights 1689）⇒16、27—28、41—42、44、46、49、51、93、103、105、111—114、148、165、168
◇　王位継承法（Act of Settlement 1701）⇒28—29、36—37、104、111、185、186、202
○　スコットランド合邦法（Union with Scotland Act 1707）⇒28、95、103—105
●　七年法（Septennial Act 1715）⇒140、202
●　新暦法（Calendar (New Style) Act 1750）⇒7
●　アイルランド合邦法（Union with Ireland Act 1800）⇒32、95、103—105
●　議会法（Parliament Acts 1911-1949）⇒90—91、93—94、101、110、129、130—131、144、159—160、165、191、197、201—203
●　王冠被告訴訟法（Crown Proceedings Act 1947）⇒247、249—253
○　欧州共同体法（European Communities Act 1972）⇒69、73—74、105—109
○　人民代表法（Representation of the People Acts）憲法史的には数次にわたる選挙法改正（Reform Acts 1832, 1867, 1884, 1918, 1928,［1948］, 1969, 1983）として知られる歴代の人民代表法が重要（⇒81、91、105、114—115、125—130、190、199—200）

⊕ 人権法（Human Rights Act 1998）⇒70―71、105、107、110―111、160、240
○ スコットランド法（Scotland Act 1998）⇒105、115、119、219
○ ウェールズ統治法（Government of Wales Act 1998）⇒105、116
● 貴族院法（House of Lords Act 1999）⇒143、204
＋ 市民的不測事態法（Civil Contingencies Act 2004）⇒109、145、240
● 憲法改革法（Constitutional Reform Act 2005）⇒iv、75、138、143、146、186、218、235、288、290
● 憲法改革統治法（Constitutional Reform and Governance Act 2010）⇒188、231、243、287
● 欧州連合監視法（European Union Act 2011）⇒107、117
● 定期議会法（Fixed-term Parliament Act 2011）⇒77表、133、140―141、147、150、188、197―198、207

十字＋は、既存の有事立法を整理統合した二〇〇四年一一月一八日の市民的不測事態法（Civil Contingencies Act）～「国家緊急事態」より「市民的不測事態」と表現する方が好まれた～第二三条五項が、外敵の侵略やテロなどの緊急事態（emergency）において勅令（Order in Council ⇒208）では修正できない議会立法として列挙したものである（a号とb号の二つのみ）。この意味で、ヨーロッパ人権条約上の基本的人権を国内裁判所で適用できるようにした一九九八年人権法には、戦時または緊急事態においても勅令では修正できない憲法的地位が議会立法上与えられていると認識することができる。

なお、この法案の貴族院における審議で保守党と自由党の議員は政府原案の人権法に加えて、一六七九年人身保護法、一六八九年権利章典、一九一一年議会法七条（一七一五年七年法を改正し議会任期を五年に短縮した）、一七〇一年王位継承法、一九七五年衆議院議員欠格法（House of Commons Disqualifications Act ⇒148、212）、一九五八年一代爵位法（Life Peerages Act ⇒143）および一九九九年貴族院法を加えることを望んだが、世襲貴族が排斥されて労働党が多数を占める貴族院で否決された。二〇一〇年五月の保守党と自由党の連立内閣の成立後も二〇〇四年市民的不測事態法の改正はないが、イギリスのより保守的な政治共同体の中で、どういう立法が憲法的重要性を持つと認識されているのかを示唆する実例であり、通常裁判所による個人の身体的自由の確保（人身保護法）、現状議会の通常機能（business as usual）の確保（権利章典、議会法、衆議院議員欠格法、一身爵位法、貴族院法）、プロテスタント王朝の維持＝国体護持（王位継承法）などの目的が観察できる。

(2) 二つの欧州法

連合王国の国内法秩序に現在直接組み込まれている国外の独自の法秩序には欧州諸共同体→連合諸条約の築き上げた法（欧州連合の法）と欧州人権条約の築き上げた法（欧州人権条約法）の二つがある。それぞれ一九七二年の議会立法、欧州共同体〔複数形〕法（European Communities Act 1972）と、一九九八年の議会立法、人権法（Human Rights Act 1998）により、連合王国の法源となっている。便宜的に欧州人権条約から説明する。

(ア) 欧州評議会と欧州人権条約

連合王国は一九四九年五月五日にロンドンで締結された欧州評議会規約（Statute of the Council of Europe）の主導国（原加盟国は英仏伊ベネルクス三国北欧三国アイルランドの一〇ヵ国）であった。一九五〇年一一月四日にローマで締結され一九五三年九月三日に発効した欧州人権条約（The Convention for the Protection of Human Rights and Fundamental Freedoms）は欧州評議会が起草したもので、欧州評議会も欧州人権裁判所もストラスブールにある。

欧州評議会は後述の欧州共同体→連合よりも加盟国が多く、一九四九年中にギリシャとトルコ、一九五〇年の人権条約の締結までにアイスランドとドイツ連邦共和国が加盟、その後一九五六年にオーストリア、一九六一年にキプロス、一九六三年にスイス、一九六五年にマルタ、一九七〇年代にポルトガル、スペイン、リヒテンシュタイン、一九八八年にサンマリノ、一九八九年にフィンランドが加盟、そして一九九〇年一一月六日のハンガリー加盟から二〇〇七年五月一一日のモンテネグロの加盟まで旧東欧継承国と旧ソ連継承国のうちベラルーシとカスピ海以東の中央アジア諸国以外のすべての国およびアンドラやモナコなどの極小国が続々と加盟して加盟国数四七ヵ国に達した（二〇一一年末現在で不変）。欧州における未参加国はベラルーシとバチカンだけである。

欧州評議会はこうして「広く浅く」拡大してきた。

●連合王国国内立法

連合王国では一九六六年から個人もストラスブールへ出訴できるようになっていたが、一九九八年一一月九日人権法（Human Rights Act 1998）により二〇〇〇年一〇月二日から、国内の裁判所が欧州人権条約上の権利についてほぼ包括的に裁判権を行使できるようになった。

一九九八年人権法は、欧州人権条約の定める権利と自由（条約第二条から第一四条）のうち第一三条をのぞく全て、すなわち生命権、拷問の禁止、奴隷と強制労働の禁止、身体的自由、公正な裁判を受ける権利、罪刑法定主義、プライバシー権、思想良心信教の自由、表現の自由、集会結社の自由、婚姻の権利、差別の禁止、第一追加議定書上の権利の全て、すなわち財産権の保護、教育を受ける権利、自由選挙権、そして第一三追加議定書の死刑の全面廃止を「条約上の権利」（Convention rights）と定義し、人権条約上の解釈規定のうち第一五条を除く全ての規定、すなわち外国人の政治的活動の制限の許容、人権の破壊やその条約上の制限を超えた制限をめざす活動の禁止、条約上の人権制限が所定の目的外の理由で制限されることの禁止、と合わせて解釈されることを規定している（法第一条）。

そしてストラスブールの欧州人権裁判所の判例については、連合王国の裁判所は考慮する（take into account）義務を負う（法第二条一項）。

「条約上の人権」から排除されている条約第一三条と同第一五条のうち第一三条は、条約上の権利や自由権を侵害された人は加盟国内で効果的な救済を受ける権利（right to an effective remedy before a national authority）を定めている。

一九九八年人権法は、連合王国の裁判所に裁判権を与える条約上の権利を列挙するにあたり、議会立法で明確に条約上の権利を制限できる議会主権（⇒91―92）を保持するために、リストから同第一三条を外した。

その意味は、こうである。人権法第三条はとくに議会立法や委任立法は「可能な限り」（so far as it is possible to do so）「条約上の権利」と適合するように解釈しその効果を与えられるべく定めているが、法第四条で特定の訴訟手続において「第一次立法」（primary legislation）すなわち議会立法（Act of Parliament）およびコモンロー上の大権勅令（Prerogative Order in Council）についてそういう解釈が不可能なときは、所定の裁判所に該当立法が条約上の権利と適合しない旨宣言できることを定めている。この「不適合宣言」ないし「人権違反宣言」（declaration of incompatibility）は決して該当立法を無効にするものではなく、かつ当事者を拘束するものでもない（法第四条六項）ので、拘束力のない宣言だけでは、条約第一三条のいう国内での効果的救済とは言えないのである。

実際には、二〇一一年末現在までにおいて人権法第四条の「人権違反宣言」が貴族院または二〇〇九年一〇月一日からその裁判権（および枢密院のスコットランド刑事事件の人権法争点を含む権限配分問題裁判権）を引き継いだ連合王国最高裁判所のレベルで確定的に出されたのは二〇〇四年一二月一六日のA v Home Secretary [2004] UKHL 56事件の貴族院判決一例のみである。これは少なくとも一九四七年以降、前例のない九人の大法廷における八対一の判決で、二〇〇一年反テロ犯罪安全保障法（Anti-Terrorism, Crime and Security Act 2001）二三条所定の「テロリスト」と疑われる外国人の身体的自由の制限手続が人権条約第五条の司法手続の要請および第一四条の差別禁止規定（国籍差別）と両立しないと宣言された。これに対して議会は「人権違反宣言」の対象となった手続に固執することはせず、新立法をもって独立弁護士の審査を加えた新手続を導入した。果たしてこの一例をもって議会が「人権違反宣言」を尊重し、そのことが習律（convention）化するかどうかは予断を許さない。行政府が人権違反の立法を裁判所を通して強制するかどうかも、今のところ実例はない。詳しくは第五部の市民的自由に即して詳述する。

（イ）欧州連合

他方、一九五一年四月一八日にパリで締結され一九五二年七月二三日に発効した欧州石炭鉄鋼共同体設立条約（ECSC）、一九五七年三月二五日にローマで締結され一九五八年一月一日に発効した欧州経済共同体設立条約（EEC）、欧州原子力共同体設立条約（EURATOM）の設立した欧州三共同体は、連合王国を排除して仏独伊ベネルクス三国の六ヵ国で始まった欧州統合の流れである。三共同体はそれぞれの法人格を維持したまま議会（ブリュッセル）と裁判所（ルクセンブルク）を共有していたが、一九六五年四月八日にブリュッセルで締結され一九六七年七月一日に発効した欧州共同体合体条約（Merger Treaty）により欧州経済共同体の執行部（委員会 Commission と理事会 Council）をも共有するに至った。

連合王国は、欧州三共同体がこのように基本機関を共有する状態にあるところへ、アイルランドとデンマークとノルウェーとともに一九七二年一月二二日に加盟条約を結び一九七三年一月一日付けで加盟（ノルウェーは加盟撤回）したので、加盟条約に国内効力を与える一九七二年一〇月一七日の議会立法が「複数形表記の欧州共同体」法（European Communities Act 1972）と呼ばれるのである。

その後、欧州共同体には一九八一年にギリシャ、一九八六年にスペインとポルトガル、一九九五年にスウェーデン、フィンランド、オーストリア、二〇〇四年にバルト三国、ポーランド、チェコ、スロバキア、ハンガリー、スロベニア、マルタ、キプロス、二〇〇七年にルーマニアとブルガリアが加盟した。総計二七ヵ国を数える。ちなみに加盟国拡大により欧州統合を拡散、稀薄化させることが連合王国の加盟後の一貫した政策である。

その間、一九九二年二月七日締結一九九三年一一月一日発効のマーストリヒト条約で欧州経済共同体が単数形表記の欧州共同体（European Community）と改名され外務安全保障共通政策（Common Foreign and Security Policy）と内務司法協力（Justice and Home Affairs）と並ぶ欧州連合（European Union）の政策枠組みの三本柱の一本になり、二〇〇二年七月二三日に欧州石炭鉄鋼共同体が五〇年の条約期限満了をもって消滅し、二〇〇七年一二月一三日締結、二〇〇九年一二月一日発効のリスボン改正条約で欧州連合が単一の法人格を得てマーストリヒト条約以来の単数形の欧州共同体に置き換わった。

ただしリスボン条約の体制では、欧州に根強い反核運動が反欧州統合運動と連結してしまうことを危惧して、欧州原子力共同体が別法人として存続していることもあって、連合王国の一九七二年の国内立法「複数形表記の欧州共同体」法の名称そのものに変更はない。

●欧州連合法の法源と効力

欧州連合法の法源には、①条約（treaties）、②規則（regulations）、③命令または指令（directives）、④決定（decisions）、⑤欧州司法裁判所の判例（jurisprudence）などがある。

うち、①条約と②規則は、加盟国の国内において直接適用可能（directly applicable）である。そして、その内容が十分に明確で無条件で原告に権利を与えていれば直接効力（directly effective）を持つ。直接効力には垂直（「加盟国」を被告として）と並行（私人を被告として）の二種類がある。

③命令は加盟国による履行立法を必要とし、直接適用はできない。ただし、加盟国が履行立法を期限内に命じられたとおりに制定しない場合、その内容が明確で履行方法において加盟国に裁量権がない場合は、私人に加盟国に対して損害賠償を請求する権利が発生する（垂直直接効力）。

④決定は決定の向けられた対象を直接拘束する。

⑤欧州司法裁判所の判決は当事者を拘束する。のみならず、条約や規則や命令や決定の解釈を行い、その解釈が欧州連合法の法源の適用可能性や効力を左右するので、極めて重要である。

●連合王国国内立法

一九七二年欧州共同体法第一条二項は連合王国が拘束される範囲の欧州共同体諸条約の諸規定を列挙しているが、欧州統合の進展に伴い臨機に締結される新条約の規定も、同法同条三項が議会両院の賛成決議を得た（枢密院内）勅令（Order in Council）により二項に列挙される条約目録に追加できることを定めている。

その諸条約は当初は「共同体諸条約（Community Treaties）という呼び方であったが、二〇〇八年の欧州連合法改正法（European Union (Amendment) Act 2008）による一九七二年法の改正により「欧州連合諸条約」（EU Treaties）と改名された（リスボン条約の発効に合わせて二〇〇九年一二月一日施行）。

したがって、国内法的には、たとえ欧州三共同体（European Communities）の土台の上に一九九二年のマーストリヒト条約で欧州連合（European Union）が設置されても、少なくともリスボン条約の発効した二〇〇九年一二月一日までその諸立法を欧州共同体立法と呼ぶ傾向があったのは、欧州連合の内部構造だけでなく、一九七二年の国内立法措置とその憲法的意義によるところも大きい。

一九七二年欧州共同体法二条一項は「所定の諸条約に従い、個別の国内立法を待たずにそのまま連合王国内で法的効力を持ち享受されるべく諸条約上時に応じて発生する権利、権限、責任、義務、制限および諸条約上時に応じて設定される救済方法や手続は、すべてそのまま法的に承認、利用、施行、許容、遵守される[7]」と定めており、これらも、当初「共同体権（Community right）と呼ばれていたが、同様に、二〇〇八年欧州連合法改正法（European Union (Amendment) Act 2008）により二〇〇九年一二月一日から「強行可能な欧州連合権（enforceable EU right）」と呼ばれるようになった。これらの欧州連合権は次章で述べる「首位権」（⇓104―105）を持ち、連合王国の国内法に優先する。

(ウ)二つの欧州法の合体？

欧州連合法上の憲法的重要性の高い諸権利については、欧州人権条約の内容と一緒に、二〇〇七年一二月一二日にストラスブールで欧州議会と理事会と委員会により宣布された「欧州連合基本権憲章」（Charter of Fundamental Rights of the European Union）に基本権（以下「憲章上の権利」Charter rights と呼ぶ）として列挙された。リスボン条約が二〇〇九年一二月一日付けで発効するに伴い、憲章も同条約で改正された欧州連合条約第六条の規定に従って欧州連合条約および欧州連合機能条約と同じ法的効力を持つこととなった。つまり基本権憲章も、欧州連合法の法源①となった。つまりルクセンブルクの欧州司法裁判所も、人権条約の内容について独自の裁判権を行使できるようになった。ただし、ポーランドと連合王国は欧州連合条約追加議定書第三〇号により憲章の発効に伴う国内法秩序への「新たな」影響を制限しようとしている。ちなみにポーランドは少なくとも同国議会がリスボン条約を批准するまでは憲章には参加せず、チェコの不参加意思も欧州連合の次の新条約、おそらく新加盟国条約の締結において正式に議定書に加えられる予定で、アイルランドがリスボン条約批准について第一回国民投票における否決を経て第二回国民投票の前に付け加えた諸条件も次の新条約で正式に議定書に加えられる。

憲章が欧州連合法の「首位権」（⇓104―105）との関係で、従来の連合王国の国内における欧州連合法と欧州人権条約法の区別にどのような影響を与えるのか、いまだ未知数の部分が大きいが、108―109頁で詳述する。

三　議会の内規と慣習（Laws and Customs of Parliament）

貴族院と衆議院はどちらも生来的にその機能、手続、特権（privileges and immunities）を自ら決定する権限を有し、通常の裁判所は介入できない。ただし議会には元来裁判権があって投獄権もあり**8**、実際、二〇〇五年憲法改革法（Constitutional Reform Act 2005）のもとで連合王国最高裁判所が二〇〇九年一〇月一日に機能し始めるまで貴族院がその中世以来の裁判権を行使していた。

議会の内規や慣習を次項の憲法的習律に入れる論者もいるが、マーシャルとムーディーは衆議院議長など議会自身の手で解釈され適用される規範なので、習律とは区別している9。習律の定義次第という面もあるといえよう。

議会の内規や慣習については一八七一年から一八八六年まで衆議院事務総長（Clerk of the House of Commons, Under Clerk of the Parliaments）をつとめたアースキン・メイ（Sir Thomas Erskine May）の『議会の法、特権、議事と慣行に関する論文』（一八四四年）（A Treatise upon the Law, Privileges, Proceedings and Usage of Parliament）とその現在の修正版が必須の権威書である。

四．憲法的習律（Constitutional Conventions）

イギリス憲法の機能上おそらく最も大切なのが憲法的「習律」と和訳されている constitutional conventions で、元来ダイシーの用語である。英語の意味は「ともに（cum）来る（venio）」、複数の行動が一致するということで、同時発生で「合意」「協定」という意味にもなるが、時間がずれて先人の道を後の人が辿るという意味にもなる。ダイシーは憲法ないし「国制法」（英語は一つで constitutional law）という英語は二つのそれぞれ性格の根本的に異なる原則（principles）ないし法諺《ほうげん》（maxims）から成るとし、一つは制定法ないしコモンロー上の規範（norms）で裁判所が強制（enforce）できる厳密な意味での憲法、もう一つは、主権者、行政庁、その他の公務員の行動を規律している習わし（conventions）や了解事項（understandings）、習慣（habits）、慣行（practices）などであるが、厳密には裁判所の強制できないものなので法律ではなく、区別するため憲法上の習律（conventions）ないし道徳律（morality）と呼ぶものだとした10。

習律はコモンロー上古くから認められてきた慣習法（customs）とは違って、首相（Prime Minister）の任免や議院内閣制などの近現代の国制上の慣行を指すが、単なる「慣行」（usage）よりは規範性の強い習わしである。

全員を満足させるような習律の定義は難しいが、マーシャルとムーディーは「憲政機関を拘束し、機関自身がそ

【表】

法		習律
議会立法は王冠と貴族院と衆議院の合意により制定される。	⇒	王冠による議会立法の裁可は首相の助言と承認による。
王冠は議会を招集し、解散する	⇒	王冠は、首相の助言と承認により議会を招集し解散する⇒衆議院の決議により解散する(Fixed-term Parliaments Act 2011)
王冠は大臣を任免する	⇒	王冠は衆議院の多数を支配できる議員を首相に任命する 王冠は首相の指名した議員を大臣に任命し、首相の助言と承認によりこれを罷免する 大臣は全員が議会の議員でなければならず、通常は担当官庁につき衆議院で答弁できるように衆議院議員でなければならない

れにならって事を進めなければならないと認識している憲政上のきまりであるが、裁判所や議会両院は管轄権を行使しないもの」(rules of constitutional behaviour which are considered to be binding by and upon those who operate the Constitution, but which are not enforced by the law courts nor by the presiding officers in the Houses of Parliament)」と定義している[11]。

　上の表に憲法的習律の例を少しくコモンロー上の規範と対照させる。法案(bill)が正式な議会立法(Act of Parliament)として採択されるためには、慣習法上は議会両院の可決を経て王冠の裁可(assent)を得なければならない。議会は、慣習法上、王冠と貴族院と衆議院の三要素から成るからである(⇓142)。訓しい立法過程は156—159頁。

【議院内閣制】

　王冠に仕える大臣(ministers)は全員が議会に籍を置き、議会に対して責任を負う。日本国憲法六八条一項は「法律」なので「過半数は国会議員の中から」という程度の幅が持たせてあるが、「法律」ではないイギリスの「習律」は全員に議席を要請している。たとえば一九六四年一〇月一五日の総選挙による保守党から労働党への政権交代で、ウィルソン新首相は、それまで影の外相を務めてきたPatrick

Gordon Walkerが落選したので、例外的にとりあえず外相を任せながら、年配の代議士を一人一代貴族に叙爵して空席を作り翌年一月二一日に補欠選挙を実施して立候補させたが、そこでも再び落選したために、やむを得ず罷免した。これはまだ正攻法で、裏技は大臣に欲しい人材を一代貴族に叙爵することであるが、近年では、裏技というより禁じ手に近い。イギリスの習律の方が日本の憲法の下の慣行より厳格といえよう。

大臣は議会に対して責任を負う。裁判所も大臣は裁判所に対して責任を負っているのではないという理由で大臣の裁量権の行使の合法性を審査することを何度か拒否してきた[12]。大臣の議会に対する責任には集団または連帯責任（collective responsibility）と個別責任（individual responsibility）の二種類がある。

【集団責任】

大臣は、個人的見解は別として、全員、内閣の政策を支持し、その結果、衆議院で内閣不信任決議が採択されたときは、全員が総辞職しなければならない（⇓221）。

【個別責任】

大臣は担当官庁の公務につき議会に対して説明責任を負う（⇓223）。

【法律と習律の違い】

法律は裁判所が裁判権（cognizance）を行使して強制（enforce）できるが、習律はできない。

例えば、もしエリザベス女王がある法案、たとえば貴族院の世襲議員の議席を剥奪する法案を裁可（assent）しなければ、法案は議会立法として成立しない。裁判所は女王に裁可するように例えば職務執行命令（mandamus）を出して強制することはできない（cf. Ex parte Canon Selwyn（1872）36 JP 54⇒93、104）。

同様に、首相が総選挙で敗北し、勝者に座を譲らない場合、少なくとも裁判所は退陣を強制することはできない。ただしこの場合には女王は大権を行使して罷免するであろう。

なお、裁判所も習律について裁判権を行使することはないが、特定の習律の存在を認めることはできる。

【コラム】憲政の常道

「憲政の常道」という日本語は分かり易いだけでなく、本来、「憲法的習律」（constitutional conventions）のことを指していたはずである。しかし、日本の大正昭和初期の「憲政の常道」の実践の試みは極めて不完全かつ短命で、むしろ明治国家体制の実質的中枢（軍と官僚）から敵視され蔑視され続けてきたために、その実態として「慣行」ですらなく、例外どころか「憲政の理想」の域を出なかった。そのような日本の貧しい政治的実体験に照らして「憲政の常道」は convention の訳語としては語弊があることは否めない。

日本における「憲政の常道」の失敗は、連合王国と比べてみたときに制度的原因も観測される。すなわち当時の明治憲法下においては、主権者があくまでも天皇であって、連合王国のように「議会内の王冠」（Crown in Parliament）ではなかったということがある。つまり、連合王国において大「臣」が責任を負う「主人」は議会と王冠の両者が一体となった「議会内王冠」という混成概念なので、日本のように、大臣が君主にだけ責任を負って議会からは超然とするわけにはいかなかった。また連合王国では官僚も軍人も憲政の常道を尊重し、政治的中立を党派的に中立と解釈して、自ら政治主導に服し（ただしイギリスの官僚が大臣の決定に服す態様はちょうど玄人の裁判官が上手に素人の陪審員に有罪無罪の評決をさせることに似ている⇓235）、独自の党派的行動を慎む。これに対し、日本では、とくに軍制服組官僚が軍部大臣をも軍官僚の独自の組織的権益を政府（内閣）において代表して他官庁の独自の組織的権益の代表者と交渉する折衝役に格下げして、統帥部（軍官僚）が大臣を通さず直接天皇に対してだけ責任を負うという建前のもと、大正天皇はご病気、昭和天皇は一九二一年の訪英でイギリス式の立憲君主制の影響を受け（一九二八年六月四日の張作霖爆殺について調査結果の公表と犯人の厳重処罰という田中義一総理大臣が元老西園寺から仰せつかった当初の方針にあくまでも抵抗した白川義則陸軍大臣の代表する陸軍独自の組織的利益と政策を黙認するかわりに、陸相を説得できなかった総理に間接的に辞職を求めたという倒錯した采配[13]等を除けば）臣下の責任を非公式には問うても公式に問うことは嫌ったために、国制全体として、実権を握る軍を含めた官僚組織の無責任体制に陥った。言い換えれば、権力に伴う責任の所在が種々の官僚組織群の分裂割拠状態の中に埋没して全く分からないという、「憲法典あって憲政の常道なし」、憲法典という名前の紙切れはあってもその実態はアメーバのように形がなく、国制の名に値する権力答責制度（accountability）そのものが存在しない、いわば権力組織間の無秩序状態（inter-ministerial anarchy）に陥っていたといえる。

日本は権力組織間の無秩序状態が高じて陸海軍の統制に失敗してアメリカに八つ当たりして、言い換えれば内部から国家として勝手に自己崩壊して国民と周辺各国に多大の犠牲を強いたが、その後にアメリカ軍人の指導を受けてできた昭和憲法のもとでは主権在民（第一条）、天皇大権剥奪（第六―七条）、国会は国権の最高機関（第四一条）となったものの、軍が表向き禁止されただけで、それから七〇年を経た現状を見る限り、官僚組織の体質改善には至らず、憲法典という紙切れはあっても、立憲政体の名に値する権力答責制度そのものが機能しないことに大きな変化はない。

マックス・ウェーバーは「官僚機構とは革命政権の下であれ敵の占領支配下であれ正統な政府の下で仕えるのとまったく同様に機能する」という至言を残した[14]。日本の場合、明治維新の「元勲」やアメリカから来た占領軍のような「主人」がいなくなると、個々の官僚組織、そして官僚組織全体として、過敏な組織防衛本能が常に勝って、自国を内側から蝕む癌細胞的体質は決して変わらないようである。そこにはイギリス官僚に感じられるような自らが築いてきた「文明の基準」の自負はあまり感じられない。

昭和憲法の、イギリス憲法および日本憲政史から見た欠陥を一つ上げると、イギリスの憲法的習律（本物の憲政の常道）である議院内閣制は大権の存在を前提として生まれたものである以上、天皇大権剥奪はやり過ぎである。このことを示唆する例が二〇〇九年八月三〇日の与野党が逆転した総選挙後の組閣についてあるので後述する（⇓194―197）。昭和憲法は日本憲政史の失敗から日本にとって何が一番大切なことかを学んでできたのではなく、占領国の対内（米国）的公約と明治官僚国家との妥協の産物なのである。

ちなみに、連合王国の人口は日本の約半分であるが、連合王国議会の衆議院の定数は六五〇名（二〇一〇年五月六日総選挙時）（貴族院は一九九九年貴族院法施行後八〇九）で、日本の衆議院の定数四八〇（参議院は二四二）よりも多いのに、財政危機に対処するために議員定数削減案よりも、むしろ議員の公費支出の適正の検査や、官僚の給与削減や人員の整理が先に来た。議会が民主主義の基礎的制度であることを考えれば議員定数を確保したまま出費を抑えるのは当然である。議員定数を必要以上に削減して議員を有権者から遠ざけることは決して民主主義にかなったことではない。日本は、イギリスよりもはるかに深刻な巨額の財政赤字を抱え、その上に東日本大震災を経験しても、これ以上さらに議員定数を削減するとはいっても、官僚の定数は減らず、減ったのは悪いことに新採用者数である。国の将来などどうでもよいという気でなければ、できないことである。これだけ見ても、日本では立憲政体の名に値する権力答責制度はいまだに機能していないことが自明である。

【憲法的習律はなぜ守られるのか？】

外的強制なくして憲法的習律はなぜ守られるのか？そこには習慣の力（Aristotle, *Politica*, 1269a20-21）、惰性の力（マンネリ化して変化を望まない心）、あきらめ、社会的協調の一環として習慣を守ろうとする心、守ることが正しく破ることが間違いだという規範的信念、守らなかった場合どうなるかその帰結に対する恐怖、あるいは習律の適用対象（王侯貴族、公務員ら）の自発的に憲法的習律（語弊を恐れずにいえば憲政の常道）を実践するのが文明国の証であるという自負または誇り、など、色々な要素が考えられる。

イギリスの習律については、たとえば一八三〇―三二年の第一次選挙法改正に際して、ダービーやブリストルの監獄襲撃など、一七八九年七月一四日のバスティーユ監獄襲撃で始まったフランス革命の第一章を髣髴とさせる革命的暴動が巻き起こったことが国王ウィリアム四世と貴族院の譲歩の直接的原因となり（⇓115、125、199―200）、その後の習律の発展の背景的要因となり続けたように、革命に対する恐怖が大きな要素であったことは間違いない。革命を避けることは、もちろん自己愛に決まっているが、ある程度の責任感もあったといえるかもしれない。

ただ、筆者はイギリス憲政を見ていて、単なる規範性以上に、やはり文明国、先進国としての自負というものが強いように思う。そしてそれが日本の官僚（裁判官と検察官を含む）にもっとも欠けているものである。

【習律の確立】

政治上の慣行（practice）が規範化していつの間にか習律（convention）となることは疑いない。しかし、日本でも天皇が退位して上皇または出家して法皇となって院政を敷くようになったり、征夷大将軍が幕府を開くようになったりしたのは、具体的にはいつの頃からそういう慣行が習律といえるほどの「規範性」を持つようになったのか、源頼朝か足利尊氏か徳川家康のどの例が習律を確立したのか、実証的歴史研究の上でも、厳密に確定するのは難しい。同様に、イギリスでも必然的に曖昧さが残る。

たとえば、

一七〇八年三月一一日、アン女王がスコットランド民兵設置法案（Scottish Militia Bill）を拒絶したのが今日までで最後の裁可（assent）拒否である。但し、その当時はプロテスタントの女王の腹違いのカトリックの弟ジェイムズがフランス王ルイ十四世の軍事的支援を得てスコットランドに上陸作戦を展開中であり、女王の大臣たちも裁可に反対で、女王の裁可拒否を批判する人はいなかった。

←

一七二一—一七四二年、ウォルポール内閣（まだ「首相」Prime Minister という呼称はなかったが、一七二一年四月四日に大蔵卿委員首席 First Lord of the Treasury となり、一七三〇年に北部大臣タウンゼント卿〔⇓214、241〕の失脚で疑義なく内閣の指導者となった）が近代責任内閣制の先例となった。

←

一七六〇—一八二〇年、ジョージ三世の治世においても、カトリック信者の公民権制限を撤廃する法案（Catholic Relief Bill）を国王の前で支持することは憚られた（⇓32、185）。

←

一八二九年四月一三日、息子のジョージ四世がカトリック救済法案を裁可（Roman Catholic Relief Act 1829）。ジョージ四世は一八一一年から病弱の父王に代って摂政であったが、一八二九年一月二九日、首相のウェリントン公の上手な説得

でようやくカトリック救済法案の上程に合意したものの弟君の猛反対に遭って合意を撤回、これにウェリントン公が反発して三月四日に内閣総辞職を敢行すると翌日王も慌てて再び法案上程に合意して総辞職を撤回させ、法案は議会両院で可決された後四月一三日に裁可を得て成立した。これで国王は個人的には反対でも首相が裁可を助言する法案は裁可しなければならないという習律が成立したといえると思われる。

もう一つの例、

一九〇二年七月、一八九五年六月から首相をつとめてきた保守党の貴族ソールズベリー侯爵（一九〇二年一月三〇日に日英同盟を締結）が衆議院の保守党指導者バルフォアに座を譲って勇退し、今から見れば、貴族院に籍を置いた最後の首相となった。

←

一九一一年八月、議会法（Parliament Act）が成立し予算についての貴族院の権限はほとんど消滅し、その他の法案についても貴族院はその成立を二年遅らせるのが限度で、直接的に阻止することはできなくなった（⇓201―203）。衆議院の優越が確立され、首相も衆議院議員が任命されるのが筋であると考えられるようになった。

←

一九二三年五月、保守党のBonar Law首相が癌で辞任し、貴族院のカーゾン卿が後継者と目されたが、国王ジョージ五世（先の一九二二年に日本の皇太子裕仁親王を接受して立憲君主のあり方を教授したと思われ、親王は帰国後摂政となった）は、当時野党第一党の労働党は貴族院に議席がなかったので首相を貴族院においたのでは議会への説明責任が十分に果たせないので衆議院議員の中から選ばなければならないと考え、Baldwinを首相に任命した。国王が衆議院議員を首相にしなければならないと義務的に考えた以上、習律の成立とみなしうる。

一九四〇年五月一〇日、ノルウェーを制圧したドイツ軍はベネルクス三国とフランスに侵攻、保守党のチェンバレン首相は戦時連立内閣を束ねられずに辞任。国王ジョージ六世もチェンバレンも個人的には貴族院のハリファックス卿を好んだと思われるが、仮に衆議院議員のチャーチルがそれに賛成したとしても、ハリファックス卿の任命はもはや習律違反であったと思われる15。チェンバレンは衆議院のチャーチルを後継首相に推薦し、そのまま大命降下（⇓217）。フランスは呆気なく敗れ去ったが、イギリスはチャーチルの指揮のもとドイツ空軍の猛爆撃によく耐えて闘い抜いたので、その任命に疑義をはさむ人はいない。←

一九六三年一〇月一九日、エリザベス女王は貴族院のヒューム伯爵を首相に任命したが、それは直ちに世襲貴族の身分を返上し、可及的速やかに衆議院議員として当選することが条件であった。これが現在まで貴族院議員が首相に任命された最後の例である。ヒューム伯爵は大命を拝して四日後の一〇月二三日、爵位を放棄して（⇓143）ちょうど空席のできていたスコットランドの選挙区で補欠選挙に立候補し、一一月七日投票、翌日開票で当選した。したがって、一〇月二三日から一一月八日までの二週間余にわたり首相が議会に籍を持たないという変則的事態が発生したが、それも首相は衆議院議員でなければならないという確立された憲法的習律を守るために必要であったというところが興味深い。もし落選していれば、当然、辞めなければならなかったのだから、逆説的かもしれないが、憲法的習律というものの重みをよく伝える事例といえよう。この変則的な首相任命は、前任者マクミラン内閣のプロフューモ陸軍大臣（元日本占領司令部英軍代表）がこともあろうに仮想敵国ソ連のスパイと情婦を共有していたという報道について議会答弁を迫られて「議会を誤導」（mislead ⇓225）し、さらに問い詰められて誤導を自供した事件に関して、九月二五日デニング判事（記録長官）の調査報告書が提出されたことと（⇓272注51、295注51）、マクミラン自身の前立腺癌による突然の辞任表明によるものであった。女王は与党保守党の長老の助言に従った。←

【習律からの離脱例】

上記、ヒューム伯爵の首相任命も習律からの臨時の離脱例であるが、まず習律の変更例として、

● 王の衆議院解散権は、内閣の全閣僚の一致した助言と承認によって行使するのが習律であったが、一九一八年一一月、ロイド＝ジョージ首相はほぼ単独で判断し、以後、衆議院の解散は首相の単独助言と承認で実施されることになった（⇓207、216）。

一時的停止例として、

● 一九七五年四月、労働党のウィルソン首相は、前年二月の総選挙における労働党選挙公約に従い、連合王国が欧州共同体（European Communities）にとどまるべきかどうかを国民投票にかけることとし、内閣がこの問題で分裂していたために集団責任の習律を一時停止して、閣僚が自由に論戦できるようにした（⇓222）。これは国民投票を本当に自由なものにするための措置であったともいえる。一九七五年六月五日の国民投票は投票率六五％で残留賛成六七％の結果を出した。国民投票と議会（内王冠）主権論については次章に譲る（⇓115—120）。

五．権威書（Books of Authority）

権威書には拘束力（binding authority）はなく説得力（persuasive authority）があるのみである。しかし、憲法の分野では他の分野に比べて権威書が物を言う場面が多い。例えばビルマ石油会社対スコットランド検事総長事件の貴族院判決（Burmah Oil Co Ltd v Lord Advocate [1965] AC 75）では王冠大権（⇓236）についての数多くの権威書が引用されている。以下は本書で引用例のある古典的なものである。なおロック（John Locke）は決して権威書ではないので注意していただきたい。

◇ Walter Bagehot, The English Constitution, 1867

◇ William Blackstone, Commentaries on the Laws of England（1765-1769）⇒46、236

◇ Henry de Bracton, De Legibus et Consuetudinibus Anglicae（1250）⇒59

◇ Sir Edward Coke, Institutes of the Laws of England（1628-1644）⇒64、151、261

◇ Albert V. Dicey, An Introduction to the Study of the Law of the Constitution（1885）⇒58、91—93、236—237

◇ Sir Thomas Erskine May, A Treatise upon the Law, Privileges, Proceedings and Usage of Parliament（1844）⇒76、166

◇ Sir Matthew Hale, A History and Analysis of the Common Law of England（1713）⇒46

1　Stefan Vogenauer, 'Common Law for Civil Lawyers' BCL/MJur lecture at the University of Oxford, 8 October 2009.

2　Albert V. Dicey, *An Introduction to the Study of the Law of the Constitution* (1885, 10th ed., 1965), p. 23.

3　Sir Matthew Hale (d. 1676), *Common Law of England,* 6th ed (1820), p. 20; Sir William Blackstone, *Commentaries on the Laws of England,* 6th ed, (1774), pp. 88-89.

4　Ibid.

5　John H. Baker, *An Introduction to English Legal History,* 4th ed., London: Butterworths, 2002, pp. 143-150.

6　Baker, 2002, p. 152.

7　All such rights, powers, liabilities, obligations and restrictions from time to time created or arising by or under the Treaties, and all such remedies and procedures from time to time provided for by or under the Treaties, as in accordance with the Treaties are without further enactment to be given legal effect or used in the United Kingdom shall be recognised and available in law, and be enforced, allowed and followed accordingly'.

8　Stanley de Smith and Rodney Brazier, *Constitutional and Administrative Law* (8th ed., 1998), p. 73.

9　G. Marshall and G. C. Moodie, *Some Problems of the Constitution* (5th ed., 1971) pp. 23-25.

10　A. V. Dicey, *An Introduction to the Study of The Law of the Constitution* (10th ed., 1965), pp. 23-4.

11　G. Marshall and G. C. Moodie, *Some Problems of the Constitution* (5th ed., 1971), pp. 23-5.

12　Liversidge v Anderson [1942] AC 206; Carltona ltd v Commissioners of Works [1943] 2 All ER 560; Robinson v Minister of Town and Country Planning [1947] KB 702 CA.

13　永井和『青年君主昭和天皇と元老西園寺』京都大学学術出版会二〇〇三年三一一—三三五頁。

14　Maximilian Weber, *Wirtschaft und Gesellschaft: Grundriss der Verstehenden Soziologie*, 5te revidierte Auflage, 1 Halbband, Tʼbingen: J. C. B. Mohr (Paul Siebeck) 1976, S.128.

15　以上、Stanley de Smith and Rodney Brazier, *Constitutional and Administrative Law* (8th ed., Penguin, 1998), pp. 40-41.

第四章　議会内王冠主権

一．議会内王冠主権

(1) 立法方式

議会内王冠（Crown in Parliament）主権論の根拠は、連合王国議会の標準的な立法方式（enacting formula）に見出すこともできる。

すなわち「この議会に集っている女王の至尊の御威光により、聖職貴族と世俗貴族および庶民の助言と同意により、またそれとともに、同議会の権威によって、次のように立法される」（BE IT ENACTED by the Queen's most Excellent Majesty, by and with the advice and consent of the Lords Spiritual and Temporal, and of the Commons, in this present Parliament assembled, and by authority of the same, as follows: -）という文言である。

立法の正式名称と日付の下に以上の定型句が記される[1]。この立法方式は議会両院の助言と同意により女王の裁可を経て初めて法律が制定されること、そして王冠、二種類の貴族、庶民（＝「衆議院」[2]）そして以上の三者が構成する議会全体の権威が並列されて、王冠を含む議会全体（Queen in Parliament ＝議会内王冠）に立法権があることを示しうる。大文字表記は自然人から機関を区別するためのものである。

この立法方式の初出例は、名誉革命（⇒25―27）後の一六八九年一二月一六日の「王冠および議会追認法」（Crown and Parliament Recognition Act, 1&2 William & Mary c.1）で、一六八九年二月一三日の王位継承の証書（instrument）となった制憲議会の「権利章典」（Bill of Rights）を正規の議会立法として追認する内容であった。

立法方式の英語表現自体はかなり曖昧なもので、比較対照のため、大日本帝国憲法第五条の「天皇は帝国議会の協賛を以て立法権を行ふ」という立法方式（協賛）でさえ連合王国の立法方式の英語表現（by and with the advice and consent）がカバーしうる幅の中に入らないとも言い切れない。しかし違いはやはり「習律」（convention）にあるというべきで、日本では天皇が議会から超然とした独立の立法主体（天皇が主語）であったところに重点が置かれ、実務慣行上、天皇の文武百官（官僚）の作成した法律案とあまり大差のない政府提出の法律案に議会が軽く「協賛」する形に日本国憲法下においてさえ傾斜する傾向が見られるのに対し、連合王国では議員の同意よりも助言、とくに一九一一年一九四九年改正議会法（Parliament Acts 1911-1949）のもとでは衆議院の多数派が構成する内閣の立法政策に重点があり、議会そのものが王冠を内包し、その全体の集合的権威をもって立法する。

ちなみに、貴族院の同意を得ない場合の立法方式は以下のとおりである。

「この議会に集っている女王の至尊の御威光により、庶民の助言と同意により、また同助言と同意とともに、一九一一年と一九四九年の議会法の規定に従い、同議会の権威によって、次のように立法される」（BE IT ENACTED by the Queen's most Excellent Majesty, by and with the advice and consent of the Commons, in this present Parliament assembled, in accordance with the provisions of the Parliament Acts 1911 and 1949, and by authority of the same, as follows:-）

二　ダイシーの理論

(1) 政治的主権と法的主権

古典的な一九世紀のイギリス憲法学者ダイシー（権威書⇓86）によれば、法的主権は議会内王冠（Crown in Parliament）に、政治的主権は有権者（electorate）にある（An Introduction to the Study of the Law of the Constitution, 1885 (10th ed., 1965) p. 73）。これはロックの「…立憲政体（a Constituted Commonwealth）には唯一の最高権力（Supreme Power）すなわち立法府があり、全てがこれに従属しなければならないが、立法府は特定の目的のための信託上の権力（a Fiduciary Power）であり、人民に一個の最高権力が残存し、立法府が信託に違反していると考えればこれを取り除き取り換えることができる（市民政府二論Ⅱ巻、第一四九章、一―八）」のダイシー的言い換えともいえる。

実際、人民主権論は、一八三二年以来の数次にわたる選挙法改正（Reform Acts）による有権者の拡大（⇓125―130）と議会法（Parliament Acts 1911-1949）による衆議院の優越（⇓201―203）を通して手続的にその実を得てきた。そして欧州連合監視法（European Union Act 2011）の定める国民投票（referendum ⇓117）はその究極の手続を示唆しているともいえる。

連合王国の議院内閣制は、衆議院において相異なる憲法理論を保持する政党が自由選挙を闘って政権につき、次の選挙に敗れるまでの間その理論を実践できる国制であるが、王冠や貴族院も廃止されたわけではなく、一歩退いたところから政体のバランスを保つのがその役目と言えるかもしれない。

(2) 法的主権

ダイシー（⇓86）曰く「議会主権の原則とは、議会はイングランド憲法の下どのような法律であれこれを制定し、また廃止することができ、さらにイングランド法は何人、いかなる組織といえども、議会の立法に優先し、これを排斥する権利を認めないということを意味し、それ以上でもそれ以下でもない（Dicey, pp. 39-40）」と。

「主権」（sovereignty）という英語は語源的には中世ラテン語の superanus←古典ラテン語の super（「上」）から来ており[3]、日本式にいえば「上様」（ウエサマ、徳川将軍）や「お上」（オカミ、東條英機内閣総理大臣が天皇陛下を指して[4]）といったところであったろうか。近年では「主権」（sovereign）という英語よりも、例えば日本国憲法第四一条の「国会は国権の最高機関」という場合の「最高権」（supremacy）という言葉、とくに最高立法権（legislative supremacy）という言葉が好まれる傾向がある。語源はラテン語の superus の最上級 superimus なので、言語的には屋上屋を架す表現である。

「議会主権」というダイシーの「定理」（theorem）の「系」（corollaries＝定理から自然に導き出される付随的な「命題」〈propositions〉）として次の四つがある

①　いかなる機関も議会に優先できない。（参照・日本国憲法第四一条「国会は国権の最高機関であって国の唯一の立法機関である」）

②　議会立法以外のどのような法源であれ議会立法に優先することはできない。

③　議会はどんな立法をしようと自由（勝手）である。

④　議会はしたがって過去の議会立法にも拘束されない⇓（逆から見れば）議会は将来の議会を拘束できない⇓議会立法の間に上下関係はない

①いかなる機関も議会に優越できない。

国内的にみれば、王が議会から離れて枢密院で勅令（208―210）を出しても、枢密院は議会に優越できないので、勅令も議会立法には優越できない。裁判所も議会に優越できないので、コモンローは議会立法に優越できない。ただし裁判所の解釈術として、議会はコモンローを変更しないという推定（presumption）があるので、コモンローの変更には明文規定が必要であるということはいえる。地方議会（local councils）も議会には優越しないので、条例（bye-laws）は議会立法に優越しない。

歴史的にみればダイシーの理論は、一九世紀後半の司法改革の中で厳格な実定法主義が支配したときのものである。

● 一八七二年、コウバーン首席判事は「この国に議会立法の有効性を問うことのできる司法機関は存在しない。議会立法の権威はあらゆる裁判所よりも上である。我々裁判官はただ法律をあるがままに適用するだけで（we administer the law as we find it）、議会立法の有効性について判断できる裁判所は存在しない」と述べて、アイルランド教会法（Irish Church Act 1869）の立法としての有効性を問う司法審査を拒絶した（Ex p. Canon Selwyn (1872) 36 JP 54〔⇒78、104〕）。

● 一九八二年、メガリー大法官代（Megarry VC）は「裁判所の任務は議会立法に従い、これを適用することであり…裁判所は議会立法を権限踰越（ultra vires）と判断することはできない。もちろん議会立法の意味するところは何かを問うことはできるし、もちろん政令や委任立法を権限踰越であると判断する権限もある。しかし法律文書が議会立法であると認識されれば、イングランドの裁判所がそれに従うことを拒絶しその有効性を問うことは許されない」と述べた（Manuel v Attorney-General [1983] Ch 77〔⇒100〕）。

①の立場の手続的帰結として、裁判所は議会の立法過程の調査は行わない。権利の章典（Bill of Rights 1689）第九条には「議会内言論、討論、手続きの自由は、議会外の裁判所その他の場所で弾劾され問われることはない」とある。一八七二年のCanon Selwyn 事件では裁可手続の合法性が問われ、一九八二年のManuel事件では大英帝国首脳会議の決議に法的効力を与えたウェストミンスター法（Statute of Westminster 1931）に照らしたカナダ法（Canada Act 1982）の立法手続上の瑕疵《かし》が主張されたが、裁判所はどちらも排斥した。

議会立法の正文は、元来、議会記録（Parliamentary Roll）という「巻物」（roll）に記されていたが、現在ではウェストミンスターの貴族院図書館とキュー・ガーデンの公文書館（Public Records Office）に正文が一通ずつ保管されている。裁判所が議会立法として確認するためには、その法案（bill）が女王と貴族院と衆議院の同意を得ていること、または女王と衆議院の同意を得てかつ衆議院議長が一九一一年と一九四九年の議会法の手続に従ったことを証明したことが必要であるが、それ以上ではない。

● 一八四二年のCampbell貴族院議員「裁判所ができることは議会記録を見ることだけである。もし法案が議会両院を通過し陛下の裁可を得たことが明らかであれば、裁判所はそれがどのように議会に上程されたのか、あるいは議会に上程される前に何があったのか、議会の諸手続きの過程で何が発生したのかを問うことはできない」（Edinburgh and Dalkeith Railway v Wauchope (1842) 8 Cl&F 710）。

● 一九七四年Reid貴族院判事「もう百年以上、議会と裁判所は相互に紛争を起こさないように注意してきた。被上告人が主張するような調査は簡単にそのような紛争を発生させてしまう。百年以上にわたる判例動向は明らかにこのような調査はできないということを示している」（Pickin v British Railways' Board [1974] AC 765）（⇒169）。

②**議会立法はあらゆる法源に優先する。**

国内的にみれば、議会立法はコモンローに優越し、委任立法（statutory instruments）や条例（bye-laws）などすべての下位立法に優越する。

● たとえば人種関係法（Race Relations Act 1965）は公共秩序法（Public Order Act 1936）（一九三六年に国家社会主義ドイツ労働者党や親衛隊を念頭において政治団体または政治目的による制服の着用や私的軍隊の結成訓練を犯罪とした立法）に「人種的憎悪の煽動」（incitement to racial hatred）の罪を挿入した。一九六七年、「有色人種の侵略」（The Coloured Invasion）と題するパンフレットを配布したことでこの罪に問われ一八ヵ月の禁固刑に処された被告コリン・ジョーダンは、同罪は言論の自由（freedom of speech）を侵しており無効であると主張して、人身保護（habeas corpus）請求をなすために法律扶助（legal aid）を請求した。高等法院合議部は議会立法を超える法源は認められていないという理由で請求を退けた⇒R v Jordan [1967] Crim LR 483 (DC)。ちなみに被告は一九六二年に「国家社会主義者世界連合」（World

Union of National Socialists）の世界大会をイギリスのコッツウォルトで開催し「世界総統」（World Führer＝英語）に選出されたが、直後に私的軍隊を結成しようとした罪で逮捕され九ヵ月の投獄刑に処された。被告は総選挙に何度も出馬したが一度も当選できず、イギリス議会に入ることはなかった。一度、補欠選挙で労働党候補の演壇によじ登ったため、急迫不正の侵害に対し、時の現職の防衛大臣が合理的な有形力（げんこつ）を行使、これがまともに命中して段下に転落して下にいた記者のメガネを損壊した。一九二三年生まれ二〇〇九年四月九日死亡。

【コラム】判例とは条文か？

たしかにこの判例 R v Jordan［1967］Crim LR 483 の判決理由（ratio decidendi）も「議会立法を超える法源はない」という一種の憲法「条文」を構成しないとは言わない。しかし、本書がここで敢えて事件の詳しい背景を説明したのには理由がある。たとえば表現の自由を制限する立法の合憲性などという抽象論が、この国（連合王国）に必要かどうか、事案を見てみないと総合的判断を誤るであろう。

議会立法は国際法にも優先する。

ただし議会は国際法の原則に反して立法することはないという推定（presumption）があり、議会立法はなるべく国際法と抵触しないように解釈される。

しかし、議会立法の趣旨が明確で疑う余地のない場合、それが国際法の原則に違反していようとも、有効である

⇒ Mortensen v Peters（1906）14 SLT 227（スコットランド刑事法院 High Court of Justiciary の判例）

ただし、連合王国議会そのものの設立にかかわる一七〇六年のイングランドとスコットランドの合邦条約や一八〇〇年の大ブリテンとアイルランドの合邦条約、そして一九七二年に連合王国の加盟した欧州共同体の諸条約については、重要な国内法化措置があり、後者の地位について色々な議論があるので、別に詳述する。

③議会はどんな立法でもできる。

議会に優越する機関が存在せず、議会立法に優越する法源がないということは、議会の立法権を制限するものは何もないということになる。つまり議会はどんな立法でもできる。議会は立法の自由を持つ。

議会立法の自由とはある意味で「達人」の国制といえよう。なぜなら、個人の自由と国家権力の立法の自由は両立しないと考えるのが近代憲法だからである。近代憲法理論は、忌まわしい過去に対する反省や批判をもとに発展してきたために、このようなイギリス流の無制限の主権論そのものになじまない体質がある。しかし、だからと言ってイギリス議会がそれほど無茶をする機関ではないことは経験的に見て実証されているのではなかろうか。ロベス・ピエールもヒトラーもムッソリーニもスターリンもプーチンもイギリス議会の生んだ政治家ではない。古典的にみればイギリス議会は君主制、貴族制、民主制が一体となりバランスを保った「混合政体」（πολιτεία=mixed constitution, Aristotle, *Politica*, 1266a4-5）の良い実例である。その絶妙の歴史的なバランスは、一片の法律文書で保証できるものではない。

【コラム】立法の自由

議会が法の一般原則にあたるような規範を破ることもないわけではない。たとえば Burmah Oil Co Ltd v Lord Advocate［1965］AC 75 事件において原告会社（スコットランド籍）は、第二次世界大戦において英領ビルマにおける原告らの原油の油井、製油所、パイプライン、石油貯蔵施設等が迫り来る日本軍の手に渡らないようにイギリス軍の手で破壊されたことについて、戦後、王冠を相手取って損失補償（compensation）を請求し、一九六四年四月二一日、貴族院は事案を私有財産の公的収用にあたるとしてコモンロー上の補償請求権を認め、額として四七五万ポンドを認めた（［1964］UKHL 6）。これに対して議会は一九六五年六月二日付けで戦争損害法（War Damage Act 1965）を制定し、王冠が、同立法の前後を問わず、連合王国の内外を問わず、戦時に合法的に生ぜしめた財産権の侵害に対するコモンロー上の補償請求権を廃止し（一条一項）、裁判所は立法前に提起された補償請求であっても、どの当事者からであれ中立さえあれば訴訟費用の負担を除いて請求を却下すべきことを定めた（一条二項）。実は、一条二項は一九九五年の制定法廃止法（Statute Law (Repeals) Act 1995）で削除されたが、問題は一条一項の「立法の前後を問わず」、つまり立法前に遡ってコモンロー上の補償請求権そのものを廃止した点で、一旦出てしまった貴族院判決の効力を止めたのは二項ではなく一項であった。この点について、立法時の労働党内閣の大法官（⇓218）、ガーディナー卿も「法の支配（rule of law）」に反することを認めつつ、例外的事情のありうることを主張した[5]。

大法官ガーディナー卿が強調したように、この問題は四つの保守党内閣と二つの労働党内閣が党派や立場の違いを超えて同じ結論に達したもので[6]、強力な反対論があったものの、本物の自由選挙による政権交代のあるイギリスで、超党派でできた立法には一定の合理性はあるというべきであろう。

実際、戦争被害についてはイギリスではとっくの昔に一応の補償措置はとられており、本件は、本件立法前には補償額が十分かどうかをめぐって訴訟すればコモンロー上もっと多額の補償を得られる可能性はあったとしても、戦争で腕や脚や目を失い、家族の命を失い、家を焼かれあるいは爆弾で粉砕され、事業が破綻に追い込まれて、それでも耐えて、あえて訴訟してまで税金で賄われる補償額を吊り上げない人が大勢いる中で、戦後独立した植民地においてかつて栄えた大企業が、法制度によってはとっくの昔に時効が成立しているはずの時期になって提起した訴訟であった。事実として一九四二年三月、日本軍に占領される前日に慌てて爆破されたプラントも多く、戦況によっては「想定外」にタイ・ビルマ国境の山を越えて侵入してきた日本軍との戦闘に巻き込まれて破壊された可能性のあったものである。そうであったならば連合王国の損失補償責任の問題にはならなかった。この事件で、戦後二〇年も経ってから、つまり原告が事業の国有化を進める独立後のビルマから撤退し事業の多角化を余儀なくされてから提起した裁判において、裁判所や議会が法の支配をめぐって議論を尽くしたこと自体が、議会立法の自由とはいかに「危険」かということよりも、むしろイギリス人がいかに法というものを厳格に（あるいは杓子定規に）捉えているか、あるいは法的議論が好きか、を例証する事例にも思える。

④議会は将来の議会を拘束できない

例えば一九一九年の土地収用補償額計算法（Acquisition of Land (Assessment of Compensation) Act 1919）の規定は過去のあらゆる立法だけでなく将来の立法に優先して適用されるべきことを明文で定めていた。しかし後の一九二五年の住宅法（Housing Act 1925）は別の補償額計算法を規定した。

Vauxhall Estates v Liverpool Corporation［1932］1 KB 733 事件で、原告は強制収用された不動産の補償を求め、補償額は一九一九年の規定によるべきであることを主張した。これに対して被告（地方公共団体）は一九二五年法の規定により補償額が計算されるべきであると主張した。裁判所は一九一九年法の規定にかかわらず一九二五年法の規定に従った。一九二五年法が一九一九年法に言及していないことは問題ではなく、一九二五年の立法によりそれと矛盾する従前の立法は黙示で廃止される⇒「先行立法の黙示廃止」（implied repeal）。

同じ二つの立法をめぐる事件で、Maugham 控訴院判事曰く、

「我が国の憲法によれば、立法府は後世の立法方式を拘束することはできず、議会は、後世の立法が同じ議題について立法したとしても黙示廃止はない、などと立法することはできない」Ellen Street Estates v Minister of Health［1934］1 KB 590。

● 先行立法は後行立法を拘束できない⇒議会立法に上下関係はない⇒議会立法でどんな憲法的内容の法源も変更できる。

【コラム】植民地の現地憲法

ただし植民地の現地議会の条例については、特定立法または規定の改正手続きを厳格化し、一種の硬性憲法、つまり通常条例を超える憲法的条例を制定することも可能であり、枢密院もこれを承認してきた⇒Attorney-General for New South Wales v Trethowan［1932］AC 526 (PC)。

植民地議会は、大英帝国議会（＝連合王国議会）の立法（Colonial Laws Validity Act 1865）により、植民地議会自身の憲法（constitution）、権限、手続きを帝国法または植民地現地法の定める方式と方法に従う限り自由に決めることが許されてきた。例えば豪州のニューサウスウェールズ州の議会上院は憲法条例（Constitution Act 1902）を憲法改正条例（Constitution (Legislative Council) Amendment Act 1929）によって改正して七A条を追加し、上院の廃止には住民投票（referendum）がなければ総督を通して王の裁可を仰ぐことはできないという条件をつけた。翌年一九三〇年の政権交代で七A条および上院の両方の廃止を住民投票なしで定めた条例案が議会両院で可決され総督に提出された。上院議員の訴えで枢密院司法委員会は一九二九年の憲法条例改正は一八六五年の帝国議会立法に照らして合法的であるが、一九三〇年の改正条例案は、植民地立法（＝一九二九年条例）に違反し、違法であると判じた（Trethowan）。

ただ、枢密院は大英帝国議会＝連合王国議会立法のもとでの植民地議会の条例という下位立法の改正手続きについて判断したものであったため、連合王国議会そのものの立法主権とは区別される。論理的には、植民地議会で可能なことが、なぜ、連合王国本国議会についてはできないのか、いくらか疑問も残る。ただし植民地の現地議会には教育上上位法規が必要でも、本国議会の立場は根本的に違うともいえる。「立法の達人」ないし責任ある成人に拘束は不要であるというわけである。

●植民地の独立に関連して

植民地は第一段階で「自治領」dominion になり第二段階で独立する場合が多かったが、一九三一年のウェストミンスター法（Statute of Westminster）四条は「本法の施行後に制定された連合王国議会立法は自治領の法としてこれに適用され、または適用されるとみなされることはない。ただし自治領の要請と同意により立法されたという宣言が明示されていればこの限りではない」としている。この議会立法は、一九二六年から一九三〇年にかけて連合王国、カナダ、オーストラリア、ニュージーランド、南アフリカ、ニューファウンドランド、アイルランドの代表が集まった数次の大英帝国会議（Imperial Conferences）の諸決議に効力を与えたものである。一定の立法要件を備えれば自治領を対象に立法できるという内容であるが、連合王国議会はそのような立法要件に拘束されるのか？

ブラックバーン事件（Blackburn v Attorney-General［1971］1 WLR 1037）でデニング記録長官曰く、「法律理論では議会は次の議会を拘束できず撤回できない議会立法はないと教わってきた。しかし法律理論は常に政治的現実と一致するわけではない。例えば議会から自治領を対象に立法する権限を剥奪した一九三一年のウェストミンスター法を見てみよう。議会がこの立法を撤回できると思う人はいるだろうか？自治領や海外領土に独立を与えた立法があるとしよう。議会がそれを撤回して独立を取り上げるなどということがあるだろうか？それはありえないことである。一旦与えられた自由を取り上げることはできない。法律理論は実践的政治に譲る」。

一九六五年の自治領南ローデシアの白人政権の一方的独立宣言に対し連合王国議会は急いで南ローデシア法（South Rhodesia Act 1965）を制定して独立宣言の法律効果を奪うことにした。その違法政権による権力行使の合法性を問うたマジンバムト（Madzimbamuto v Lardner-Burke［1969］1 AC 645）事件でリード判事（Lord Reid）曰く「連合王国議会がある特定のことをするのは違憲であるという主張がしばしばなされる……しかしそれは議会にそうする権限がないということではない。もし議会が望んでそうするのなら、裁判所はその立法を無効にはできない」。

一九八二年のカナダ法（Canada Act 1982）は自治領であったカナダの元老院と衆議院の要請と、一〇の州政府のうち九の同意に基づいて、連合王国議会が制定したが、インディアン部族の首領たちは、この立法がウェストミンスター法と英領北米法（British North America Acts）所定の手続的要請を満たさず、インディアン部族の同意なしにその権利を損なう形でカナダの憲法を改正する権限は連合王国議会にないと主張した。この事件で、メガリー大法官代は、先述の通り、裁判所には議会立法を無効とする権限がないことを力説し、控訴院は、ウェストミンスター法所定の自治領に対する立法手続要件は形式的なもので、実質は問わないという形で、処断した（Manuel v Attorney-General［1983］Ch 77）。

つまり一九三一年法の規定にかかわらず後世の連合王国議会が自治領について立法しないわけではないし、連合王国の裁判所はそれに拘束されるし、一九三一年法所定の立法手続要件もあくまで形式的に解釈され、実質的に連合王国議会の立法の自由は保障されている。しかし、実際に連合王国から独立してしまった旧植民地でその法が施行されるかどうかは別の話である。

●一九四九年議会法（Parliament Act 1949）の合法性について

一九一一年議会法（Parliament Act 1911）は衆議院を通過した法案の貴族院による否決があった場合、衆議院がその後二会期連続で再可決し、原会期の第二読会から第三会期における再可決までに丸二年を経過していれば、貴族院の賛成を得られなくても、王の裁可を得て議会立法として成立すると規定していた（通常立法手続は⇓156—159）。衆議院の優位を確立するこの議会立法は一九四九年議会法で改正され、貴族院の二年の法案成立遅延権は一年に減縮された。しかし一九四九年法は、貴族院の賛成を得られなかったので、貴族院の同意を得て成立した一九一一年法を改正することはできず、無効であるという主張が、改正議会法（Parliament Acts 1911-1949）の手続で制定された狩猟法（Hunting Act 2004）の有効性を争う訴訟 Jackson v Attorney-General [2005] UKHL 56 でなされた。

通常、裁判所は議会立法の成立過程の違法を審査することはないが、これは一九一一年法の条文の解釈問題であるとの上告人の主張を受けて、貴族院は大法廷（九人法廷）を組織してその見解を披露した。結論は議会立法に上下関係はなく一九四九年法が有効に一九一一年法を改正したと再確認した。しかし、後述するようにスタインとホープの二人の非イングランド系判事が人権法ないし「法の支配」にもとづく裁判所による議会立法の自由の制限について含みを残した（⇓110—111）。

（３）議会立法の自由の制限

（ア）歴史

歴史的に見れば、一六一〇年のボーナム事件（Dr. Bonham's Case (1610) 8 Co Rep 114）で衆座裁判所（Court of Common Pleas）のクック首席判事は、「コモンローが議会立法を点検（control）する場合は多く、ときには完全に無効だと判断することもある。というのは、議会立法が普通の権利と理性（common right and reason）に反し、あるいは辻褄が合わずまたは履行不能である場合、コモンローが点検し、そのような立法は無効だと判定する」と判断したことがある（8Co Rap 114, 118）（⇒62）。つまりコモンローが議会立法にも優位するという考え方である。この考え方はイギリス本国ではとくにビクトリア朝の司法消極主義のために根付かなかった。

一九七四年、貴族院判事リード（Lord Reid）は「古くは、議会立法も天の法や自然の法あるいは自然的正義に反する限り無視できると信じる法律家が沢山いたが、一六八八《ママ》年の革命で議会の最高権（supremacy）が終局的に示されて以来、そのような考え方は過去のものとなった」と述べた（Pickin v British Railways Board [1974] AC 765）。「一六八八《ママ》年の革命」とは一七五二年以来今日でも採用されている元日改年法によれば一六八九年の名誉革命を指す。名誉革命をもたらしたオレンジ君ウィリアムは、渡英前の一六八八年九月三〇日（オランダ新暦で一〇月一〇日）にハーグで『イングランド侵略宣言』（⇒26）を発表し、軍隊を率いてイングランドに武力介入する目的は「自由で合法的な議会を招集すること以外になく」（宣言第二九条）、「自由で合法的な議会が決定する国民に平和と幸福をもたらす全ての措置に賛成する」（第三〇条）と公約し、合法的に議会を招集できる唯一の人物、ジェイムズ二世が失踪してしまったとき、ヘンリー七世の先例、すなわち一四八五年八月二二日のボズワース原の戦（Battle of Bosworth Field）で王リチャード三世を倒し、ヨーク王家直系の王女エリザベスと結婚して、そのまま夫婦で King and Queen（英語に后と女王の区別はない）を自称した故事にならって妻でジェイムズ二世の長女メアリーと一緒に王位を継承してから議会を招集するのでは王位継承という措置が先に既成事実化してしまうので、公約を守るために、敢えてまず自由選挙を実施して超法規的な制憲議会を招集し、一六八九年二月一三日に制憲議会が手渡した『権利章典』（Bill of Rights）の条項によって夫婦で王位を継承し、二月二三日に制憲議会の通常議会への改組を裁可し、一二月一六日、本章冒頭の立法方式（⇓89）をもって二月一三日の制憲議会と王位継承の合法性を追認する法律（Crown and Parliament Recognition Act 1689）を裁可した。その後、今日に至るまで、議会が正常に招集され、立法方式が守られていることから、名誉革命が議会内王冠主権を確立する上で決定的な役割を果たしたことは確かである。

ただし、少なくとも一六一〇年にクックがラテン語で「引用」した法諺《ほうげん》「王の禁令は議会における投票によるものでなければ、法、言い換えれば王冠に反する」prohibitio regis ne clerus［sic］[7] in congregatione sua, etc. attemptet contra jus seu Coronam（Case of Convocations, 12 Co. Rep. 72, 73, Trinity 8 Jac.（1610））にすでに議会内王冠主権論の萌芽は顕れていた。クックがここで王と王冠を峻別し、王（rex）を小文字で、王冠（Corona）を大文字で表記している点が注目されるとともに、その上で王冠を法（jus）と等値させているところにクック流の「法の支配」観を見ることもできる。そして、クックはすでに述べたとおり、議会内王冠立法に優位する法があると考えていたのである。

（イ）連合王国議会の成立に関連して

連合王国議会を創設した一七〇七年のイングランドとスコットランドの両国議会の合邦法（Acts of Union）は、合邦条約の条件を両国議会が承認したものであり、それはその後の連合王国議会を拘束するという考え方があり、少なくともスコットランド首席判事（Lord President）クーパー（Lord Cooper）は原則としてこの考え方を排斥しなかった（MacCormick v Lord Advocate 1953 SC 396）。曰く「無制限の議会主権とはイングランドの原則で、スコットランドの憲法とは違う」と。一九七五年、民事法院（Court of Session）一審部でキース卿（Lord Keith）は、たとえばスコットランド独自の法制度の維持や長老派教会の維持がそういう条件に該当するという傍論を述べた（Gibson v Lord Advocate 1975 SLT 134）。一九九一年、スコットランド首席判事ホープ卿も、「（これだけではスコットランド議会の合邦法）第四条の要請にもとるところがあったと考えることはできない」という表現で、合邦条件が連合王国議会を拘束することについて含みを残した。ホープ卿は二〇〇九年一〇月に貴族院の裁判権を受け継いで発足した連合王国最高裁判所の初代副長官となった。

アイルランドについては一八〇〇年の合邦条項第五条でイングランドとアイルランドに一体の英国教会（聖公会 Episcopal Church）が永久的に設立されたのに、一八六九年アイルランド教会法（Irish Church Act 1869）がアイルランドについてこれを廃止したことにつき、ビクトリア女王の同法の裁可が、女王の戴冠宣誓や一七〇一年王位継承法に反しないかどうかを司法判断に付すように枢密院議長に命ずる職務執行令状（⇒64）を請求した事件で、コックバーン首席判事は議会立法の有効性を司法機関が問うことはできないと拒絶した（Ex parte Canon Selwyn (1872) 36 JP 54）。しかし、一八〇〇年のアイルランドとの合邦条約をもって現在の連合王国議会の直接的祖先である連合王国議会が設立された以上、合邦条件はその後の連合王国議会を拘束するのではないかという論点は、Harry Calvert が論じたように、この裁判では議論されなかったので[8]、この論点についてはまだ決着はついていないともいえよう。

ただし、上記のスコットランドの裁判所の考え方や北アイルランドについての Calvert の議論は、明らかにアメリカ合州国を結成した憲法が憲法によって設立された議会の立法に優位するという考え方を援用したものであるのに対し、イングランドでは裁判所だけでなく弁護士も一九世紀以来の司法消極主義の流れの中でそのような考え方はしてこなかったのが実態である。

（ウ）欧州共同体→連合立法の首位権（Primacy）

欧州共同体→連合の法秩序においては共同体→連合法が「首位権」(la primauté du droit communautaire) を持つ（Simmenthal SpA v Italian Minister for Finance 106/77 [1978] ECR 629)。ちなみに首位権（primacy）とはカトリック教会におけるローマ教皇の地位を表す言葉である。これに対して主権(sovereignty)や最高権(supremacy)とはカトリック教会と断絶したヘンリー八世がイングランドおよび英国教会における自らの立場を表した言葉である（例 Act of Supremacy 1534）（⇒184）。

用語の歴史的起源の上でも、議会主権ないし最高権と欧州法の首位権は常に対立し、凌ぎ合う、そういう緊張、相克の関係にある。

ただし、一九九〇年一〇月一一日の貴族院判決（R v Transport Secretary ex parte Factortame (No. 2) [1990] UKHL 13）では、連合王国の国内法秩序の中において、連合王国を欧州共同体の加盟国の立場に置いた主権的議会立法、欧州共同体法ＥＣＡ（European Communities Act 1972）二条四項により、共同体法が「首位権」を持ち、後世の議会立法（Merchant Shipping Act 1988）に優先すると認められている。この事件では、一九八八年商船法による一九七二年欧州共同体法の黙示廃止が否定された。

そこから一歩進んで、英尺貫法使用禁止事件（Thoborn v City of Sunderland [2002] EWHC (Admin) 195, 'Metric Martyrs'）で、ローズ（Laws）控訴院判事（裁判所は高等法院合議法廷であったが、事案の重要性から控訴院判事が合議に加わった）は、議会立法にはコモンロー上憲法的立法と通常立法の区別があり、憲法的立法を後世の立法で黙示に廃止することはできないと主張した。曰く、

「コモンローはその今日の成熟度からすれば、憲法的または基本的な権利として分類されるべき権利が存在することを認めるようになっている。議会立法には通常立法と憲法的立法の階層秩序があることを認めるべきである。…私見では憲法的立法とは（a）市民と国家の法的関係を一般的に支配的に条件づけるもの、または（b）現在われわれが基本的憲法的権利と認識しているものを拡大または縮小するものである。……憲法的立法の特別の地位は憲法的権利の憲法的地位に従う。マグナカルタ、権利の章典（Bill of Rights 1689）、合邦法（Act of Union）、選挙権を拡大配分した選挙法改正（Reform Acts）、人権法（Human Rights Act 1998）、スコットランド法（Scotland Act 1998）、ウェールズ統治法（Government of Wales Act 1998）などがその実例である。欧州共同体法（ＥＣＡ）は明らかにこの範疇に属する。同法は共同体法上の権利義務の総体を国内法化し、共同体法の司法および行政措置に優先的国内効力を与えた。我々

の日常生活の多様な側面にこれほど甚大な影響を与えた立法はこれまでなかったかもしれない。欧州共同体法はコモンローの力によって憲法的立法になったのである。・・・通常立法は黙示で廃止できる。憲法的立法はそうできない。議会立法をもって憲法的立法を廃止または基本権を撤廃するときは、裁判所は、議会がはたして擬制や推定ではなく実際に廃止または撤廃を意図していることが証明されたかどうか？を問うであろう。私見では、この基準は後世の議会立法の明文、少なくとも主張される結果を出すことを（議会が）実際に意図したことを推定せざるをえないほどはっきりした文言によってのみ満たされる。」

事案は、イギリス議会の立法度量衡法（Weights and Measurements Act 1985）に基づきイギリスで英尺貫法（インチ・ポンド法）によって商売をしていたイギリスの正しい商人が、メートル法を強制するブリュッセル（欧州共同体）の官僚の命令（directive）に違反した罪で刑罰に処されたことを不服として、処罰の合法性の司法審査を求めたものであった。

原告商人の一九八五年度量衡法が一九七二年欧州共同体法を黙示で廃止しているという主張はファクターテイム（R v Transport Secretary ex p. Factortame (No. 2)）事件貴族院判決を前にして最初から希望はなかったものの、原告は敢えて英尺貫法に「殉じる」ことで正しい世論を喚起するために法廷闘争に臨んだのであった。市民の自由と誇りの問題であった。欧州官僚の思い上がりと抑圧に対する自由市民の勇敢な抵抗であった。なぜメートル法などを刑罰をもって強制しなければならないのか、まことに理不尽であり、極めて不愉快であり、それこそ憲法的価値の倒錯である。かつてテンプルマン貴族院判事（Lord Templeman）曰く「イギリス法は、ナチス・ドイツの法とは違う。公権力の目的追及に私人が熱意を示さなければならない義務はない」（'My Lords, the laws of this country are not like the laws of Nazi Germany. A private individual ... cannot be obliged to display zeal in the pursuit of an object sought by a public authority ...', Wheeler v Leicester City Council [1985] AC 1054）。どちらがイギリス法本来の立場か、連合王国の裁判所ないし議会はいずれ判断を迫られる時が来るであろう。一〇六六年のノルマンディー公ウィリアムのイングランド征服もイングランド現地の慣習法を重んじることで成功し、その意味ではイングランド法が優位に立ったのである。欧州法にはこれとまったく逆の傾向性がある。ただし理論的には連合王国議会はいつでも欧州共同体法（European Communities Act 1972）を撤廃して、欧州連合から脱退することが可能である。Laws 控訴院判事もその可能性は否定していない。二〇一〇年の政権交代後の二〇一一年七月一九日に成立した欧州連合監視法（European Union Act 2011）一八条も、直接適用可能または直接効力のある欧州連合立法（⇓73）は、すべて一九七二年法またはその他の議会立法によって法として承認され利用可能（available）なものに限り連合王国内で法として承認され利用可能であるとして、あくまでも議会主権を強調している。

●欧州連合立法の首位権と欧州人権条約

実は、法源の章でふれたとおり（⇓71）、欧州人権条約上の権利は一九九八年人権法（Human Rights Act）のもとで、議会立法（および大権勅令から成る「第一次立法」）に優先することはなく、法四条のもとで国内裁判所は「第一次立法」の人権不適合を宣言することはできても、その効力を否定することはできない。これは、連合王国議会の立法主権ないし最高権の要請である。また、ストラスブールの欧州人権裁判所の判例は、法二条一項のもとで、連合王国の国内裁判所が「考慮する」（take into account）義務を負っているだけである。

その後、二〇〇九年一二月一日付けでリスボン条約が発効し、欧州連合基本権憲章（EU Charter of Fundamental Rights）にも欧州連合条約（マーストリヒト条約）と欧州連合機能条約（ローマ条約）と同じ地位が与えられたが、憲章には欧州人権条約の条文も取り入れられている。これでルクセンブルクの欧州司法裁判所にも、実質的に欧州人権条約上の権利について、独自の裁判権が発生した。

ただし、ポーランドと連合王国に関しては、欧州連合条約追加議定書第三〇号第一条第一項が「憲章は欧州司法裁判所およびポーランドや連合王国のいかなる裁判所の権限を拡大して、ポーランドや連合王国の法律、政令その他の公権力行為を憲章上再確認された権利と矛盾すると宣言できるようにするものではない」、同第二項が「憲章

第四章（経済社会権）はポーランドや連合王国において裁判できる権利を新たに創出するものではない」と定めている（⇓74―75）。

これで、例えば、ルクセンブルクの欧州司法裁判所には、連合王国の「第一次立法」を憲章上の人権（内容的に人権条約上の人権と同じ）に違反して無効であると判決することはできず、仮にそのような判決が出たとしても、連合王国の国内裁判所を拘束しないということになるのであろうか？

少なくとも欧州司法裁判所の立場としては、従来通りの欧州連合法の「首位権」（la primauté）に従い、そうはならない、つまり憲章上の人権が連合王国のあらゆる法源に優先し、その効力を否定することになるであろう。

例えば、すでに二〇一一年一二月二一日、欧州司法裁判所は、イングランド・ウェールズ控訴院（Court of Appeal of England and Wales）から先行判決（preliminary ruling）を求めて付託されたNS (Saeedi) v Secretary of State for the Home Department [2011] EUECJ-C411/10事件で、選択議定書三〇号を解釈した上で、憲章が連合王国を拘束し、内務大臣の決定が違法になると判断した（[120]）。

原告はアフガニスタン人で、ギリシャで逮捕され、トルコへ強制退去処分を受け、トルコから連合王国へ渡って庇護請求をなし、被告内務大臣による欧州共同体理事会規則二〇〇三年三四三号（Dublin II Regulation, Council Regulation (EC) No. 343/2003）に基づくギリシャへの移送決定に対して司法審査を求め、欧州連合基本権条約第四条（欧州人権条約第三条の非人道的もしくは品位を傷つける取扱の禁止）違反を主張した。欧州司法裁判所は、欧州連合加盟国は他の加盟国が連合の基本権を遵守していると確定的に推定することはできないとし、主たる庇護請求審査義務を負う加盟国の庇護請求手続きと受入態勢について体系的な欠陥があることに気付かないはずがなく、移送すれば第四条の禁止する非人道的もしくは品位を傷つける取扱を受ける現実の危険があると信じるに足る根拠があるときは、そういう加盟国に移送してはならないと判じた。

もし、これがストラスブールの欧州人権裁判所の判決であれば、連合王国の裁判所は、一九九八年人権法のもとで、これを「考慮する」義務はあっても、拘束されるわけではない。しかし、これはルクセンブルクの欧州司法裁判所の判決であるため、連合王国の裁判所は、一九七二年の欧州共同体法のもとで、これに拘束されるのである。そして、本件では内務大臣の決定（公権力行使）が違法とされたが、対象がたとえ議会立法であったとしても同じであろう。欧州司法裁判所が加盟国（連合王国）の主権立法を違法と判断することは何も新しいことではなく、連合王国の裁判所もそれに従ってきたからである。

もちろん欧州連合法上の事件について基本権が訴えられた場合に欧州司法裁判所の管轄権が発生し、そうではない事件で人権条約上の権利が訴えられた場合、それが憲章上の人権と同じだったとしても、欧州連合法の文脈では訴訟は行われないだろう。ただし欧州人権裁判所の手続は遅く、欧州司法裁判所の方が資金人材の点で比較的まだ恵まれている。欧州連合基本権憲章のもとで欧州司法裁判所が欧州人権条約と同内容の人権についても裁判権を持つに至ったことで、これまで二つの別々の法体系であった欧州人権法と欧州連合法の間の垣根は、欧州連合の非常にダイナミック（動的）な法秩序の中では消滅する方向に進んでいる。そして、それは連合王国の国内法秩序にも必然的に影響を及ぼすと思われる。ともかく、今後の動向から目が離せない。

(エ) 憲法的議会立法 (Constitutional Statutes)

さて二〇〇二年の英尺貫法事件におけるローズ控訴院判事の意見（105—106）は、欧州統合の文脈から離れて見ても、議会立法には憲法的立法と通常立法の階層秩序があるというものであった。

二〇〇四年には議会が、市民的不測事態法（Civil Contingencies Act）を制定して既存の有事立法を整理統合した際に、緊急事態において枢密院における女王に勅令（⇓208—210）をもって議会立法を修正する緊急権（Emergency Power）を授権しながら、その緊急権規定そのものと、一九九八年人権法を、緊急勅令では修正できない特別の議会立法とした（二三条五項a号b号）。これは議会立法そのものが、憲法的議会立法と通常議会立法の階層秩序のあることを示唆している例と見ることができよう。もちろん議会主権論により、議会立法で人権を制限できるという前提のもとでのことであるが、緊急事態に議会立法の正規の手続きを踏むことは難しい場合も多い（もし世襲貴族が残っていれば、さらに難しいであろう）。

この点で、めずらしく議会法（Parliament Acts 1911-1949）の例外的立法方式で成立した狩猟法（Hunting Act 2004）の合法性を問うたジャクソン（Jackson v Attorney General［2005］UKHL 56）事件では、貴族院大法廷の判事九名のうち二名が傍論でとくに人権法（Human Rights Act 1998）に言及しながら興味深い補足意見を付けた。スタイン判事曰く、

「一九九八年人権法により我が国の法律に取り込まれた欧州人権条約は法の新秩序を築いた。古典的なダイシーの議会の最高権理論は今なお我が国の憲法の一般原則である。それはコモンローの産物である。裁判官がこの原則を作ったのである。したがって事情が変われば異なる憲法的仮定の上に打ち立てられた原則に裁判所が制限を加える必要性も生まれるかもしれない。司法審査や裁判所の通常管轄権を廃止するような極端な事態が発生したとき、貴族院上告委員会または新しく設立される最高裁判所は、これが迎合的な衆議院の命令で動く主権議会でも廃止できない憲法的基本権であるのかどうか考えなければならない日がくるかも知れない」（［2005］UKHL 56［102］）。

ホープ判事はダイシー自身が憲法全体を通して通常法の普遍的支配ないし最高権を支配原則としていたという点を指摘した上で、

「（豪州の高名な判事）Owen Dixon がその論文 Law and Constitution (1935) 51 LQR 590, 596 で、いかなる統治機関であれ、立法府であれ行政府であれ、その機関が法律から受けた権限を越えて行動するとき、裁判所がそれを権限踰越で無効であると認識するのが法の最高権の基本であると述べたときも（ダイシーと）同じことを指摘していた。この原則は現在欧州人権条約と一九九八年人権法という議会立法の形で強化されて、個人を恣意的な統治から保

護している。裁判所によって実現される法の支配こそ我が国憲法のよって立つところの究極の支配要因である」（[2005] UKHL 56 [107]）。

ちなみにスタイン判事は南ア出身（ユダヤ系）、ホープ判事は元スコットランド首席判事で、ともにイングランド出身の判事の伝統的な司法消極主義とは違った考え方を披露した。その人権と法の最高権の指摘は、今後のイギリス憲法の発展について、興味深い視点を提供しているとともに、第二部で扱うべき司法府、つまり裁判官集団の、立法府＝議会、とくに民選議院に対する優位の正統性の問題を先鋭化させるものでもある。

やはり二〇〇五年にウルフ首席判事（Lord Woolf）が退任にあたり憲法改革法（Constitutional Reform Act 2005）にちなんで「最近の憲法改革の先例としてのマグナカルタ」（Magna Carta: a precedent for recent constitutional change）と題する講演を行い、その中で、特別の憲法的地位を認められた議会立法（statutes）として権利の請願、人身保護法、権利の章典、王位継承法を掲げた（第三二段落）9。

マグナカルタ（大憲章）は指導力に欠けるジョン王が制定したというよりも、実態はバロン（直訳「男爵」）と呼ばれる受封領主たちが一二一五年にジョン王に認めさせた立法であり、王はこれを後で撤回するつもりで同意しただけだったがそうする前に死亡した。これこそ天命というべきものであろう。マグナカルタは、その後、ジョン王の子のヘンリー三世による一二一六年、一二一七年、一二二五年の各版の裁可を経て立法しなおされ、現行法はジョン王の孫のエドワード一世が一二九七年に裁可した法律九号である10。とくに第一条（イングランド教会の自由および全自由人の次の各条に列記する自由権を確認する）、第九条（ロンドン市の古来の自由権と自由慣習の保証、その他の自治都市の自由権と自由慣習の保有の承認）、第二四条（自由人たる者、連行や投獄あるいは自由土地保有、自由権、自由慣習または法律の保護の剥奪、または追放その他のやり方で破滅させられない。自由人たる者、その同輩の合法的な判断または国法によらずに裁かれることはない。正義 justice や権利 right を何人にも売り渡さず、何人に対しても否定ないし遅滞させない）の三カ条が現在も有効である。

大憲章が歴史の闇に忘却されずに現在も有効であるのは、一六二八年の「権利の請願」がその内容を繰り返し確認しつつ、「同輩の判断」を「陪審員の評決」と解釈していたことによるところが大きい。

権利の請願(Petition of Right)は、チャールズ一世が三十年戦争への武力介入のためにイングランド臣民に課した様々な賦役への不満を背景に、コモンロー裁判所の元首席裁判官クック（Sir Edward Coke）が衆議院議員として起草したものを、一六二八年五月二七日に議会が採択し同年六月七日にチャールズ一世が承諾(ratify)したが、その経緯（チャールズは議会の同趣旨の「決議 resolutions」は否認した）と名前からして議会から王への「請願（petition）」であって「議会立法（Act of Parliament）」ではないことから、果たしてその性格は法案（bill）なのか一方的宣言（declaratory act）なのか形式的には議論のあるところである。しかし、その後の歴史の中で、現在は、特別な議会立法として広く受け入れられている[11]。また、イングランドとは別の王国であったスコットランドでは、名誉革命において、やはり制憲議会が一六八九年四月一一日に権利の請求（Claim of Right）を統治権証書（instrument of government）としてオレンジ君ウィリアム夫妻に王冠を授け、五月一一日に王がその内容を受諾することでスコットランド政府に受け入れたが[12]、これがイングランドの一六二八年の「権利の請願」（Petition of Right）の内容を包括する内容となっている。

イングランドの一六七九年の人身保護法(Habeas Corpus Act)はカトリックの世継弟ジェイムズが王位継承する前に、議会がマグナカルタ以来の市民の身体的自由の法手続的保障を確保しようとした立法である。同法の立法手続き、とくに貴族院での投票に瑕疵《かし》があることは前述した（⇓65）。少なくとも、次の権利章典以降は裁判所が議会立法手続きの合法性を問うことはできず、実際、立法後、有効なものとして数次の改正立法を経ており、最新の改正は一九六〇年の裁判法（Administration of Justice Act）によるものである。

イングランドの一六八九年二月一三日の権利の章典（Bill of Rights）も英語名が「法案（bill）」に過ぎないことに表れているように、すでに述べたとおり（26—27）、もともと王が召集した正規の議会ではなく、名誉革命で王ジェイムズ二世が失踪している間に、オレンジ君ウィリアムが総選挙を実施して一六八九年一月二二日に召集した超法規的な制憲議会（Convention Parliament）が、オレンジ君ウィリアム夫妻に王位を継承させる条項を記した「宣言」であった[13]。四月一一日の戴冠式でも「権利章典」の受諾は戴冠の要件ではなく、五月一一（二二）日のスコットランドでの政権入府式において「権利の請求」（Claim of Right）の承認がなされたことと対照的であった[14]。もちろん制憲議会は「王命」で二月二三日に自らを通常議会にあらため、同年一二月一六日「王冠および議会追認法」（Crown and Parliament Recognition Act 1689, 2 Will & Mar c. 1）こと「ウィリアム王とメアリー女王を承認し一六八八《ママ》年二月一三日にウェストミンスターに集まった議会の立法に関するあらゆる問題を排除する法律」（'An Act for recognizing King William and Queene Mary and for avoiding all Questions touching the Acts made in the Parliament assembled at Westminster the thirteenth day of February one thousand six hundred eighty eight'）を採択したので、この結果、「権利章典」に議会立法と同じ力があるといえるのだが、この追認措置自体が[15]、かえって「権利章典」が正式の議会立法でなかったことを議会自身が認めた証拠ともいえる。そして、実際、ウィリアム三世とメアリー二世の王位継承が「革命」による以上、その原始的瑕疵《かし》は、その後の議会立法に継承されるという主張が、二〇世紀に一度だけ下級裁判所（Hereford County Court）で弁護士をつけなかった当事者によりなされたことがある（Hall v Hall (1944) 88 SJ 383）。原告は遺産相続をめぐり遺言の検認手続を教会裁判所から世俗裁判所に移した議会立法（ビクトリア女王が裁可したCourt of Probate Act 1857）の合法性を問い、同女王の地位がウィリアム三世の裁可した王位継承法（Act of Settlement 1701）に依拠しているとした上でウィリアム三世の王位継承の合法性を否定することで検認手続管轄権の違法を主張した。県裁判所の裁判官は当時から八〇年前の立法（Court of Probate Act 1857）の合法性を今更争うことはできないこと、そして議会はあらゆる権原の瑕疵《かし》を治癒できるという二つの理由で訴えを退けた。前者は一種の時効、後者は議会の立法主権論である。

もちろん「権利章典」が名誉革命による超法規的な制憲議会の立法として通常の議会立法を超える権威を持つという、憲法制定権力（pouvoir constituant）論的な説明も可能である。ただし、「権利章典」の条文の中にはその後の議会立法でいくつか字句の修正を経たものもある。おそらく、「権利章典」は本書第二章で見た第六条の議会の承認なき常備軍違法の例、あるいは第四条の議会の授権なき課税違法、第八条の選挙の自由、第九条の議会内言論、討議、議事の自由、第一三条の議会頻繁開会義務に限らず、その条項の憲法的意義がその後の憲政的実践の中でひろく受け入れられるだけでなく、深化ないし合理的に近代化されていることにこそ、本当の意義があるように思う。アリストテレス曰く「書かれた法よりも書かれるまでもなく実行されている法の方が強力で重要である」(Aristotle, *Politica*, 1287b5-8)。

実際、立法の改正手続をいかに厳重にしたところで、議会主権のもとの黙示廃止則（implied repeal ⇒98）に従えば意味はなく、何より政治的現実として無視される危険性は常に存在する。

三．人民主権原理を示唆する立法ないし立法経緯

一六六〇年の制憲議会は総選挙を経て王権と無関係に集まり王政復古を成し遂げ、これをホッブスは王と民の契約による法秩序の回復と位置付けた。

名誉革命において、やはり王権によらずに自由選挙を経て制憲議会が超法規的に招集され、一六八九年一月二八日の衆議院決議の一部は「ジェイムズ二世は王と民の間の原契約（original contract）に違反した」と人民主権的な宣言をなし、貴族院も二月六日に衆議院決議に全面同意する以前からこの宣言には一度も反対しなかった（⇒26―27）。この経緯には人民主権原理の大きな作用を見出すことができる。

なお、マグナカルタ、権利請願、権利章典などは単に歴史的意義をもつだけでなく、現行法としての意義を持つが、たとえばローズ（Laws）控訴院判事がふれた人民代表法（Representation of the People Act 1832）こと第一次選挙法改正（First Reform Act 1832）は、衆議院の「腐敗した町選挙区」（rotten boroughs）を廃止して、近代の選挙制度の大改革の第一歩を記したもので（⇒125―126）、自由党系英近代史家トラビリヤン（George Macaulay Trevelyan）による「人民が支配階級からもぎ取った近代のマグナカルタ（modern Magna Carta）」という形容や人民主権への転換という評価16の是非は別と

して、その後の数次にわたる選挙法改正の結果、すでに法律としての現代的意義は失われている。

しかし、一八三〇年の法案提出時の大法官（⇒26、218）ヘンリー・ブルーム（Henry Brougham）が、既得権益を守るために猛反対する貴族院議員の前で四時間に及ぶ大演説を行い、最後に膝間づいて拝んで頼んだが聞き入れられず、結局、ダービーやブリストルの監獄への襲撃を含む、まるでフランス革命の第一章（バスティーユ牢獄の襲撃）を彷彿とさせる各地の人民の大暴動が起こって初めてようやく法案が貴族院を通過した歴史的事実を踏まえれば（199—200）**17**、革命的改革を議会が成し遂げるときの必要条件というものをよく示唆している。現行法はRepresentation of the People Act 1983（「人民代表法」、日本式に言えば「公職選挙法」）で、それ自体として数次の改正を経ている。

それほど「革命」的ではないものの、「人民主権論」に強く傾斜する労働党は一九七八年の議会立法（Scotland Act and Wales Act）に基づきスコットランドとウェールズに地方議会を設置することの是非を一九七九年三月一日に住民投票にかけたことがあり、最終的に同年五月三日の総選挙で保守党（サッチャー党首）に惨敗して潰えた。

しかし、一九九七年五月一日（木）の総選挙において労働党（指導部はほとんどスコットランド人）は住民投票を再度実施することを公約し、総選挙勝利後、同年九月一一日（木）にまずスコットランドでこれを実施した。この結果は投票率六〇・四%、スコットランド議会開設について賛成七三・四%、反対二五・七%（三二地方公共団体中全部で賛成多数）、スコットランド議会が所得税率を変更する権限を持つことに賛成六三・五%、反対三六・五%（三二地方公共団体中三〇で賛成多数）であった。この結果を受けて連合王国議会は一九九八年スコットランド法（Scotland Act 1998）を制定し、スコットランド議会（Scottish Parliament）を創設した。

ウェールズにおける住民投票も公約されていたので一九九七年九月一八日（木）に実施され、投票率五〇・一%、ウェールズ議会開設賛成五〇・三%、反対四九・七%、（二二地方公共団体中、賛成票が上回ったのは一一、反対票が上回ったのも一一）という僅差であったが、一応、この結果をもとに、連合王国議会は翌年ウェールズ統治法（Government of Wales Act 1998）を制定し、ウェールズ国民議会（National Assembly for Wales）を開設した。ウェールズ統治法（Government of Wales Act 2006）は、さらなる住民投票でよりスコットランド議会なみの広い自治権をウェールズ国民議会に配分するする予定となっているが、その前に二〇一〇年のウェストミンスター（連合王国）議会の総選挙で政権が交代した。

ちなみに軍隊が戦時動員されていた北アイルランド（アルスター）についても一九九八年四月一〇日の北アイルランドの全主要政党（ただし民主合邦党ＤＵＰを除く）と連合王国とアイルランド共和国の間の北アイルランド紛争の政治的決着の合意、すなわち聖金曜日協定（Good Friday Agreement）について一九九八年五月二二日に北アイルランド住民投票とアイルランド共和国の国民投票が同時に行われて、北アイルランドでは投票率八一・一％で賛成七一・一％、反対二八・九％、アイルランド共和国では投票率五六・二六％で賛成は九四・三九％、反対五・六一％で支持された。アイルランド共和国の国民投票は、聖金曜日協定全体ではなく、同協定の中で連合王国議会が一九二〇年以来アイルランドを南北に分断して自治を進めた根拠立法、アイルランド統治法（Government of Ireland Act 1920）を完全に廃止するかわりに、アイルランド共和国も憲法でアイルランド全島に主権を主張することをやめ、アイルランド全島の平和的統一を希求するにとどめる憲法の第一九修正の是非を問うた。北アイルランドの最終的帰属を北アイルランド住民の多数（a majority）の意思に預けつつ、当座は、その意思に従い連合王国にとどまる形の聖金曜日協定が住民投票の賛成を得て、連合王国議会は北アイルランド法（Northern Ireland Act 1998）を立法し北アイルランド議会（Northern Ireland Assembly）を設置したが、実施は難航した。しかし聖金曜日協定に参加しなかった民主合邦党（Democratic Unionist Party）もシン・フェインならびに北アイルランドのその他の主要政党および連合王国とアイルランド共和国両政府とともに二〇〇六年一〇月一三日の聖アンドリューズ協定（St. Andrews Agreement）に合意し、二〇〇六年北アイルランド法（Northern Ireland Act 2006）により北アイルランド議会が復活、民主合邦党のリーダーが第一大臣（First Minister）、シン・フェインのリーダーが副第一大臣（Deputy First Minister）となって、現在に至っている。

実は、欧州統合についての国民投票もあり、近年新しい動きを見せている。

連合王国の欧州三共同体への加盟は、ヒース保守党内閣のときに加盟して後、ウィルソン労働党内閣のとき、一九七五年六月五日の国民投票において投票率六四・五％、賛成六七・二％、反対三二・八％で加盟の維持が決定された。この国民投票の実績により、国内憲法秩序において、伝統的な議会内王冠主権論に対して人民主権論が具体的な意味を持つようになった。

そして二〇〇九年一二月一日のリスボン条約の発効と二〇一〇年五月六日（木）の連合王国における総選挙による五月一二日（水）の新政権（保守・自由連立内閣）発足を経て、二〇一一年七月一九日に欧州連合監視法（European Union Act 2011）が裁可された。この二〇一一年欧州連合監視法は、欧州連合の二つの基本条約、すなわちマーストリヒト条約（「欧州連合条約」Treary on the European Union）とローマ条約（「欧州連合機能条約」Treary on the Functioning of the European Union）の改正条約の批准（王冠）について条件を付した。すなわち連合王国代表が合意した改正条約は合意から二ヵ月以内に議会に付され、議会立法による承認を得なければならず（条約批准の一般手続は⇓242―243頁）、その議会立法が国民投票を行うと規定する場合には、国民投票の投票者の過半数の支持を得なければならないというものである（二条、三条、六条）。もちろん二〇一一年法が将来の議会に国民投票を義務付けることは厳密にはできないが、ともかく国民投票の明記された議会立法が成立したことは、人民主権論へのさらなる傾斜を示唆するものである。

実は、二〇〇一年に締結されたニース条約（マーストリヒト条約とローマ条約の改正条約）は同年アイルランドにおいて批准には憲法改正を要するという司法判断に基づき国民投票にかけられてそこで一旦否決されてから、欧州連合の基本条約の改正に国民投票を求める加盟国が他にも出現するようになった。ただしアイルランドは翌年再度国民投票を実施して憲法の第二六修正としてニース条約の批准を可決し、ニース条約は二〇〇三年から発効した。二〇〇四年に締結された欧州連合憲法条約はスペインとルクセンブルクの国民投票では可決されたものの、二〇〇五年にオランダとフランスの国民投票でそれぞれ否決されて、必要な批准が得られずついに発効が断念された。そのかわりに二〇〇七年にリスボン条約が締結されたが、その批准も二〇〇八年にアイルランドの国民投票で一旦否決された（ただし翌年憲法の第二八修正として可決）。この流れを受けて、連合王国でもとくに保守党が欧州連合の基本条約のさらなる改正について国民投票を行うことを公約していた。

しかし、連合王国において条約を承認（confirm）しこれに国内法効力を与えるのは議会であり、これは議会主権の一つの系（附随命題）とも捉えられる。独自の欧州法秩序に関する条約改正に限られることとはいえ、何より保守党が国民投票を求めて議会主権に制限を設けるようになったことは重要視されるべきであろう。

二〇一一年一〇月二四日、欧州連合に現在の条件のまま留まるべきか、脱退すべきか、加盟条件を再交渉すべきかを国民投票にかける動議について衆議院で投票があり、連立与党の保守党は八一名、同自由党は一名、野党労働党は一九名が国民投票に賛成した。動議は四八三票対一一一票で否決されたものの、最大与党保守党で三段階の党議拘束（Whip ⇒212—213）のうち最高段階の拘束がかけられた中で、「政府」（⇒210—213）外の平議員（backbenchers ⇒213）の過半数（一五名の欠席を含む）がそれに反逆したことは注目に値する。ガーディアン紙の世論調査では、有権者の七〇％が欧州連合に加盟していることについて国民投票を望んでおり、うち四九％が欧州連合からの脱退を、四〇％が残留を希望するという結果が出ている18。

【コラム】住民投票と連合の将来

オックスフォードという場所は強力な自治権をもつ大学がそのまま上流階級の子弟の共同体（みなガウンを着る）となってきたのに対し、町（タウン）は庶民の共同体であり、歴史的に大学（gown）と町（town）の対立がある。大学、ことに国際関係を専門とする大学院カレッジの中で欧州統合に批判的なことを言うのはタブーで、そのようなことを平気で口にするのは図書館員などの事務員に限られていた。町でも田舎でも逆に批判的なことが当然であった。この違いには日本からオックスフォード「大学」を訪れる研究者は気が付きにくいかもしれない。しかし、二〇〇五年のオランダとフランスの国民投票で欧州憲法が否決されたことは、それまで住民の気持ちを無視して独善的に広がり過ぎ、深まり過ぎた欧州統合に対して普通の人は誰もついて来ていなかったことを示しただけで、あまりにも当然過ぎる帰結であった。ブリュッセルの官僚と一部の知識人だけが実社会から遊離していたのである。欧州連合の基本条約の改正に国民投票で抵抗し始めたのがアイルランドだったことも、すでに統合の行過ぎを示唆していた。

二〇一二年一〇月一五日、連合王国首相キャメロンとスコットランド第一大臣サーモンド（Scottish First Minister Alex Salmond）は二〇一四年末までに後者の選択する時期（秋）に後者の指定する投票権者の範囲（一六歳以上の男女）でスコットランドの独立について住民投票を実施することで合意した。キャメロン首相の提示した唯一の合意条件により、住民投票は単一の簡明な質問に限られ、具体的な質問内容は選挙委員会（Electoral Commission）が起草することになった。この住民投票の実施のためには連合王国議会立法スコットランド法（Scotland Act 1998）第三〇条所定のスコットランド議会の賛成議決を得た勅令（閣僚が枢密顧問として女王に助言と承認を与える）を要するが、連合王国政府とスコットランド自治政府は住民投票の結果を参考にして合邦の将来を決めることになるだけで、住民投票に厳密な法的拘束力はない。スコットランドにおける独立支持の固定票は住民の三割に上ると言われ、今後、残りの浮動票の帰趨を制しかねない最大の論点はスコットランドが独立した場合のEUにおける地位、とくに通貨で、独立後も王冠とポンド（貨幣に女王の肖像が印刷ないし刻印されている）の維持を表明しているサーモンド第一大臣にとって、もしEU新規加盟申請が必要となればユーロ採用も義務付けられるので致命的である。確かにすでに連合王国の一部としてEU市民権を持つスコットランド住民が独立とともにその権利を失うことになるかどうかは論争的である。とはいえ連合王国から分離独立して人口の少ない小国になっておいて、連合王国という大国がEUの大勢に逆らって守ってきた通貨等に関する独自の立場まで承継できるかどうかは別問題である。EUにはカタルニアやバスクの独立運動をかかえるスペインに加えて分断国家キプロスまで加盟しており、既存加盟国の分裂後の地位をめぐる交渉は必ずしも予断を許さない。従って保守党政権にとって「スコットランド独立、是か否か？」の単純明快な選択を迫る住民投票は分離独立のざわめきを将来にわたって政治的に封殺するよい機会となる公算もある。しかし、いくら住民投票の結果に法的拘束力がなくても、もし独立賛成票が反対票を上回ることにでもなれば人民主権的な意味で合邦の維持に大きな疑問符がつくことは避けられない。これと並行して、二〇一五年五月に予定される総選挙後には、連合王国のEU残留の是非も国民投票にかけられる可能性が高い。

1 たとえば Charities Act 2011, c. 25 の例を参照、http://www.legislation.gov.uk/ukpga/2011/25/enacted/data.pdf

2 エリザベス女王は開会式で My lords and members of the House of Commons と呼びかける。直訳すれば「貴族諸卿と衆議院議員のみなさん」である。

3 Le Petit Robert dictionaire de la langue fran?aise (1993), p. 2130, ?souverain?; Shorter Oxford English Dictionary (6th ed., 2007) p. 2931, c.3;

4 「昭和一六年一二月一日御前会議にて・・・どうしても此際戦争に突入しなければならぬとの結論に達し、お上に御許しを願ったが仲々お許しがなく、漸く已むを得ないと仰せられた……」伊藤隆編『東條内閣総理大臣機密記録・東條英機大将言行録』東京大学出版会一九九〇年四七九頁。

5 HL Deb 13 April 1965, vol. 265, cc. 334-335.

6 HL Deb 13 April 1965, vol. 265, c. 334.

7 これはギリシャ語の κλῆρος（籤）で、与格 κλήρῳ（ラテン語では奪格 clero）のはず。

8 Harry Calvert, *Constitutional Law in Northern Ireland*, Stevens and Son, London, 1968, p. 21.

9 <http://www.judiciary.gov.uk/media/speeches/2005/magna-carta-precedent-recent-constitutional-change>

10 http://www.legislation.gov.uk/aep/Edw1cc1929/25/9/contents

11 http://www.judiciary.gov.uk/media/speeches/2005/magna-carta-precedent-recent-constitutional-change

12 Harris, 2007, p. 347, p. 397, p. 405.

13 http://www.legislation.gov.uk/aep/WillandMarSess2/1/2/data.pdf

14 Harris, 2007, pp. 334, 346-7, pp. 405-6

15 http://www.legislation.gov.uk/aep/WillandMar/2/1

16 George M. Trevelyan, *British History in the Nineteenth Century 1782-1901*, p. 242.

17 Lord Denning, What Next in the Law, London: Butterworths, 1982, pp. 29-30.

18 Nicholas Watt, 'David Cameron rocked by record rebellion as Europe splits Tories again' *The Guardian*, 25 October 2011.

第五章　選挙法改正

一．自由選挙と財産評価制と民主制

一二七五年のエドワード一世のウェストミンスター法典（Statute of Westminster I）の第五章は、現在、自由選挙法（Freedom of Elections Act 1275）と呼ばれている現行法であるが、「選挙は自由でなければならないので、王は何人も武力、悪意、威嚇により自由選挙の実施を妨害してはならないと命令し、違反者からは巨額の財産を没収する」（AND because Elections ought to be free, the King commandeth upon great Forfeiture, that no Man by Force of Arms, nor by Malice, or menacing, shall disturb any to make free Election）と定めている。

一六八八年九月三〇日（一〇月一〇日）のオレンジ君ウィリアムの「イングランド侵略宣言」（The Invasion Manifesto）第二九条が「自由で合法的な議会の招集」を公約していたように、一六八九年二月一三日の権利章典第八条も「議会の議員の選挙は自由でなければならない」と定めている。

もちろん、自由選挙は「民主主義」（democracy）と同義ではない。

以下に見るイングランドの選挙区の中世的起源から、近代の選挙法改正の歴史は、イングランドの国制ないし市民権(πολιτεία=citizenship＝constitution)がもともとアリストテレスの用語で言う「ティモクラティア」(＝財産評価制)であったことを示し、近代の選挙法改正は中世の財産評価制から段階的に近代デモクラシー(δημοκρατία→democracy＝民主制)へと移行させた過程であったと説明することができる。

ティモクラティア（τιμοκρατία）とは、語感からすれば「名誉」（τιμή）の重んじ方の軽重（τίμημα）に従い市民権（πολιτεία→参政権）に序列ができる国制であり、アテナイ人の国制においては、「名誉の重んじ方」というのは「所有財産の評価額」（「沽券」）を意味したのでティモクラティアとは「財産評価制」（Aristotle, *Ethica Nicomachea*, 1160a33-36）と訳すことができる。同じ財産評価の階級であれば、同じ市民権を持つ。普通選挙権（universal suffrage）は、財産評価制から民主制への移行を意味した。中世イングランドにおける衆議院参政権の財産評価は自由土地保有権（freehold）に依拠しており、その意味で衆議院参政権の近代化の歴史は、まさに不動産法と直結していた。

二　選挙区の中世的起源

衆議院（House of Commons）の選挙区は、イングランドの最大の地方行政単位であるカウンティ（county「県」）と、選挙権を授かった（enfranchised）バラ（borough「町」）の二種類があり、一二九五年の模範議会では一県あたり二名、一町あたり通常二名が選ばれ、その後、ロンドン市と他二つの「町」では四名、五つの町で一名の議員が選出されるに至った。県選挙区の議員は「県の騎士」(Knights of the Shire～「シャイア」はカウンティの旧名でランカシャーやヨークシャーなど県名の語尾に残存)、町選挙区の議員は「町名主」（burgess）と呼ばれ、とても「庶民」とは言えなかった。

ヘンリー六世の初期一四三〇～一四三二年に県選挙区投票権は標準化され、自由土地保有権者（freeholders）または四〇シリング以上の土地保有権を持つ者が有権者とされたが、その後、数世紀にわたり実勢評価はされなかった。ヨークシャーのような有権者数二〇万人を超える大きな県でも、ラトランドやアングルジーのような有権者数千人に満たない小さな県でも、定数はともに二であった[1]。土地保有権者が有権者だったので、複数の県（あるいは土地保有権を有権者資格にしていた町）に保有権をもっていれば、その数だけ投票権があった。

町選挙区の有権者資格は選挙権付与のあり方によって違い、自由人全員のところもあれば大規模土地所有の要件のあるところもあった。法的根拠も王の憲章（royal charter）から議会立法まで様々であった。一八世紀以来の産業革命による大規模な人口流動にかかわらず一六六一年以来、町選挙区は一度も新設されたことがなく、人口学的実態とかけ離れていた。ウェストミンスターのように一万二千人の有権者がいる町と一〇〇人に満たない町があり、ともに定数は二であった[2]。ただし一八三二年の選挙法改正の前哨戦として、ホイッグのラッセル卿の尽力で一八二六年にコーンウォルの町選挙区を廃止し代りにヨークシャーの県選挙区の定数を二から四に拡大する議会立法が制定された（1 & 2 Geo IV c. 47）。

三　選挙法改正

● 第一次選挙法改正（Representation of the People Act 1832）

一八三二年の選挙法改正（⇒199—200）は、合計で五七の「腐敗した」町選挙区（rotten boroughs）を廃止し、三〇の町選挙区の定数を一に削減、一六の定数一の町選挙区と二二の定数二の町選挙区を創設し、二六の県を二つに分割して定数二を配分、ヨークシャー（定数四）は三分割して定数二を配分、七県の定数を二から三に引き上げた。そして一〇ポンド以上の大きな不動産権をもつ「男性」に選挙権を与えた。これで成人男性人口のほぼ六分の一に選挙権が与えられた計算になる（スコットランドとアイルランドには別立法が制定された）。なおこの一八三二年の選挙法改正は選挙権者を明文で性別で男性に限った初めての立法である。

「腐敗した町選挙区」（rotten borough）というのは、とくに恣意的な選挙権授与や人口減などの理由で「住民代表」

の実質に乏しく、有力貴族や地元の有力者の私物と化し、票の売買の横行する町選挙区のことを指した。貴族の爵位（貴族院議員資格）は基本的に長子相続制なので、次男三男にはかわりに衆議院の選挙区を与えることも多く、その類の目的で私物化される町選挙区は少なくなかった。現在の感覚では「有権者の一票の重みの平等」という視点が重要になりそうであるが、当時はむしろ貴族院の衆議院に対する隠然たる優位や影響力を確保する道具、政治的縁故（patronage）や腐敗の除去という視点で、たとえば労働者階級にまで投票権が及んでいる町選挙区は買収されやすいという類の見方の方が説得力の大きかった時代である。選挙法改正前に一早く槍玉に上がり一八二六年に廃止されたコーンウォルのグラムパウンド（Grampound）町選挙区は有権者買収で悪名高かった。

一八三二年の第一次選挙法改正で廃止された「腐敗選挙区」として最も悪名高いのは、現在のソールズベリーの近くの Old Sarum という一四世紀からの町選挙区で、その一世紀前の一二一九年には教区主教の判断でそこの教会堂（Cathedral）と城（castle）を現在のソールズベリー（Salisbury）に移すことが決まり、住民がごっそり新町（New Sarum = Salisbury）に移っていた。少なくとも一七世紀には有権者は選挙区内には一人も居住せず、他所に住んで土地保有権だけを持つ不在地主一三人ほどが有権者で二人の議員を選出していた。この選挙区の著名な代議士には後に七年戦争（一七五六―六三）で大英帝国の拡大に活躍した大ピット（William Pitt the Elder）がいるが、もともと一七三四年の総選挙で二つの選挙区で当選した兄から一つを譲ってもらい、当時はかなりいた現役陸軍将校代議士に列した。この大ピット（首相一七六六―八）こそ、このような町選挙区を「われらが憲法の腐敗した部分」（rotten part of our Constitution）と呼んだ「腐敗選挙区」の名づけ親である。

また、たとえばランカシャーのニュートン「町」は一五五八年に選挙権を得たが、最初から「村」以上のものではなく、Sir Thomas Langton（Sir は騎士の敬称）という地元の大地主の個人的な利権のための選挙区であった。最後の競争選挙の行われた一七九七年には七六人の有権者が投票したが、一八三一年には有権者は五二名程度だったと推定されている。その時点で、二八五戸、人口二一三九人しかいなかった。

●第二次選挙法改正（Representation of the People Act 1867）

この法律は選挙区の整理をするとともに、家を持つ階級（householders）、すなわち年賃貸料一〇ポンドまたは価格一〇ポンド以上の家を持つ成人男子に選挙権を与え、従来、成年男子の約五人に一人しかなかった選挙権が、二倍に増えた。

選挙区の整理は、二の（腐敗）町選挙区を廃止し、三五の町選挙区の定数を一に削減し、九の定数一の町選挙区と二の定数二の町選挙区を新設、二の町選挙区の定数を一から二に、四の町選挙区（バーミンガム、リーズ、リバプール、マンチェスター）の定数を二から三に引き上げ、九県で選挙区（定数二）を二から三に増加、ランカシャーでは二選挙区（定数二と三）を四選挙区（定数各二）へ増加した。

なお五一条で、議会は王の死後に解散すべき義務を廃止した。

●秘密投票法（Ballot Act 1872）

これは初めて秘密投票を導入した議会立法で、秘密投票は一八七二年八月の補欠選挙の後、一八七四年の総選挙で実施され、とくに初めて六〇議席を獲得したアイルランド自治派（Home Rule）に有利だったと言われる。

●腐敗違法選挙活動防止法（Corrupt and Illegal Practices Prevention Act 1873）

秘密投票の導入で有権者を買収しても結果が確かでなくなり、選挙費用は激減したと言われるが、とくに有権者の買収やいじめは、この法律で禁止され、選挙支出の上限も設けられた。

●第三次選挙法改正（Representation of the People Act 1884）

県選挙区の選挙権の財産資格を、第二次選挙法改正のもとでの町選挙区の選挙権のものと同じにした法律で、これでイングランド・ウェールズでは三人に二人の成人男子に選挙権が与えられた。翌年の選挙法で、選挙区の再整理が行われ、ロンドンの町選挙区が増えた。

●第四次選挙法改正 (Representation of the People Act 1918)

第一次世界大戦末期の一九一八年二月六日に制定され、一九一八年一一月一一日の休戦協定成立後の一二月の総選挙から適用された。成人（二一歳以上）男子について財産制限を撤廃し、基本的に三〇歳以上の女子にも同様の選挙権を与えた。

これは初めてアリストテレス流のティモクラティア（τιμοκρατία）＝財産価格（τιμή）を基準として市民権（参政権）の値打ち（τιμή）を決める国制から、軍役（女子の銃後の役務を含む）への報酬（τιμή）という意味を込めつつ、現代的意味の民主主義（democracy）に転じた立法と言えよう。

古代アテネの民主制（δημοκρατία）がペルシャ戦争におけるサラミスの海戦の勝利への報酬として、三段櫂船の櫂を漕ぐ無産階級にまで参政権が及んだ歴史と並行する。

ただし、連合王国の一部ではないが王冠の所領であるマン島では一八八一年に財産評価制に基づく婦人参政権が実現され、ニュージーランドでも一八九三年九月一九日の選挙法でやはり財産評価制に基づく婦人参政権が実現され、同年一一月二八日の選挙から実施されており、こちらはジョン・ステュアート・ミルや婦人参政権運動家の力で実現されて、戦争とは直接関係がない。オーストラリアの南オーストラリア州も一八九五年にまず財産評価制による婦人参政権（被選挙権を含む）を与え、オーストラリア連邦も成立（一九〇一年）翌年には成年女子に普通選挙権を与えていた。イギリス本国はむしろ第一次世界大戦でコモンウェルス諸国からも兵を動員したことで、その影響を回避できなかったという見方もできる。

● **第五次選挙法改正**（Representation of the People Act 1928）
男女ともに二一歳以上の成人に選挙権を与えた。男女普通選挙制度の完成。

● **小選挙区法**（Representation of the People Act 1948）
選挙区を県であれ町であれ一律に定数一の小選挙区制にした。これで選挙区は従来の五九一区から六一三区に増えた。選挙支出の上限は、県で、選挙代理人（agent）に四五〇ポンド、有権者一人あたり二ペンス、町で選挙代理人に四五〇ポンド、有権者一人当たり一・五ペンスに決められた。

● **多重投票権廃止法**（Representation of the People Act 1949）
一九五〇年から大学選挙区（university constituencies）などの多重投票権を廃止した。

大学選挙区はもともとスコットランドのもので、一六〇三年にスコットランドのジェイムズ六世がイングランド王位をジェイムズ一世として継承して両王国の同君連合が成立してから、ケンブリッジとオックスフォードに二議席ずつ与えられ、一八六七年の第二次選挙法改正でロンドン大学に一議席与えられ、その後、一九一八年の第四次選挙法改正で他の大学（バーミンガム、ブリストル、ダーラム、リーズ、リバプール、マンチェスター、シェフィールド）を全部合わせて二議席（一九二八年にレディング大学が参加）が与えられていた。

● **第六次選挙法改正**（Representation of the People Act 1969）
選挙権年齢を二一歳以上から一八歳以上に引き下げた。

●**公職選挙法**（Representation of the People Act 1983）

一八七三年の腐敗違法選挙活動防止法で導入された選挙支出の上限は、一九四八年の小選挙区法による改正を経て、この一九八三年の法律のもと、現在では二〇〇五年の委任立法（SI 2005-269）により、インフレを考慮して、選挙代理人には七一五〇ポンド、有権者一人あたりには、県で七ペンス、町で五ペンスに改定されている。

●**選挙管理法**（Electoral Administration Act 2006）

被選挙権の年齢を一六九五年議会選挙法（Parliamentary Elections Act 1695）以来の二一歳以上から一八歳以上に引き下げた。

【コラム】比例代表制の是非

自由党（Liberal Democrats）は長年、比例代表制の導入を訴えている。

現行の、選挙区で最大票数を得た候補者一人が当選する（First-Past-the-Post）制度は、アトリー労働党政権の一九四八年の選挙法改正でほぼ完成された。欠点は死票の多さであり、二〇世紀以降の総選挙でも、いくつかの歴史的に重要な総選挙において、獲得議席数ではなく、得票数で見ると、第一党と第二党の入れ替わる総選挙がいくつか発生している。

まず自由党のアスキス内閣（ロイド＝ジョージ蔵相）が導入した「人民予算案」（People's Budget ⇒201）に貴族院が反対したためにこれに対抗して実施された一九一〇年の一月から二月にかけての総選挙では、自由党が二七四議席、保守党が二七二議席で自由党が過半数を失いながらも、二議席上回ったが、得票率では、自由党は四三・一％、保守党が四六・七％で逆転していた。自由党を支持した労働党は四〇議席、七・六％、アイルランド自治派は七一議席、一・二％であった。自由党とその支持政党の得票率を合わせると五一・九％になるので、比例代表制だったら歴史が違っていたとも速断できないが、第一党は保守党であった。

そして、この貴族院による法案否決のために自由党は貴族院の権限を大幅に削減し、将来的には民選議院化することまで宣言する議会法案を提出し、このための一九一〇年の一二月の総選挙も、自由党は二七二議席、保守党は二七一議席という僅差であったが、得票率では自由党は四三・九％、保守党は四六・三％で、自由党を支持した労働党は四二議席、七・一％、アイルランド自治派は七四議席、一・七％であった。ここでも自由党とその支持政党の得票率を合わせると五二・七％なので、比例代表制だったら歴史の展開は違っていたとは即断できない。しかし、歴史を変えた議会法（Parliament Act 1911）がこのような微妙な選挙結果に基づいて成立したことは特筆に値しよう（⇒201―203）。そしてこの議会が第一次世界大戦の末期に一九一八年の第四次選挙法改正を成し遂げた。男子普通選挙と婦人参政権を与えたこの法案を衆議院は三八五対五五（二三〇棄権ないし欠席ないし欠員）で可決、貴族院も戦時内閣の重鎮で婦人参政権反対運動の旗手であった保守党のカーゾン卿が反対せず一三四対七一で通過させた。

一九二八年の男女普通選挙法以来、獲得議席数と得票率が逆転した選挙は三回ある。

一九二九年五月三〇日の総選挙では労働党が二八七議席を獲得して保守党の二六〇議席を超えて初めて第一党に躍り出て、保守党のボルドウィン内閣を倒したが、得票率三七・一％で保守党の三八・一％よりも低かった。比例代表制で労働党が第二党だったとしても、おそらく自由党（ロイド＝ジョージ）は労働党のマクドナルドを支持したとは思われる。しかし、大恐慌を経て、一九三一年八月二四日に国王ジョージ五世がマクドナルド首相の強い辞意を慰留して挙国一致内閣を結成させるところまで行ったかどうかは怪しくなる（⇒192）。

一九五一年一〇月二五日の総選挙は、チャーチルが一九四五年七月五日と一九五〇年二月二三日の総選挙でアトリーに連敗したあと「三度目の正直」で、ようやくアトリーを下した選挙であったが、保守党三二一議席（過半数八議席）、得票率四八・〇％に対し、労働党は二九五議席、得票率四八・八％で、得票率ではまだアトリーが勝っていた（⇒206）。

一九七四年二月二八日の総選挙は、保守党のヒース首相が一部の反対を無視して強行したものであったが、結果はウィルソン率いる労働党が三〇一議席、保守党は二九七議席で惜敗した（⇒192―193）。しかし、得票率では労働党は三七・二％、保守党は三七・九％で、ヒースは負けてはいなかった。ただし比例代表制だったら、わずか一四議席の自由党に一九・三％もの得票があったので、自由党が労働党を支持して政権はやはり交替していただろう。

以上は、比例代表制だったら第一党が変わっていたはずの選挙結果であったが、得票率で数える比例代表制でも過半数に達したはずの選挙結果というのは、一九〇〇年の総選挙を除いて、二〇世紀に入って以降、ただの一回しかない。

それは一九三一年一〇月二七日の総選挙で、ボルドウィン率いる保守党が四七〇議席を獲得し、得票率五五％を記録した。大恐慌の後の難しい運営を少数内閣で乗り切ろうともがいてきた労働党のマクドナルド首相が、一九三一年八月についに閣内不一致でギブアップしかけたところ、国王ジョージ五世がこれを説得して思いとどまらせ挙国一致内閣を結成させたために、労働党と自由党が内部分裂を起こし、保守党がマクドナルド首相を支える形で総選挙に臨んだ結果であった。有権者は「王様の御意向」に従ってマクドナルド首相を支えている保守党を支持したとも解釈できるので、国王の意志という極めて評価の難しい要素が深く絡んだ「異例」の選挙であったと言わなければならない(192)。

二〇世紀に入ってから（一九〇〇年を除いて）これまで二八回の総選挙、一九二八年の男女普通選挙法以来では二一回の総選挙があり、獲得議席で過半数を超えた政党が誕生したのは、そのうち、それぞれ二二回と一八回あったが、得票率が五〇％を超えた総選挙は一九三一年のわずか一回だけ、とくに一九四八年の選挙法改正で小選挙区制がほぼ完成して以降は一度もない。これは、比例代表制を採用すれば、政権が非常に不安定化することを示唆している。

これまで少数内閣や内閣の受け継ぎを経験せずに、ストレートで総選挙に明確に連勝して長期安定政権を築いた首相は、アトリー（連勝）とサッチャー（三連勝）とブレア（三連勝）だけであるが、いずれも初回で最大の議席数を獲得しており、アトリーの初戦（半数を七三議席超えた）一九四五年七月五日の総選挙でも四九・七％、サッチャーの初戦（半数を二一議席超えた）一九七九年五月三日の総選挙でも四三・九％、ブレアの初戦（半数を八九議席超えた）一九九七年五月一日の総選挙では何とそれ以下の四三・二％であった。

さらに深い問題は、日本が採用するような拘束名簿式だと、有権者ではなく党が好む候補者が優先的に当選することになり、選挙結果の正統性に傷がつく。

　キャメロン・クレッグ連立内閣の定期議会法案（Fixed-term Parliament Bill）は、二〇一一年九月一五日に成立し、慣習律上の首相の解散権を剥奪する内容である。これは、長年比例代表制の導入を訴えてきた自由党のクレッグ副首相にしてみれば、現在の連立内閣を維持するだけでなく、将来の比例代表制導入への布石かもしれない。

1　R. G. Thorne, The House of Commons, 1790-1820, London: Secker and Warburg, 1986, vol. II, pp. 331, 435, 480.

2　Ibid. p. 266.

第三編　統治機構

第六章　議会（Parliament）

一．議会の構成（Composition）

議会は王冠、貴族院、衆議院から構成される（Stockdale v Hansard〔1839〕9 A&E 1）。つまり、君主制（μοναρχία）、貴族制（ἀριστοκρατία）、民主制（δημοκρατία）の混合体で、アリストテレスも『政治・国制学』においてより多くの国制の混合体の方がよいとしている（Aristotle, *Politica*, II. 1266a4-5, 1297a6-7）。

二．議会の招集（Summons）

権利章典（Bill of Rights 1689）は、議会は「頻繁に」（frequently）開かれなければならない（第一三条）と定めている。議会招集法（Meeting of Parliament Act 1694）によれば王冠は少なくとも三年に一回は議会を招集しなければならない。これは現行法である。ただし、実際に名誉革命後は例外なく毎年招集されており、これは習律化している。

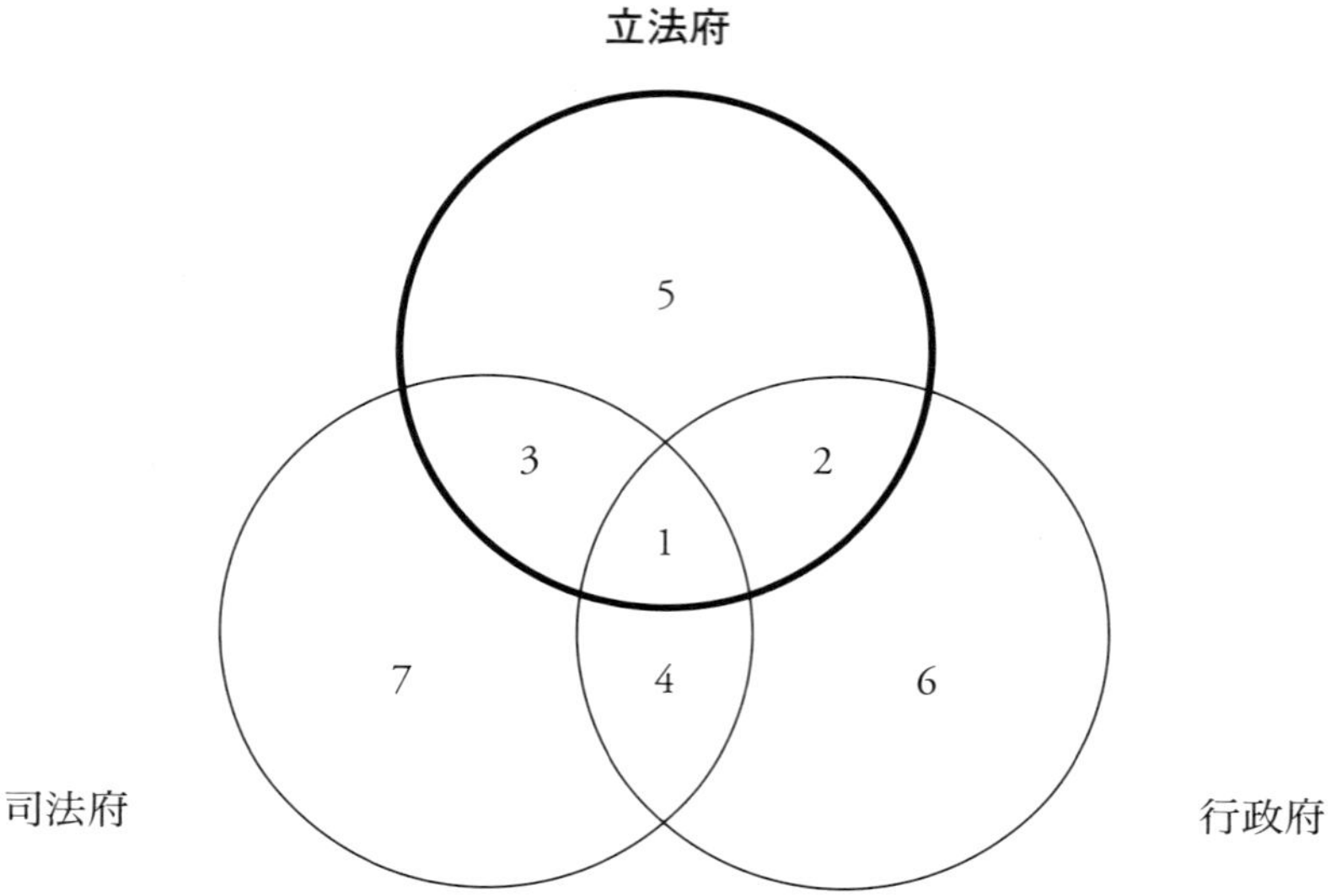

1. 立法府＋行政府＋司法府＝王冠（Crown）と大法官（Lord Chancellor）
2. 立法府＋行政府＝閣僚（⊂枢密顧問）
3. 立法府＋司法府＝貴族院（上告委員会）
4. 行政府＋司法府＝枢密院司法委員会、大法官省、王冠法律職
5. 立法府だけ＝野党議員、閣僚以外の与党議員
6. 行政府だけ＝官僚
7. 司法府だけ＝裁判官

註、貴族院と大法官については Constitutional Reform Act 2005（憲法改革法）が改正したので、上図はそれ以前の概要を示す。

三　議会の任期（Duration or Term of Parliament）

元来、議会は一度召集されると特定の決まった任期は存在しなかった。チャールズ一世の第五議会、別名「長期議会」（Long Parliament）のように一六四〇年九月二四日に召集され（summoned or called）、同年一一月三日に開会してから少なくとも一六四八年一二月七日の新規軍（New Model Army）による粛清（Pride Purge）で四五人の主要議員が逮捕され全議員の半数以上が出席しなくなるまで八年以上も続いた議会もある。クーデター後も二〇〇名あまりの議員が出席し続けて議会を継続したので、この「残余議会」（Rump Parliament）を含めると一六五三年四月二〇日にクロムウェルにより追放されるまで一二年余り続いた計算になる。さらに長期議会は一六四一年五月一一日に自らの同意なく解散できないことを立法していたので、理論的には一六六〇年四月二五日の王政復古の制憲議会召集前の同年三月一六日に所定の「解散立法」を形式的に可決するまで二〇年弱続いた計算になる。

ちなみに長期議会は一六四一年二月一五日の三年法（Triennial Act 1641）で会期（session）と会期の間の休会期間は最長三年とすることを定め、王が召集しない場合は、大法官（Lord High Chancellor ⇒218）が、もし大法官が召集令状を発給しない場合は、貴族院が代行することを定めた。一方、王政復古後の三年法（Triennial Act 1664）は王に少なくとも三年に一回は議会を招集することを義務付けたが、制裁規定はなく、チャールズ二世は議会で弟ジェイムズの王位継承権を剥奪しようとするホイッグとそれに反対するトーリーの争いに嫌気がさし一六八一年の第四議会を最後に、一六八五年に死ぬまでの四年間議会を一度も召集せず、この間にホイッグ勢力は粛清されて、弟でカトリックのジェームズ二世が即位し、議会を一回だけ、形だけ召集した。

名誉革命後、議会招集法（Meeting of Parliament Act 1694）は、議会は三年以上続かないという規定も含んでいた。この規定は、三年法（Triennial Act）の名前でも知られ、少なくとも三年に一回は総選挙を実施しなければならず、その結果、わずか二〇年間に一〇回もの総選挙が実施されて党派・派閥争いが激化して政治にならなかった。

この反省から、一七一四年のアン女王の死亡に伴うトーリー政権の崩壊後、一七一五年の総選挙に勝利したホイッグ政権の七年法（Septennial Act 1715）は議会の継続期間を七年に定めた。同法の本文は簡潔で「議会の継続期間は七年とする。ただし王がそれ以前に解散する場合はこの限りではない」（Parliaments shall have Continuance for seven years unless sooner dissolved by the King）というものだった。もちろんそれ以前に解散されることも多かった。

議会法（Parliament Act 1911）は七年法（Septennial Act 1715）の任期規定を改正して五年以内に短縮した（任期規定があるのは七年法の方）。

二〇一〇年の総選挙後の保守党と自由党の連立合意に基づいて成立した定期議会法（Fixed-Term Parliament 2011）は、七年法（議会法による改正後）を廃止し、衆議院による内閣不信任決議の場合や衆議院定数の三分の二の議決による解散の場合を除いて議会の任期を五年に固定した。ただし、これはコモンロー上の王の大権としての議会解散権を廃止するものではなく、むしろ憲法的習律上の首相の解散助言権（⇓207）を剥奪し、解散の助言を衆議院に専属させるものである。

イギリス議会の任期五年は、日本国憲法四五条の衆議院議員の任期四年と対応する。とくにニック・クレッグ副首相の二〇一一年定期議会法は、一九五二年八月二八日の吉田茂内閣の七条解散（国事行為）を違憲と主張して、敢えて解散後の総選挙に出馬せず、自身の代議士としての資格確認と歳費を請求した苫米地義三の立場（内閣不信任決議が通過した場合の六九条解散のみが許される）を具現化したものと捉えられるだろう。つまり日本にも先見性のある政治家はいたといえる。

四．議会の会期（Sessions）

会期は通常一〇月ないし一一月から一年間続く。一会期は、宣旨（Royal Decree）により閉会される。ただし、各議会の最初の会期は総選挙のある五月に始まり、一〇月ないし一一月に終わる。最後の会期は解散で終結し、二〇一一年法のもとでは四月に予定されている。

【コラム】議会の数え方

なお、大日本帝国憲法のもと帝国議会は一八九〇年の第一回から一九四六年の第九〇回までわずか五六年間に九〇回もの帝国議会があり、一九四七年五月三日に施行された日本国憲法のもと国会は二〇一二年一月二四日に開会された通常国会で第一八〇回もの国会の「会期」（開会から閉会まで）を数える。

これに対して、連合王国議会は、「会期」ではなく「任期」（召集から解散まで）で数えるので、大ブリテンおよびアイルランド連合王国が成立した一八〇一年一月の総選挙で選ばれた議会を第一議会と数えると、一九四五年の総選挙で選ばれた議会（労働党アトリー首相）が第三八議会、一九七九年の総選挙で選ばれた議会（保守党サッチャー首相）が第四八議会、一九九七年の総選挙で選ばれた議会（労働党ブレア首相）が第五二議会、二〇一〇年の総選挙で選ばれた議会（保守党キャメロン首相と自由党クレッグ副首相）が第五五議会である。

ちなみにアイルランドとの合邦前の大ブリテン連合王国議会は最初の一七〇七年五月の総選挙から最後の一七九六年の総選挙で選ばれた議会まで一八個の議会があった。

スコットランドとの合邦による大ブリテン連合王国成立前のイングランド王国では、名誉革命における制憲議会を第一議会と数えると一七〇五年の総選挙で選ばれたものがスコットランドとの合邦前の最後のもので、第八議会であった。

それで、イングランドを中心に、名誉革命における制憲議会から数えると、二〇一〇年の総選挙で選ばれた議会まで計八一個の議会があった計算になる。

筆者は、日本で政治的指導力を持つ内閣を組織するためには、少なくとも、国会を「会期」で数えるのをやめ、総選挙から総選挙までを一つの議会と数え、その間に首相が変わらないことを常道とする必要があると考える。理想的にはイギリスの定期議会法（Fixed-term Parliament Act 2011）を参考にすべきであろう。

五．王冠（Crown）

法案は王冠による裁可を得てはじめて法律として成立する（⇓77、89—90、93—94、159）。

六．貴族院（House of Lords）

貴族院は聖職貴族（Lords Spiritual）と世俗貴族（Lords Temporal）の二身分（estates）からなる。残る第三身分（Commons）は衆議院を構成する。

聖職貴族は国教会のカンタベリー大主教とヨーク大主教、ロンドン、ダーラム、ウィンチェスター主教と二一人の高位の教区主教の計二六名である。マンチェスター、チェスター、ニューカースル、リバプール、レスター、ノーウィッチ、エグゼター、リッポン＝リーズ、チッチェスター、バース＝ウェルズ、ブリストル、ウェイクフィールド、ブラックバーン、リッチフィールド、ヘリフォード、グロスター、ギルトフォード、ダービー、バーミンガム、オックスフォード、セイント・エドムンズベリー＝イプスウィッチの教区主教である。教区主教には他にジブラルタルとマン島の教区を含めてソールズベリーなど現在一八の教区主教がいるが、聖職貴族の伝統的定数に変化なく、今日に至っている。

世俗貴族は王冠によって叙爵された貴族で、叙爵は王冠の大権であり、爵位は元来すべて世襲であった。

一八七六年の上訴管轄権法（Appellate Jurisdiction Act）、貴族院の上訴裁判権を維持するための措置として、常任上訴貴族（Lords of Appeal in Ordinary）という世襲されない一代貴族の叙爵（男爵）ができるようになった（六条）。叙爵要件は、二年以上の高位の裁判官の経験または一五年以上のイングランドまたはスコットランドの法廷弁護士（barrister または advocate）の実務経験であった。死亡、引退、弾劾などで常任上訴貴族（貴族院判事～Law Lord）でなくなるまで、貴族院議員として投票もできた。また枢密顧問であれば、枢密院司法委員会の委員の義務も負った。常任上訴貴族は一八七六年法で四人まで増員が予定されていたが、その後、一九一三年、一九二九年、一九四七年の上訴管轄権法（Appellate Jurisdiction Acts）により六名、七名、九名に増員され、一九六八年の裁判法（Administration of Justice Act）により一一名となり、同法のもとで一九九四年の裁判官定数令（Maximum Number of Judges Order）という委任立法で一二名まで引き上げられた。二〇〇五年の憲法改革法（Constitutional Reform Act）により、二〇〇九年一〇月一日から連合王国最高裁判所が発足すると同時に廃止され、連合王国最高裁の裁判官（justices of the Supreme Court）として任命された判事には、貴族院議員としての資格はなくなった。最初は卿（Lord）という敬称もなくなるはずであったが、その後、貴族院議員資格のないまま、敬称だけが勅許（royal warrant）されるようになった。

一九五八年の一代爵位法（Life Peerages Act）により、一般に世襲されない一代貴族（男爵）の叙爵ができるようになった。

一九六三年の爵位法（Peerage Act）により世襲貴族は一代に限り爵位を返上（disclaim）することができるようになった。これは労働党のTony Benが衆議院議員として立候補するために立法を促したもので、翌年、マクミラン首相の辞任を受けて、ヒューム伯爵が、この立法の条項に従って爵位を返上し衆議院議員選挙で当選することを条件に、首相に任命された（⇒84）。

一九九九年の貴族院法（House of Lords Act）は、世襲貴族の議席を九二議席に削減してうち七五議席を元の政党別議員数に比例して選挙した。その結果は、保守党四二、自由党三、労働党二、無党派二八であった。その後の貴族院の構成（八二四）には二〇一二年三月一日現在でも、労働党（二三八）、保守党（二一七）、無党派（一八六）、自由党（九〇）、聖職者（二五）、その他（三〇）、（ただし出席猶予中二一、出席停止処分三、高位裁判官として権限停止一三、欧州議会議員として権限停止一の計三八名を除いた七八六名中）で1、労働党が第一党に急浮上したままである。

一九九九年貴族院法による改革の結果、貴族院の制度的保守主義は改められ、政治的には保革伯仲に近づき、二割以上は超党派貴族（cross-benchers）が占め、実態として、新しい世襲爵位の叙爵は王族に限られ、理論的には本人の社会的実績に基づく世襲しない一代貴族が大半を占めるに至った。

（1）貴族院は無用の長物か、自由とイギリス憲法の番人か？

一九一一年議会法（⇒201―203）が前文において貴族院をいずれ民選議院としての第二院に改組すべきことを宣言してから百年を経て、今では早くそうなるのが当然という理解もかなり広く浸透している。ただ、それは、貴族院が過去の遺物に過ぎないという意味にはならない。

まず、イギリスの貴族院には一九一一年議会法により拒否権はなくなったが、同法の一九四九年改正後も法案の成立を一年間遅らせる権限がある（⇒203）。これは、例えば、参議院の賛成を得られなくても衆議院出席議員の三分の二以上の賛成による再可決で法律が成立する日本国憲法第五九条二項の制度と違い、衆議院の実勢とかかわりなく運用上かなり強力な権限であることが多い。

例えば、二〇〇五年七月七日のロンドン地下鉄バス同時多発テロ事件後、当時のブレア内閣は、三期目で獲得議席の割合も前回の六三％から五一％に減っていたが、未決勾留（逮捕後、起訴決定までに便宜的に許される被疑者の身柄拘束＝自由の剥奪）の時間の上限のテロ事件特例法（Terrorism Act 2000, Schedule 8）による例外規定を一四日間から九〇日間に延長する法案を準備し、同年一一月九日にこれが衆議院において大差で否決された後、即日、二八日間に延長する代案に衆議院の同意を得たが、貴族院に否決されたため、結局、一四日間以上二八日以内の勾留許可権は殺人罪被疑事件を裁く資格のある上席裁判官にのみ限定授権することにし、この規定は貴衆両院の賛成議決を得た内務大臣の命令で延長しない限り一年間で失効するという条件をつけて（⇒47頁の時限立法制度）、ようやく貴族院の同意を得て、二〇〇六年三月三〇日に成立した（Terrorism Act 2006, ss.23-25）。ブレア内閣は、二年後、さらに、二八日間以上四二日以内の未決拘留の許可権を殺人罪被疑事件資格のある裁判官に授権する「予備権限」（reserve power）を内務大臣に与え、その予備権限の発動期間を六〇日間に限るという法案を提出して、二〇〇八年六月一一日に衆議院で可決されたが、同年一〇月一三日に貴族院の三時間二〇分にわたる白熱した議論の末に大差で否決され、廃案に追い込まれた（幡新大実『テロ法による未決勾留の例外規定と運用について』季刊刑事弁護五七巻二〇〇九年一六四～一七一頁）。この時、ジャッキー・スミス内相は四二日間の未決勾留を可能にする緊急権（emergency powers）を定める別法案を用意すると負け惜しみを言ったが、市民的不測事態法（Civil Contingencies Act 2004）の三〇日間の緊急権には、天災、事故、戦争、テロなどの不測事態において「移動を禁止する」緊急規則を勅令などで制定する権限が含まれているものの、そこでは口蹄疫の家畜の移動禁止や放射能汚染地域への立入禁止などが想定されているだけで、特に未決勾留について具体的な改正はその後もなされず、貴族院の勝利に疑いはない。

右の二〇〇八年一〇月一三日の貴族院の討議においては、未決勾留期間の例外的上限の延長は、「第一級の憲法的重要性を持つ」、「憲法上、憂慮すべき」、「単に違憲なだけではなく、恥知らず」、「憲法的安全弁」の問題などと、幾度となく「憲法」（constitution）という言葉が用いられた（Hansard, Lords, 13 October 2008, Lord Dear at c.491; Baroness Neville-Jones at c.496; Lord Thomas of Gresford at c.500; Baroness Mallalieu at c.500）。右立法が、日本の刑事訴訟法第二〇八条の二の内乱罪や騒乱罪等の被疑者の勾留期間再延長規定（一九五三年）に比べ、手続も厳格な時限立法となったのは、イギリス貴族院が日本の国会以上に憲法の番人としての機能を果たしている実例といえよう。

また二〇〇三年刑事裁判法（Criminal Justice Act 2003）は複雑詐欺事件（四三条）と陪審員への干渉があった場合（四四条）に限り初めて陪審抜きの裁判官単独裁判を可能にしたが、とくに複雑詐欺事件については貴衆両院の賛成議決が施行要件とされたため（三三〇条五項b号）、陪審員への外的干渉による無陪審裁判は二〇〇六年七月二四日に施行され（SI2006/1835）、ヒースロー空港貨物倉庫武装強盗事件で二〇一〇年一月一二日から三月三一日にかけて初めて実施されたのに（Blake & Others (2010) EW Misc 6 (CrimC); Twomey & Others (2011) EWCA Crim 8）、複雑詐欺事件については貴族院の反対で二〇一〇年五月の政権交代後も未だに施行されていない。

同様の委任立法に関する貴衆両院の賛成議決要件は、警察および刑事証拠法（Police and Criminal Evidence Act 1984）所定の取調の可視化を含む捜査権の行使に関する実務規範（Codes of Practice）を制定する内務大臣の権限にも付いていて（六七条七項）、二〇〇三年刑事裁判法には右の他にも警察のよる条件付注意処分（起訴はされないが前科になるので事実上の刑事処分）に関する内務大臣の実務規範制定権、被告人が一定の類型の罪を犯す性癖や不正直である性癖を示す証拠となりうる前科の種類を決める内務大臣の規則制定権などに要件化されており（三三〇条五項）、憲法的な自由の保障につき、衆愚に流れない貴族院による憲法的自由保障の有力な武器になっている。

貴族院には党派的利害から自由な有識者の知見をもって憲法を保障することが期待されている。憲法改革法（Constitutional Reform Act 2005）のもとで連合王国最高裁判所が貴族院から独立するまでは、その裁判官資格を持つ貴族の存在が貴族院全体の憲法の番人としての権威を担保する側面もあった。従って、連合王国最高裁判所の独立は、貴族院が議会の枠組みの中で上告裁判権を保持したまま憲法院としての機能を洗練していくという選択肢を破壊したという否定的な意義が大きく、理論先行のお粗末な改革であった。「改憲」の大風呂敷には要注意である。

【コラム】貴族の果たしてきた役割

イギリスらしさとは貴族精神である。イギリスで貴族院が現在まで残ってきた理由は、やはり選挙法改正（⇓199―200）や議会法改正（⇓201―203）で辛うじて暴力革命を回避したこと、世界大戦において貴族が生命をかえりみず最前線で戦ったこと、高い公的精神を官僚や外交官の公務において発揮し、党派的利害に囚われないＢＢＣの独立不羈の事実に即した報道を支え、多種多様の慈善（チャリティー）活動の形で社会貢献をしてきた実績にあるというべきであろう。もちろん官僚の供給源であったオックスフォードとケンブリッジ両大学の教授や学生の社会階層も今では多様化し、官僚の採用昇進制度も方針も官僚の社会教育的背景も大きく多様化し、イギリス社会における世襲貴族の比重は急速に薄まっており、今後どうなるかは分からない。ただし、日本の霞ヶ関などには見られないイギリスらしい懐の深い大きな度量と先見の明は、伝統的には近視眼的な党派的利害や金銭的利害から超越した世襲貴族の視点のなせる業であったということは指摘できるだろう。その古きよき伝統は、日本で明治維新後に急ごしらえされた華族、一種の近代的科挙官僚制、国会議員の世襲などの「形」だけでは、決してまねのできる性質のものではない。明治以降の日本を支配しているのは貴族精神の反対の足軽根性であり、アリストテレスの言う奴隷精神が「形」だけのエリートに宿る実例である。そして日本で電力会社の社員が労働組合の活動の名目で会社の金で議員になり、上意下達の原子力政策をカルト的洗脳宗教の信者のように盲目的、奴隷的に喧伝している醜態は、形だけの民主主義が金で政治を私物化する弊害を実証しており、イギリス貴族が自由を保障してきた姿と好対照をなす。

(2) 貴族院改革法案

二〇一〇年五月の総選挙で成立した保守党と自由党の連立内閣において自由党が中心となって推進している貴族院改革は、二〇一二年度法案五二号（2012-13 Bill 52）においては、現状の衆議院の優越を維持し、議会両院において議員要件として爵位の有無を不問にし、貴族院の名前は維持したまま構成を三段階で最終的に三六〇名の民選議員、九〇名の有識者議員（超党派の勅選委員会を設ける）、一二名までの英国教会の選ぶ主教議員および最大八名までの（衆議院に籍を置かない）大臣議員に限るもので、民選議員は、その定数の三分の一（一二〇名）ずつ、定期議会法（Fixed-term Parliament Act 2011）のもとで原則五年おきに行われる総選挙と同日に行われる貴族院議員選挙で選ばれ、任期は三選挙期（一選挙期は貴族院議員選挙から次の選挙まで）なので、衆議院の解散がなければ一五年となる（但し、総選挙から二年以内に解散総選挙があったときは貴族院議員選挙はない）。選挙制度は、イングランドの九道(regions)とウェールズ、スコットランド、北アイルランドの三州の計一一の大選挙区における単記移譲式投票による比例代表制で、投票用紙には政党名または政党の候補者名簿上の個人名または無所属候補者の個人名を一つだけ選ぶことができる。党または無所属候補が獲得票数順に当選し、各党では名簿の順位よりも各党の獲得票のうち五％以上を獲得した候補者個人について獲得票数順に優先的に当選が決まる制度で、党派性を薄めることが期待されている。外見上、日本の党派化された参議院よりは意味のある制度に見えるが、地域代表制を加味した選挙区の区割りの妥当性、有識者議員勅選委員会の適用すべき選別基準、同委員会の構成や委員の選任制度、英国教会主教議員のヨーロッパ人権条約上の妥当性など課題は多く、改革法案の成否は予断を許さない。

七．衆議院（House of Commons）

一六八九年の権利章典（Bill of Rights）第八条が一二七五年の古法を確認したとおり議会選挙は自由でなければならない（⇒123）。ただし立候補するにはいくつかの欠格事由（Disqualification）がある。

一八〇一年の衆議院聖職者欠格法（House of Commons（Disqualification of Clergy）Act）をはじめとして聖職者は衆議院議員になれないとする規定があったが、二〇〇一年の衆議院聖職者欠格廃止法（House of Commons（Removal of Clergy Disqualification）Act）で廃止され、聖職貴族である英国教会の最上位の二六人の主教を除いて、どのような宗教団体の聖職者（minister）でも衆議院議員になる資格がある。

一九七五年の衆議院欠格法（House of Commons Disqualification Act）によれば、常勤の裁判官（附録一）、官僚、軍人、警察官、コモンウェルス以外の国の議員（ただしアイルランド共和国は構わない）など（一条）の他、規制または監督または審判庁を含むいわゆる独立非官庁公共団体（independent non-departmental public body ⇒228）、様々な監査機関、ＢＢＣの執行部員など、一九七五年法の附録一（二編と三編）にリストアップされている人には被選挙権がない。

また、アイルランド共和国の市民以外の外国人、一八歳未満（Electoral Administration Act 2006）、精神病患者、破産者、選挙法違反者、反逆者（traitors）、一年以上の投獄刑に処せられ、あるいは逃亡している者も被選挙権がない。

八．議会の機能

議会の機能には伝統的には立法機能、行政府に説明責任（accountability）を果たさせる監督調査機能の他、二〇〇九年一〇月一日の連合王国最高裁判所の発足で失われた貴族院の上告裁判権があった。

（1）立法機能

議会主権の章（⇓66）に譲るが、議会の立法機能は連合王国で最高である。

（2）行政府に説明責任を果たさせる監督機能

（ア）議会は政府（内閣より広い概念⇓210）**の母体である**（議院内閣制）。議会の信任のある限り政府は存在する。

（イ）議会は政府に資金を供給（supply）**し支出を承認する。**

供給資金（supply）には二つの主要な供給源（sources）があり、一つは課税、もう一つは起債（＝借入 borrowing）である。

起債には議会の点検機能はやや緩い。

衆議院は公金の収入と支出を支配する。一九一一年の議会法（Parliament Act）のもとで財政法案（money bills⇓165）は衆議院に提出しなければならない。政府は衆議院がその支出を承認する限りにおいて存続し、否決は不信任を意味する。衆議院で財政を扱う委員会は複数ある。委員会等の根拠となる衆議院議事規則（Standing Order of the House of Commons）の号数は SO No. で示す。

● 会計検査委員会（Commitree on Public Accounts, SO No. 148）～毎会計年度の政府会計を検査する。

● 主計監査長（Comptroller and Auditor General）～一八六六年に設立された衆議院の役職で、首相の提案に基づく衆議院の決議により王冠が任命し、国家監査局（National Audit Office）の長をつとめる。その地位は高位の裁判官と同様に保障され、罷免するためには貴衆両院の決議が必要である（Exchequer and Audit Departments Act 1866）。給与は議会立法（Exchequer and Audit Departments Act 1957）に基づく。その職務は一八三四年以来、各官庁に公金を振り分けていた大蔵省出納主計（Comptroller-General of the Receipt and Issue of the Exchequer）の職務と、政府会計報告書を大蔵省に提出していた監査委員（Commissioners of Audit）の職務を一八六六年に合体させたものである。

● 各官庁専責委員会（Departmental Select Committees, SO No. 152）～一九七九年に導入された官庁ごとの「目付」（watchdog）委員会。アメリカ連邦議会式の委員会で日本の国会の常任委員会の多くがこれに相当する。イギリスの場合、議事規則（Standing Order）に規定がある。「専責委員会」は香港特別行政区の立法会（Legislative Council）のSelect Committeeの漢訳を借用した[2]。後述する（⇒153）。

● 財務委員会（Treasury Committee）～上記官庁専責委員会の一つで、財務省（HM Treasury）、国税関税庁（HM Revenue and Customs）やイングランド銀行や金融庁（Financial Services Authority）の見張番である。

（ウ）大臣責任（ministerial responsibility ⇒220）**を通した政府の監督**（supervision）

大臣（ministers of Cram）の集団責任は、衆議院における内閣不信任決議をもって内閣が総辞職するという習律によって成り立つ。この習律は、二〇一一年の定期議会法（Fixed-term Parliament Act）で議会立法上の根拠を持つに至った。議会は質疑応答と討議を通じて政府を監督する。

(3) 苦情処理（grievances）

王冠の臣民の苦情を聞き、これを処理するようつとめるのは議員個人の義務であり、議会全体の権利である。手続的には、これは議会における書面または口頭における質問、討議の延期や緊急討議によって行うべきものであるが、往々にして、個別の苦情を討議するよりは、政治的議題の討議に使われることが多い。

（4）国政調査（⇒日本国憲法第62条）

議会は「国民の大審問」（Grand Inquest of the Nation）を行い（Co Inst. IV 権威書⇒86）、調査目的を告げずに証人を喚問できる。理論的には現在も議会侮辱（Contempt of Parliament）の懲罰（⇒171）を通して強制調査ができるが（Gossett v Howard（1845）10 QB 359）、実際には裁判権・懲罰権の独占を主張する裁判所との対立を避けて、第三者機関の調査報告（⇒259、269）を討議することが多い。

九．議会の内規と慣習（Law and Customs of Parliament）

（1）法源

（ア）議会立法

最高位の法源は議会立法である。たとえば一九一一年と一九四九年の議会法（Parliament Acts 1911-49）は貴族院が衆議院の法案を否決した場合にとるべき手続などを定めているが、これはあくまでも例外的な特別手続である。一般手続は貴族院と衆議院の助言と同意により王冠が裁可して議会立法を制定するという慣習である。

（イ）習律（conventions）

首相は衆議院に議席を持つ、など多数。

（ウ）議事規則

議事進行を迅速にするために討議の機会を減らすことを目的として、常置の議事規則（Standing Orders, SO）、会期ごとの会期規則（Sessional Orders）、そして臨時決議（ad hoc Resolutions）などがある。

（エ）議長裁定（Speaker's rulings）

議長はたとえば議事規則を新しいあるいは疑わしい事例に適用することに関する質問などに回答し、これは先例となる。

（オ）慣行（practice）

議会特権や議会の時間配分などの重要事項の多くは、不文の慣行である。

（2）議会文書（Parliamentary Papers）

● 議会各院の決議や裁定などは貴族院および衆議院日誌（Journals of the House）に記録される。日誌は正式な貴族院と衆議院の活動記録で、毎年出版される。近年、衆議院ではビジネス・ペーパー（Business Papers「議事録」）と呼ぶようになっている。

● Hansard（ハンザード）～公式な議事録につけられた名前で、貴族院と衆議院にわけてシリーズが組まれている。各院の議事の速記録（transcript）が含まれている。

議会のウェブサイト http://www.parliament.uk/business/publications/

【註】「王命文書」（Command Papers）は王冠の命令で刊行され、しばしば議会への提出も命じられるが、厳密には議会文書（Parliamentary Papers）ではない。詳しくは議会文書法（Parliamentary Papers Act 1840）の項を参照（⇓170）。

（3）衆議院の議長（Speaker）

議長は、手続について裁決を下し、即決で議員の資格を保留したり停止したりする権限を持つ。議長は王冠と議院の間を取り持つ。議長は通常の議員で院の全会一致の決議で選任されるのが普通である。議長は不偏不党で、討議において自身の選挙区を代弁することはできず、党旗（party banner）のもとで選挙戦を戦うこともできない。院内の全会派の権利を守り、院内の規律を維持する義務がある。

副議長（Deputy Speaker）は歳入委員長（Chairman of Ways and Means）と呼ばれ（⇓153、166）、その下に副議長代二名（Deputy

Chairmen of Ways and Means）がいる。副議長は全院委員会（Committee of the Whole House）の委員長をつとめる。

（4）衆議院の委員会（Committees of the House of Commons）

委員会には全院委員会（Committee of the Whole House）、各種の専責委員会（Select Committees）、個別の法案委員会（General Committees, SO No. 84）＝旧 Standing Committees（⇓154）などがある。

全院委員会（Committee of the Whole House）は各院の全議員から成る委員会で、委員長は、議長ではなく副議長格の歳入委員長（Chairman of Ways and Means）がつとめる。

専責委員会（Select Committees）は本書では香港特別行政区立法会の漢訳を用いるが、日本の国会の常任委員会に相当すると同時に特別委員会にも当たる。英語は議員を委員に選任したくらいの意味（⇓150、152、157—158、233、267）。便宜的に大別すると次の五種類に分けられそうである。

①「官庁別」専責委員会（Select Committees relating to Government Departments, SO No. 152）は各官庁の「目付」（watchdog）をつとめ、その公務につき説明責任を果たさせる。議事規則（SO No. 152）には一九の官庁とそれぞれの担当の専責委員会が列挙されている。官庁別の専責委員会のいくつかが集まって官庁間の縄張りを超える（cross-cutting）特定の議題、たとえば武器輸出規制（Arms Exports Controls）をビジネス（日本の経産省）、防衛、外務、国際開発四省の専責委員会のグループが担当している。

②「非官庁別」専責委員会は、正式名称ではないが、政府会計を検査する会計検査委員会（Committee of Public Accounts, SO No. 148）、官庁の縄張りにこだわらず政府の環境政策や計画の番をする環境監査委員会（Environment Audit Committee, SO No. 152A）、官僚の番をする公共行政専責委員会（Select Committee on Public Administration, SO No. 146）、諜報公安部員の番をする諜報公安部員委員会（Members of the Intelligence and Security Committee, SO No. 152E）、全ての専責委員会の委員長が構成し、専責委員会一般の運営を協議し、毎年首相から政策について証言を聴取する連絡委員

会（Liaison Committee, SO No. 145）、欧州連合の法や政策を吟味する欧州吟味委員会（European Scrutiny Committee, SO No. 143）などの他、特定の議会立法の施行の番をしている専責委員会もある。

③　貴衆両院の合同委員会（Joint Select Committees）には整理法案合同委員会（Joint Committee on Consolidation & Bills, SO No. 140）、委任立法合同委員会（Joint Committee on Statutory Instrument, SO No. 151）、人権合同委員会（Joint Committee on Human Rights, SO No. 152B）、税法改正合同委員会（Joint Committee on Tax Law Rewrite, SO No. 152C）、国家安全保障戦略合同委員会（Joint Committee on National Security Strategy, SO No. 152I）などがある。

④　衆議院内の事務に関する専責委員会として、議事手続委員会（Procedure Committee, SO No. 147）、次項に述べる個別の立法案ごとの法案委員会（General Committees）の委員の選抜を行う選抜委員会（Committee of Selection）などがある。選抜委員会の委員は党議拘束（Party Whip ⇒212）から自由である。

⑤　議院からの独立性の高い専責委員会として、院内会計委員会（Finance and Services Committee, SO No. 144）、院内サービス検証委員会（Administration Committee, SO No. 139）、綱紀特権委員会（Standards and Privileges Committee, SO No. 149）、綱紀オンブズマン（独任制）（Parliamentary Commissioner for Standards, SO No. 150 ⇒178）、議員報酬等委員会（Members Estimate Committee, SO No. 152D）、議員経費委員会（Committee on Members' Allowances, SO No. 152G）などがある。

法案委員会（General Committees, SO No. 84）は、二〇〇五年度まで Standing Committees と呼ばれていた委員会で、英和辞典の多くは「常任委員会」と訳しており、Shorter Oxford English Dictionary の説明に合致するものの、日本の国会の常任委員会とは全く異なり、個別の立法案ごとに、その内容を、修正案も含めて、最も詳細に審議するために設置される委員会で、「只今審議中」（standing）の立法案名で呼ばれることもあるが[3]、通常は委員会室のアルファベット番号で呼ばれ、同じ会期のA委員会（Committee A）でも担当立法案の審議が済み次第、委員は次の別の立法案の委員に入れ替わる。議員立法案はC委員会に配分されることが多い。香港特別行政区立法会では英語で Bill Committees と呼ばれ漢訳は「法案委員会」なので、本書は漢訳に従う。

法案委員会（General Committees）には、一般法案について、今や、後述する第二読会→委員会審議→報告会という各審議段階に従って、第二読会委員会（second reading committees）、法律案委員会（Public Bill Committees, SO No. 84A）、報告会委員会（committees to consider bills on report）という区別があり、また別に委任立法委員会（Delegated Legislation Committees）と欧州連合法委員会（European Committees）という個別審議に付されるべき案の立法種類による区別もある。そして利用頻度は極めて低いもののスコットランドとウェールズと北アイルランドのそれぞれにかかわる地方法案を審議する各「州」大委員会（Grand Committee）とイングランドの諸「道」（regions）にかかわる地方法案を審議する道委員会（regional affairs committees）という地方法案の地理的区別もある[4]。中でも法律案委員会（Public Bill Committees）は個別の一般法律案の「委員会審議」（⇓157）を担当する最も基礎的な法案委員会で、法律案ごとに選抜委員会（Committee of Selection）が院内の党派勢力に比例して一六〜五〇名の委員を選抜する（SO No. 86〔1〕）。

（5）貴族院の委員会（Committees of the House of Lords）

貴族院には衆議院のような法案委員会（General Committees）は存在せず、全議員からなる全院委員会（Committee of the Whole House）が開かれることが多い。同じく全議員からなるが、全員一致でないと議決できない大委員会（Grand Committee）を組織することもできる。貴族院の専責委員会（Select Committees）は一般に官庁別というよりは議題別の傾向性が強い。貴族院の欧州連合専責委員会(EU Select Committee)は、欧州連合立法の分野別に沢山の小委員会を持つ。

（6）議会の開会

議会の会期のはじめに王が貴族院において政府の立法計画と政策を発表する（Queen's Speech）。一種の施政方針演説といえる。それから五日間にわたり、この王の開会演説の政府立法計画と予算案が「本議事」（Orders of the Day ⇓162）を構成し、政府の政策をめぐり幅広い討議が行われる。

（7）立法手続き（legislative process）

一般法案（public bills）

公共一般にかかわる事項についての法律案で次の二種類がある。

- 政府法案（government bills）～政府の立法計画の一部として大臣が提出する。
- 議員法案（private members bills）～政府の支持を受けずに政府役職を持たない平の議員（backbenchers）が提出する。

通常は、時間切れで通過しない。

【註】議員立法案（private members bills）は非一般法律案（private bills）とは異質である。議員立法は、政府と無関係に議員が提出する法律案で、発案議員が政府の支持を得られなければ、法律として成立する可能性は著しく低い。議事の時間は短く、政府法案に優先的に時間が割かれる。

①起草（drafting）

一般法案のほとんどは政府の立法計画で大臣（minister）が提出する。特定の官庁が政策を立案し、法案の骨子をまとめる。その後で議会法律顧問（Parliamentary Counsel）に回されて法案が起草される。裁量で、外部団体が諮問されることも多い。重要法案はまずグリーン・ペーパー（緑書）と呼ばれる緑色の諮問文書にまとめられ、各方面の意見を聴取した後で、政府見解が固まるとホワイト・ペーパー（白書）にまとめられる。法案の最終原稿は内閣の立法委員会（Legislation Committee）の承諾を得て、議会に提出される。

なお、財政に関する法案は衆議院に提出されなければならないが、普通の一般法案は貴衆両院のどちらに先に提出しても構わない。あまり論争的でない法案は、貴族院に先に提出されることが多い。

②衆議院における手続

第一読会（First Reading）

議長が担当政府役員を呼び、事務員（clerk）が法案の題目のみを読み上げ、第二読会の日取りが儀礼的に決められ、第二読会のために法案が印刷され出版される。

⬅

人権適合声明（Statement of Compatibility）

法案を提出する政府役員は、人権法（Human Rights Act 1998）一九条の規定に従い、法案内容の人権条約上の権利との適合性について書面で声明を公開しなければならない（⇓160）。

⬅

第二読会（Second Reading）

この段階で、法案の骨子に関する主要な討議がなされる。但し法律委員会（Law Commission）の提案を立法する趣旨の法案は、いきなり第二読会から始まる。第二読会委員会を組織することもできる。

⬅

委員会審議（Committee Stage）

法案はその法案の審議のために設置される法律案委員会（Public Bill Committee）、または、決議で、全院委員会（Committee of the Whole House）あるいは稀に専責委員会（Select Committees）の審議に付されることがある。委員会で法案の諸規定が吟味され、修正案が検討される。

全院委員会（Committee of the Whole House）の審議に付されるのは

- 政府支出を許可するもの
- 憲法的重要性を持つもの、あるいは逆に、
- とくに問題がなく重要性も低いので報告会を開く必要がないものである。

専責委員会（Select Committees）も稀に特定の法案の関係する分野や争点によって、その委員会審議を担当することもある。両院合同専責委員会（Joint Select Committees）の場合もある。
反対または抵抗勢力はこの委員会審議の段階で延々と議論して時間を費やす戦術に出る。委員長（Chairman）はどの修正案を議論すべきかを特定することができ、小委員会（subcommittees）に討議の時間を配分することができる。議会付起草者（Parliamentary Draftsmen）が出席することもできるし、官僚を呼んで証言させることもできる（⇒233）。

⬇

報告会（Report Stage）
委員会審議で修正が加えられた場合、あるいは一般法案委員会または専責委員会で審議が行われた場合は、衆議院への報告会が必要である。報告会で衆議院は修正案について投票を行う。報告会での討議は修正案や追加条項についてのもので、委員会審議の延長となる。議長は討議されるべき修正案を選択できる。報告会委員会も組織できる。

⬇

第三読会（Third Reading）
第三読会は、こうして修正を経た法案を審議する。通常この段階での討議は短く、投票を行う最後の機会であるが、よく投票なしで通過することもある。
委員会審議までに修正がなければ第三読会はない。

⬇

③貴族院における手続
財政法案を除き、衆議院の前に貴族院審議をすることもある。
貴族院における審議は、衆議院における第三読会が終わるまで始まらない。

貴族院における審議の手順は、衆議院におけるものと同じであるが、貴族院に一般法案委員会は存在せず、通常、全院委員会で委員会審議を行う。
貴族院において第三読会を終えた法案は、修正案を含んでいる場合は、衆議院に差し戻され、そこで承諾、拒否、あるいは修正される。
理論的には、法案は、議会が閉会するまで、両院の合意が得られるまで両院の間を何度も往復できる。実際には、衆議院が貴族院の修正案に反対であれば、単に元に戻して貴族院に回し、貴族院がそれに賛成して終結することが多い。

←

議会法（Parliament Acts 1911-1949）の特別手続
貴族院は歳入歳出のみに関する財政法案（Money Bills）は修正できない。衆議院における第三読会後、貴族院が一ヵ月以内に可決しなければ、そのまま裁可を得て法律として成立する。
その他の一般法案（ただし議会任期延長法案を除く）は、
●法案が衆議院において二会期連続で可決され
●第一会期の第二読会から第二会期の第三読会まで少なくとも一二ヵ月あれば、
貴族院の可決なく、裁可を得て法律として成立する。
ただし議会任期を延長する法案には、以上の特別手続は適用できない。

←

④裁可
王冠による裁可は、各院が別々に集まっているところへ、各院の議長の手で通知される。ただし、会期末においては、貴族院本会議場に衆議院議員も参列して、貴族院の委員が裁可を宣言する古い手続きが取られる（Royal Assent Act 1967）。

裁可を経て法律案は正式に法律として成立する。

【歴史】

エリザベス一世の時代は、衆議院と貴族院が法案ごとにそれぞれ三回ずつ可決してはじめて、女王の裁可を得ることができた。各院で開かれる三回の読会は、もともと、三回の可決に相当する手続であったのかもしれない。

●**議会法手続**（Parliament Acts 1911-1949）
議会法の手続は例外的なもので、滅多に利用されない。実例は、①一九四九年議会法(Parliament Act 1949)(Parliament Act 1911では衆議院は同じ法案を三会期連続で可決しなければならなかったが、労働党政権は二期目の総選挙を狙って、これを一会期に減縮した)、②戦争犯罪法（War Crimes Act 1991）（戦争犯罪に時効のないことを定めたが貴族院でニュールンベルク裁判のイギリスによる訴追を担当したショークロス卿が反対）、③欧州議会選挙法（European Parliamentary Elections Act 1999）、④性犯罪改正法（Sexual Offences (Amendment) Act 2000）（男性に対する性行為の同意可能年齢を女性に対する場合と同列にした）、⑤狩猟法（Hunting Act 2004～貴族が騎馬で猟犬を指揮して狐を狩ることを違法化し、Jackson v Attorney-General [2005] UKHL 56で一九四九年の一九一一年議会法改正の手続的合法性も問われたが、退けられた）。

●**人権法手続**（Human Rights Act 1998）
人権法（Human Rights Act 1998）一九条により、法案を提出する貴衆両院の政府役員は、それぞれの院の第二読会の前に、法案の内容が欧州人権条約上の権利に適合すると声明する、または適合声明はできないけれども政府としては各院が審議をすることを望むと声明する文書を公開しなければならない。

●**会期末の繰り越し**（Carrying Over）
一般法案（public bills）は会期末までに成立しなかったら、そこで廃案となるか、無視される。ただし一九九七年度の衆議院近代化専責委員会（Select Committee of Modernisation of the House of Commons）は第三報告書で、会期末で時間切れになっても、次の会期で継続審議することが望ましい場合があるとして[5]、以上の立法手続をより柔軟に捉えて繰り越しを認め（SO No. 80A）、一会期あたり二、三法案は次の会期に繰り越されるようになった。

非一般法案（private bills）は、各院の決議で次の会期に回すことができる。

（8）衆議院の会期中の日程

二〇一〇年一二月二一日の議事規則（Standing Orders, SO）に従う[6]。

衆議院は月曜日と火曜日は午後二時半、水曜日は午前一一時半、木曜日は午前一〇時半から仕事を始める（SO No. 9）。月曜日と火曜日は午後一〇時、水曜日は午後七時、木曜日は午後六時には議事が中断（interrupt）される（SO No. 9）。金曜日は原則として休みである（SO No. 12）。このため議員は週末、選挙区で過ごすことができる。

木曜日の午後に衆議院対策委員長（Leader of the House of Commons ⇒210）が次週または次々週の議事の予定について発表する。

（ア）祈祷

（イ）反対のない非一般法案などの議事〜始まってから一五分以内（SO No. 20）

（ウ）口頭の質疑時間（Question Time）

● 仕事開始から一時間の経つまで（SO No. 21）。

● 大臣への質疑は月曜日から木曜日までにできるが、その一〇日前から二日前までに書面で日程局（Table Office）に通知しなければならない。質疑は当日の前夜には日程表（Order of Business）において発表される。口頭での応答を求める質疑には議事日程において星印が付けられる。

● 質疑は議員一人あたり五つまで（SO No. 22〔4〕〔b〕）

● 大臣は担当官庁の公務についての質疑に応答する。首相の応答は一週間に一度、水曜日の一二時から一二時半までで、どの大臣が質問を受けるかは、ローテーションが組まれる。

● 質疑はあくまでも質問で、議論であってはならず、公職から離れた個人の攻撃や王族に対する言及、裁判中の事件についての質問はできない。

● 質疑の順番は乱数表で決められる。質問の順番の決まった議員は補足質問を一つ付け加えることができる。議長はそれから他の議院に補足質問一つを許すことができる。

● 議長は、裁量で、緊急性があり、一定の要件を満たす場合は、通常の通知のなかった質疑を許可することができる。

● 質疑が口頭での応答を求めず、または順番が回らなかった場合、書面での応答を得る。すべての質疑と応答はハンザード（Hansard）に掲載される。

（エ）大臣の声明（Ministerial Statements）

（オ）緊急議題の提案（Application for Emergency Debate）～議事規則第二四号（SO No. 24）は、緊急に考慮すべき特定の重要事項についての緊急討議を許している。議長の許可を得て四〇人の支持を得るか、または一〇人以上四〇人以下の支持を得て投票で緊急動議を可決すれば、議長の決定する日時に一定時間、討議ができる。通常、動議翌日の午後三時半または当日の午後七時に討議できる。珍しい。

（カ）予備的議事（Preliminary Business）～第一読会など

（キ）議会特権（Parliamentary Privilege）めずらしい（⇓166）

（ク）本議事（Main Business, Order of the Day）～政府の立法案は議員立法案に優先する（SO No.14〔1〕）。議事日程（Order of Business）の順番に従って進行する。

① 但し会期あたり二〇日間は、野党が本議事を選択できる。うち一七日間は「影の首相」（Leader of the Opposition＝'Shadow Prime Minister'）が、残りの三日間は野党第二党の指導者が決める（SO No. 14〔2〕）。

② 会期あたり一三日間は、金曜日に衆議院を開き、議員立法案を優先的に審議する（SO No.14〔4〕）。午前九時半から始まり本議事は午後二時半に「中断」される。毎回はじめに投票でどの議員が法案を提出するかを決める。

③ 議員立法案提出の「一〇分間ルール」（Ten Minute Rule）（SO No. 23〔2〕）。これは、火曜日または水曜日の午後〇時半頃、土日祝日を除いてその一五日前から五日前の火曜日または水曜日の午前中に衆議院の一般法案局（Public Bill Office）の扉を最初に通った（first through the door）議員には、衆議院がその立法案を審議すべき理由を一〇分間に限り説明する権利がある。これは、マスコミの注目を集めて世論を喚起するためによく用いられ、一般法案局の扉の前に寝袋を持って泊まる議員もいる。これで成立する法律も、第二次世界大戦後、平均して一～二年に一回くらいはある勘定となる。

④ 二〇一〇年六月一五日の議事規則改定で、会期あたり三七日間は、衆議院またはウェストミンスター・ホールにおいて、うち二七日間は衆議院において、新設の平議員議事委員会（Backbench Business Committee, SO No. 152J）の決めた議事が優先権を持つ（SO No. 14〔3A〕）。これで議員立法はやり易くなったと思われる。なお、ウェストミンスター・ホールでの議事は、火曜日午前九時半から午後二時まで、水曜日午前九時半から一一時までと午後二時半から五時まで、木曜日午後二時半から五時半までである。

⑤ 本議事は議事規則の定刻に「中断」（interrupt）されて終わる。討議が続くかどうかは政府が決める。財政法案などは「中断」されない。

(ケ)「中断」の後、政府幹事（Government Whip ⇒212、219）が議事を別の日まで繰り延べる動議を出す（Adjournment）。この動議で残り三〇分間、一週間前に議長の許可を得ていた議員と大臣の自由な討議が許される（Adjournment Debates）[7]。二〇一〇年からウェストミンスター・ホールでもより時間をかけて、自由討議や、一般性の低い議題についての討議もできるようになった。

(9) 討議の打ち切り（Closure of Debate）

討議について議員（通常は政府幹事～Government Whip）が立ち上がって「議題の裁決を乞う」（that the question be now put）と動議を出す（move）と、議長は、討議をやめて投票する。動議が可決され、議題に投票が行われる。ただし、議長は衆議院規則の濫用や少数者の権利の侵害の認められる場合は、動議を拒否できる（SO No. 36）。この方法は、委員会では副議長または副議長代が委員長をつとめる場合（全院委員会、議事委員会〔Business Committee, SO No. 82〕など）のみ、この動議は利用できる（SO No. 36〔3〕）。

(10) ギロチン（Guillotine）＝法案審議の刻限設定（Programming of a Bill）

法案について、例えば一〇〇の修正が提案されたら、討議の打ち切りでは間に合わない。法案の討議時間を制限するには、政府役員による「刻限設定動議」（programme motion）と呼ばれる、法案審議の各段階の刻限を予め定めておく方法がよい（SO No. 83A〔6〕）。その本質は「ギロチン」というあだ名がよくあらわしている。この「ギロチン」は、不在地主のもとでのアイルランド小作人の窮乏を救おうとする「アイルランド国土闘争」（Land War）に対して、一八八一年一月二四日に衆議院に上程された鎮圧法案（Coercion Bill）の審議を、議会のアイルランド自治派（Irish Home Rule）議員が延々四一時間にわたる長演説によって議事進行妨害（filibuster）をなしたのに対してグラッドストーン首相が考案したのが最初と言われる。これで同年、「アイルランドにおける局地的動乱や危険な結社のより効果的な鎮圧のための法律」（Act for the more effectual Suppression of Local Disturbances and Dangerous Associations in Ireland）、「アイルランドの一部における人命と財産の保護に関する法律」（Protection of Life and Property in Certain Parts of Ireland Act）、「人身財産保護法」（Protection of Person and Property Act）など一〇〇以上の鎮圧立法が一気に成立した。

法案審議の刻限設定のある場合、議長または委員長は、報告会段階と第三読会（report stage, cf. SO No. 83B, 83E）、場合によってはその前の委員会段階（committee stage, cf. SO No. 83B, 83C, 83D, 83H）において、あるいは貴族院での修正案の審議において（SO No. 83F）議論されるべき修正案を選ぶことができる。

(11)　財政手続（Financial Procedure）

(ア)　一般

権利章典第四条は、議会の授権（grant）なく王冠のために、あるいは王冠の用に、資金を徴収することを禁止している。これは議会が王冠に厳密に会計報告義務（accountability）を果たさせる担保措置といえる。

王冠（政府）はその政策の遂行のために出費を迫られる。そしてそれをまかなう収入を確保しなければならない。その両方が議会立法により許可されなければならない。

「財政法案」（Money Bills）は、資金調達と支出だけに関する法案である（Parliament Act 1911, s 1〔2〕）。財政法案は大臣の手で衆議院に提出されなければならない。貴族院には閉会一ヵ月前までに回さなければならないが、貴族院が一ヵ月以内に可決しなければ、議会法（Parliament Act 1911）一条一項の規定で、そのまま裁可を得て成立する。

ただし、そうでない法案は、部分的に資金調達と支出にかかわっていたとしても、通常の法案と同様に貴衆両院の合意を得なければならない。そのような法案が政府の手で上程されない場合は、大臣が衆議院でその法案に対する「財政決議」（Financial Resolution）をまず求める。

(イ)　出費資金の調達（Supply）（⇒205―206）

各官庁は毎年秋には次の会計年度（四月一日から始まる）の歳入歳出予定額を決定する。予算割当承認法（Appropriation Act）は一会計年度の王冠（～王室ではなく政府）の歳入歳出を授権する。

もし王冠（政府）が議会の予算承認を受ける前に出費しなければならないときは、会計年度が始まる前に、整理公債基金法（Consolidated Fund Act）により整理公債基金（Consolidated Fund）と呼ばれるイングランド銀行の政府預金口座からの引出の許可を得る。

（ウ）課税と起債（Ways and Means）

公金（予算や整理公債基金）からの資金調達（supply）と同様、人民（納税者）からの資金調達（ways and means）も王冠（政府）による決議案提出を要求する。後者は通常、課税（taxation）を意味するが、市場相手の起債（borrowing）の許可も含まれる。もっとも重要な人民からの資金調達決議（ways and means resolutions）は予算声明（Budget Speech）の直後に採択され、年次課税（所得税、法人税など）や継続課税率の引き上げ（付加価値税など）で対応される。

一〇．議会特権（Parliamentary Privilege）

議会特権とは、議会の外部または内部からの干渉に対抗する力と捉えられる。議会は理論的には裁判所の介入なく自らの特権を強制できるが、実際上は裁判所との対立を回避している。

（1）定義

権威書（⇒76、86）アースキン・メイ『議会の法、特権、議事と慣行に関する論文』（Erskine May's Treatise on the Law, Privileges, Proceedings and Usage of Parliament）によれば、議会特権とは「議会の各院が議会裁判所（High Court of Parliament）の構成部分として集団的に保持している特権（peculiar rights）の集合、および各院の各議員が個別に所持している特権の集合で、それなしでは議会・議員活動ができないものを言う」。

「……（議会特権）は、国法の一部であるが、ある程度、通常法の適用除外（exemptions from the ordinary law）でもある」。

議会特権と議会侮辱（contempt of Parliament）は別である。特権の侵害は議会侮辱を構成する。侮辱は議員であれ外部者であれ議会の院や議員の機能を妨害する行為一般を指し、議員自身が議会の手続を濫用したり、議会の議事進行を妨害したり、不謹慎な行動をすることを含む。

(2) 議会特権の法源

● 議会の院の決議や議長裁定など、議会の内規と慣習（laws and customs of Parliament）。

● コモンロー（裁判所の認めた特権もある）。

(3) 衆議院の特権

〈1〉開会式で議長が王冠に対して主張する特権

議会の開会式で、議会は王冠に対して議会の古くからの疑いのない特権（ancient and undoubted privileges）を主張し、すべての議事について好意的に解釈されることを乞う。

「王冠に対して主張する」とは、英語では claim from the Crown で、王冠が特権の「源泉」であり王冠に「由来」するとも、あるいは特権は王冠から「離れて」、「独立」して、王冠と「別」に、議会の「自由」に存在するともとれる。前者であれば、王冠との闘争で王冠「から」獲得したというニュアンスがあるし、歴史的にそういう経緯もある。

議長は、

(ア) 言論、討議、議事の自由

(イ) 逮捕からの自由（不逮捕特権）

(ウ) 議長を通して君主に謁見する特権

(エ) 院の手続について最も好意的に解釈される特権

を主張する。

〈2〉その他の特権

議会の開会式で主張されるわけではない特権には次のものがある。

（ア）衆議院の構成を決める特権
（イ）院内の事柄について排他的な管轄権（cognisance）を持つ特権
（ウ）部外者や議員を特権侵害で懲罰する特権
（エ）貴族院に弾劾する特権
（オ）会計を支配し、財政立法を最初に審議する特権

〈3〉言論、討議、議事の自由

一六八九年の権利章典第九条（Article 9 of the Bill of Rights）
「議会における言論と討議または議事の自由は、議会外のいかなる法廷でも弾劾または審問されることはない」（That the freedom of speech and debates or proceedings in Parliament ought not to be impeached or questioned in any court out of Parliament.）

議員が外部からの干渉を恐れることなく自由に発言できることは、議員特権の中心的なものである。問題になりやすいのは、「議事の自由」である。何が「議会における議事」（proceedings in Parliament）なのか？この問題に関連して、一九世紀から、議会と裁判所のそれぞれの権限の主張がぶつかり合ってきた。

〈4〉議会特権と裁判所の権限

【判例】Pickin v British Railways Board［1974］AC 765

「一世紀以上にわたり議会と裁判所は相互に紛争を起こさないように注意深く行動してきた」（Lord Reid at 768）（⇓94）

【判例】Stockdale v Hansard (1839) 9 A & E 1

被告ハンザード社は、衆議院の命令で監獄査察官の報告書を公衆向けに出版し、報告書の中である監獄の中で猥褻文書を配布していると批判された原告に名誉棄損で訴えられた。最初の訴訟では報告書の内容は真実であると認定されて被告が勝訴した。それから再版を重ね、原告が第二次訴訟を提起した。

衆議院の主張
衆議院はあらゆる司法裁判所より上位の裁判所である。何が衆議院の特権かは衆議院が自ら排他的に決める。

⇕

裁判所の主張
女王と貴族院と衆議院が一致して初めて立法できるのであって衆議院単独ではできない。衆議院の決議だけで特定の個人を法律の上に置くことはできない。議会の外で個人の権利について判断を迫られたときは、裁判所は議会特権の性質と範囲について決定することができる。

● 「議会裁判所」（High Court of Parliament ⇓240）という主張について、衆議院は一三九九年（リチャード二世の事後的王位剥奪裁判）以降に裁判権を「行使」したことはなく、裁判所も貴族院は別として衆議院の決定を法的拘束力のある判例として認めたことはない。議会特権の管轄権を議会自身が強制できる議会侮辱（⇓171）については今もなお議会と裁判所が相互に対立を避け、決着をつけていない。

● 「衆議院単独では立法権がなく……衆議院に議会の外で個人の名誉を棄損する出版を行う特権はない」という裁判所の主張に対して、翌一八四〇年、次の議会立法が制定された。

Parliamentary Papers Act 1840（議会文書法）

第一条、貴族院または衆議院の授権で公表（publication）された報告書、文書、投票、議事は、各院の議長または事務総長（Clerk）の証明書があれば、それについてのすべての民事および刑事訴訟は停止される。

第二条、授権を受けて公表された文書等の複写は、真正な複写であると宣誓供述書（affidavit）が証すれば、それについてのすべての民事および刑事訴訟は停止される。

● 以上は「絶対特権」（absolute privilege）

第三条、授権を受けて公表された文書類の一部や要約を「印刷」（放送および番組編集を含む）した当事者は、善意で悪意なく「印刷」したと陪審員が認めれば、無罪の評決を得る。

● これは「制限的特権」（qualified privilege）である。

● 絶対特権が裁判そのものを停止させるのに対し、制限的特権はあくまでも陪審員の判断を仰がなければならない。

● この議会立法の制限的特権は、現在の名誉棄損法（コモンローを複数の議会立法が修正）と異なり、被告が悪意のなかったことを立証しなければならない。

● 「印刷」（printing）は放送（broadcasting）と番組編集（programme service）を含む（Defamation Act 1952, s. 9 (1) と Broadcasting Act 1990, s. 203 (1), Sch. 20 para. 1）ように改正されており、ラジオやテレビ放送はもとより、その番組、そしてインタネットにも対応する。

【註】「王命文書」（Command Paper）は貴族院や衆議院の授権ではなく、王冠の命令で公表されるので、そのままでは議会文書として絶対特権で守られない。それで、調査委員会の報告書などは王冠が議会に提出するように命じて絶対特権で保護する。

議会侮辱（Contempt of Parliament）

一八三九年の Stockdale v Hansard (1839) 9 A & E 1 判決の後、原告は第三次訴訟を提起して勝訴し六〇〇ポンドの損害賠償を獲得し、県吏（sheriffs）が徴収した。衆議院は即座に賠償金を返さない原告と県吏を議会侮辱で逮捕し、衆議院の監獄へ投獄（commit）した。県吏の人身保護請求（habeas corpus）の裁判で、裁判所は、身柄の拘束理由は議会侮辱であるとの衆議院の説明は認めざるを得ないとし、それ以上、闘わなかった（Case of the Sheriff of Middlesex,（1840）11 A&E 273）（Gossett v Howard（1847）10 QB 411, 450-451）（⇒151）。

従って議会が裁判所の判決に拘らず議会侮辱を懲罰することで議会特権を守り、かつその特権の範囲を拡大することも可能である。ただし、一八八〇年以来、議会侮辱の懲罰例はない。

議会侮辱に対しては、議会は、投獄（commit）の他、戒告（reprimand）、叱責（admonish）の方法で懲罰できる。（罰金はない）。

● エジンバラ大学の憲法学名誉教授ブラドリー（Anthony Bradley）は一九九九年四月九日に貴族院と衆議院の特権合同委員会の諮問に応えて、裁判所が認めるべき（the courts must accept）議会特権を次のように列記した。

① 各院は明確な特権を有し、それは権利章典第九条に限らない。
② 各院の院内手続と規律については裁判所の管轄権は及ばない。
③ 各院は議員に対してであれ外部者に対してであれ、各院侮辱罪の仕置をする管轄権を有する。
④ 侮辱罪管轄権は権利章典第九条の「議会における議事」にあてはまらない事柄、たとえば選挙民と議員の間の連絡を妨害することなどにも及ぶ 8。

絶対特権（Absolute Privilege）

議会における議員の言論、討議、議事について民事または刑事訴訟でその責任を問うことはできない。これは名誉棄損であれ公的機密法（Official Secrets Acts）違反であれ、すべての民事および刑事訴訟から保護する絶対特権である。

【事例】Duncan Sandys Affair (1938)

一九三八年、保守党のダンカン・サンディーズ（Duncan Sandys）議員は、外交官出身でウィンストン・チャーチルの娘婿であるが、衆議院において対空兵器について質問をなし、当時の公的機密法（Official Secrets Act 1911）に触れる情報を取得していることが明らかとなった。サンディーズ議員はその後情報源を秘匿し公的機密法（Official Secrets Act 1920, s. 6）による刑事訴追を受けることを警告されて特権委員会（Committee of Privileges）に報告した。特権委員会は、議会議事における情報伝達は立法でその責任を問うことはできず、警告は議員特権の侵害であるが、議会として該当議員を懲戒することはできると回答した。

【判例】Church of Scientology v Johnson-Smith [1972] 1 QB 522

原告はカリフォルニアの一種の新興宗教団体で、被告代議士がＢＢＣ（テレビ）とのインタビューに答えて原告団体について発言した内容につき、被告を名誉棄損で訴えた。これ自体は議会の議事ではないのだが、原告は、被告の「公的関心事についての公正な評釈（fair comment）」の抗弁を突き崩す目的で、悪意を立証するために、被告の衆議院における健康省政府役員との質疑応答の議事録を提出した。高等法院（Browne J）は議員特権に抵触するとして、議事録を読むことを拒絶した。

ただし、その後、名誉棄損法（Defamation Act 1996, s. 13 (1)）により、議員は特権を自主的に放棄（waive）することもできるようになった。

「議会における議事」と言っても議員活動は本会議場や委員会室に限られたものではないので、どういうものが、保護されないか見てみる必要がある。

保護されないもの

● 大臣の管轄外の事柄について受け取った書簡～【事例】労働党のGeorge Strauss議員は一九五七年度、ロンドン電力局（London Electricity Board）が、廃棄電線を市場価格以下で払い下げているという苦情を受け付け、「給与総裁」

(Paymaster-General) に手紙で伝えて、早急な調査を依頼した。給与総裁がロンドン電力局に連絡したところ、電力局はストラウス議員を名誉棄損で訴えるぞと脅した。ストラウスは衆議院で、代議士から大臣宛の公共機関に関する書簡類は議員特権で守られるべきだと訴えた。給与総裁は、普通、大蔵大臣 (Chancellor of Exchequer)、大蔵副大臣 (Chief Secretary to the Treasury) に次ぐ第三位の大蔵政務次官に相当するが、ロンドン電力局について議会で直接的に説明責任を負っていなかった。特権委員会はストラウス議員の給与総裁宛の書簡は議会における議事に相当するという見解であったが、一九五八年七月八日、衆議院本会議は二一八対二一三の僅差でこれを否決し、もって潜在的な裁判所との対決を回避した。一九六七年の議会特権専責委員会は、代議士からの通信は特権で保護されるべきだと勧告した。

●議会の議事に関係のない選挙区民からの手紙～【判例】Rivlin v Bilainkin [1953] 1 QB 485。選挙区民が代議士に名誉棄損的手紙を出した。内容的に議会の議事にはまったく関係がなく、議員特権の保護はないとされた。

●議事堂における議員同士の日常会話は、議会の公務と無関係であれば、議員特権の保護はないと考えられる。

制限的特権 (qualified privilege)

絶対特権の保護のないところで有益なのが制限的特権であるが、これは名誉棄損法 (コモンローを複数の制定法が修正している) 上の抗弁 (defence) に過ぎず、あらゆる民事または刑事訴訟から保護する議員の絶対特権とは違う (Beach v Freeson [1972] 1 QB 14)。制限的特権は、情報伝達に悪意 (内容が事実でないことを知っていた、あるいは侮蔑をこめた) がなく、情報を受け取ることに関心がある人に伝達する義務を負っている場合に適用される。

【判例】Wason v Walter (1868) LR 4 QB 73

議会の議事の新聞記事は、誠実なものであれば、特定の個人の人格を強く非難する内容を含む討議であっても、制限的特権で守られる。新聞の評釈は陪審員が誠実で公正な精神でなされたものであれば、訴えられない。

【判例】Beach v Freeson［1972］1 QB 14

選挙区民がソリシター（事務弁護士）について苦情を代議士に提出し、代議士がそれについてソリシターの法律協会（Law Society）へ手紙を書き、これが法律協会から大法官へ渡され、代議士がソリシターから名誉棄損で訴えられた。この代議士の手紙は制限的特権で守られた。

【判例】R v Rule［1937］2 KB 375

選挙区民がある治安判事の言動についての苦情を代議士に提出した。名誉棄損で訴えられたが、制限的特権が認められた。

〈5〉不逮捕特権（freedom from arrest）

議会議員は、各会期の前後四〇日間はあらゆる私法上の逮捕から守られる。これは現代法ではほとんど意味が失われている。刑法犯について、不逮捕特権はない。それで「はじめに」（⇒ix—x）に書いた二〇〇九年一一月二七日の議事堂外での野党議員ダミアン・グリーン逮捕は、厳密に言えば、議員特権の侵害や議会侮辱になるわけではない（ただし、そういう猛烈な批判が保守革新の両系統の報道で上がった事実は重要であろう）。

〈6〉各院の構成および議事についての排他的管轄権

被選挙権は一般法で定められているが、誰が議席を得るか、議員の追放、院内公務の遂行については各院が排他的管轄権を持つ。ただし実際上、貴族院も衆議院も議員としての有資格者には全員、議席を与える。

【判例】Bradlaugh v Gossett（1884）12 QBD 271

一八八〇年チャールズ・ブラドロー（Charles Bradlaugh）という無神論者が衆議院議員に当選した。当時は原則として英国教会式に「神にかけて」女王に忠誠を宣誓（oath of allegiance）しないと議席につき投票できず、ブラドローは代りに女王に忠誠を「良心にかけて確約」(affirm) することを求めたが、衆議院議長の許可を得られず追い出された。裁判所は独自の立場で議会立法 (Parliamentary Oaths Act 1866) だけを解釈して「確約」を認めなかった (Clarke v Bradlaugh〔1881〕7 QBD 38)。しかしブラドローは補欠選挙で再選されて議席につこうとし、衆議院議長はこれを拒否し、門番 (Sergeant-at-Arms) にこれの排斥を命じた。ブラドローはこれの差止命令を求めて出訴したが、裁判所は、衆議院の院内事務には介入できないという理由で介入を控えた。

【事後譚】その後もブラドローは連続で再選され、一八八六年には、宣誓法を改正し、一八八八年宣誓法 (Oaths Act 1888) は良心にかけた確約 (affirm) を明示で許容した。

【判例】R v Graham-Campbell ex parte Herbert〔1935〕1 KB 594

高等法院合議法廷は、衆議院の酒保はアルコール飲料規制法令の適用を除外され、無制限で酒を得ることができると判じた。(議事?)

【判例】R v Parliamentary Commissioner for Standards, ex parte Al Fayed〔1997〕EWCA Civ. 2488

これは後述する議会質問を議員に依頼するための料金 (Cash for Questions) をめぐる議員汚職事件で、議会の綱紀オンブズマン (Parliamentary Commissioner for Standards ⇒154、177) の裁定に対する司法審査請求に対し、ウルフ記録長官は「裁判所と議会の関係はこの国の統治構造 (constitutional arrangement) の中心にあり、重要であり高度の慎重さを要する。……裁判所は議会の議事への介入については自己否定の既定方針 (ordinance) で臨んでいる」と述べて、介入しなかった。

【議員特権のこぼれ話】

● 一九八四年七月、防衛省の高級官僚クライブ・ポンティング (Clive Ponting) がフォークランド戦争における一九八二年五月二日のイギリス潜水艦によるアルゼンチンの軽巡洋艦「ベルグラーノ将軍」(真珠湾攻撃で生き残ったフェニックス号の払い下げ）の撃沈に関する機密情報（二〇〇海里の海上排除水域 Total Exclusion Zone ～中立国立入禁止圏～のすぐ外側を英艦隊に接近するように航行していたものが午前五時に反転してから一五時五七分に魚雷攻撃を受けた）を含む二つの文書を野党労働党のディーエル（Thomas Dalyell）代議士に郵送した。ディーエルは、かつてPorton Down の生物兵器研究施設の情報を新聞に流して衆議院の特権委員会から厳しく叱責を受けたほど、独立精神で有名であり、政府役員職（影を含む）は経験していない。防衛省高官ポンティングは公的機密法（Public Secrets Act 1911）違反で刑事訴追され、有罪を覚悟していたが、陪審員は無罪評決を出して裁判官を大いに驚愕させた。無罪評決のために、その理由は分からないが、理由をつけていたら有罪になったであろう。ディーエル議員の議会での発言は、当然、絶対特権で守られるが、防衛省高官と議員との連絡は「議会の議事」とは捉えられていないからである。

● 二〇〇七年一〇月から二〇〇八年一一月にかけて、内務省の入国管理にかかわる内部文書が次々に新聞に漏洩し、内務事務次官ノーミントン（Sir David Normington）の要請を受けてロンドン警視庁が捜査を行い、二〇〇八年一一月一九日、内務事務官クルストファー・ガリー（Christopher Galley）をコモンロー上の公職過誤（misconduct in public office）で逮捕、同月二七日、ロンドン警視庁のテロ対策部隊は野党保守党のダミアン・グリーン（Damian Green）影の内務入国管理政務次官を選挙区で逮捕すると同時に、別部隊が休会中の衆議院に立ち入り、同影の政務次官の執務室に立ち入り、そこから選挙区民からのメール通信等の入ったパソコンを含む様々な物件を押収した。右記、Rivlin v Bilainkin [1953] 1 QB 485 判決（⇓173）からは、選挙区民からのメール通信の内容が議会の公務に関連していれば、議員特権の保護があるという解釈が可能である。ただし、二〇〇九年四月一六日の公訴長官によるグリーン代議士とガリー内務事務官の不起訴処分の理由の発表では、議員特権の論点には触れられなかった。

● むしろ衆議院議長マイケル・マーティン（労働党）が、前例もないのに、警察に衆議院内の立入捜査をさせてしまったことについて、すべて衆議院の門番（Sergeant-at-Arms）をしていた女性のせいにしたために与党労働党内からも大きな批判が沸き起こってスキャンダルとなり、二〇〇九年六月二一日、ついに議長は辞任に追い込まれた。

●オックスフォード大学のボウダナー教授（⇓i）は、このとき、一六八九年の権利の章典第九条の議員特権は議会内の言論および議事の自由を保障するもので議員を法の上に置く趣旨ではなく、警察に議員の逮捕や議事堂内の立入捜査や証拠品の押収などができないわけではないが、議員と選挙区民の間には通信の秘密があるので同意なくパソコンを押収したとすれば問題があると憲法問題を明確化した[9]。

●バリスター（法廷弁護士）のジェフリー・ロバートソン（Geoffrey Robertson, QC）は、内乱（Civil War）直前の一六四二年一月四日に国王チャールズ一世が自ら兵士を率いて衆議院に押しかけ大逆罪の容疑を告げて衆議院議員五名の身柄の引渡しを要求したとき、衆議院議長ウィリアム・レンソル（William Lenthall）が国王の前に跪いて「陛下、私はここでは衆議院に仕える身ですから衆議院の御指示によってしか見ることも話すこともできません[10]」と言って国王の議事堂立入を拒んだ故事を引きながら、二〇〇八年一一月二七日の警察隊の衆議院立入捜査に際してマーティン衆議院議長は何をしていたのか、しかるべき手続が踏まれたか、踏まれなかったかという争点を明らかにした[11]。レンソル議長は長期議会（Long Parliament, 1640-1648）の衆院議長を勤めた後、内乱時代、「共和制」下の第一護国議会（First Protectorate Parliament, 1654-55）の衆院議長も勤めた人で、その故事は決して現代の衆議院議長の法的権限を示す先例ではないかもしれない。しかし、衆議院議長が警察隊の立ち入りを拒否していれば、仮に警察隊が治安判事の令状を持っていたとしても、これを議会侮辱で投獄することも、理論的には可能な事例であったというべきであろう。

〈7〉**議員の綱紀**（Parliamentary Standards）

議会侮辱は議会の中からも発生する。そして、議会が適正な自浄能力をもっているかどうかは、結局は総選挙による政権交代とともに、メディアの独立した点検能力にかかるところが大きいと思われる。

たとえば保守党の長期政権が一五年を超えた二代目メージャー首相の二期目、一九九四年一〇月、革新系ガーディアン紙が、衆議院において保守党議員に質問をしてもらう料金は質問一つあたり二千ポンド（購買力平価で約四〇万円）であったことなどのスクープ記事を出してスキャンダル（Cash for Questions Affair ⇒227）になった。ノーラン控訴院判事の調査委員会が組織され、一九九五年には議会に「綱紀オンブズマン」（Parliamentary Commissioner for Standards）が置かれた（⇒154）。オンブズマンには衆議院議員の利害関係登録（Register of Members' Interests）を点検する義務があった。

二代目オンブズマンは女性（Elizabeth Filkin, 1999-2002）で、二〇〇一年一二月五日のＢＢＣのラジオ４（Today Programme）は、翌年二月の任期（三年間）満了後に再任を望まないことを衆議院議長に通知したオンブズマンと関係者にインタビューを行った。関係者によると、オンブズマンの人選は女性なら圧力に屈しやすいとみて行われ、一九九九年二月に前任者から引き継いだ最初の仕事が、ブレア内閣のピーター・マンデルソン前通産大臣の事件（不動産購入資金三七万三千ポンド＝購買力平価で約七千五百万円を同僚議員から無利子で借りながら議員利害関係登録をしていなかった）で、最初から有力閣僚と正面衝突することになり、結局、オンブズマンの報酬の出る勤務時間の四分の一を減らされ、約束された助手はつかず、思ったように仕事ができなかったという。オンブズマンは実力のある裏方の必要な任務であるように思われる。その後、これまでのところ女性の人選はない。

二〇〇九年、労働党政権が一〇年の大台を超え、二代目ブラウン首相のもとで、衆議院の任期満了まで一年を切るようになった頃、保守系テレグラフ紙が国会議員経費の不当請求の実態を克明に報道してスキャンダル（Parliamentary Expenses Affair ⇒229）が発生、二〇〇九年七月二一日に大急ぎで議会綱紀法（Parliamentary Standards Act 2009）が制定されて、独立議会綱紀局（Independent Parliamentary Standards Authority）と捜査委員（Commissioner for Parliamentary Investigations）が設けられることになった。

今後どうなるか注視が必要であるが、やはり保守党サッチャー・メージャー政権（一九七九―一九九七）の四期一八年、労働党ブレア・ブラウン政権（一九九七―二〇一〇）の三期一三年というどちらも一〇年を超える長期政権の末期に新聞のスクープでスキャンダルが明るみに出されたことから、議会の自浄機能を促すためにメディアが果たす役割は極めて大きいことを立証している。

1 <http://www.parliament.uk/mps-lords-and-offices/lords/lords-by-type-and-party/> accessed on 10 March 2012.

2 <http://www.legco.gov.hk/general/chinese/sc/sc_0408.htm>（繁体字）<http://www.legco.gov.hk/general/english/sc/sc_0408.htm>（英語）

3 <http://www.parliament.uk/about/how/committees/general/> accessed on 31 March 2012.

4 <http://www.parliament.uk/about/how/committees/general/>

5 Select Committee of Modernisation of the House of Commons, 1997-1998, Third Report, (HC 543).

6 Standing Orders of the House of Commons, 2010-2011 <http://www.publications.parliament.uk/pa/cm201011/cmstords/700/700.pdf>, p. xix, Sitting Time.

7 <http://www.parliament.uk/about/how/business/adjournment/> accessed on 31 March 2012.

8 Professor Anthony Bradley, 'Memorandum on Parliamentary Privilege ? The Relationship between Courts and Parliament' 9 April 1999, available at http://www.publications.parliament.uk/pa/jt199899/jtselect/jtpriv/43/8022402.htm#note1

9 The Guardian, 2 December 2008, 'MPs are not above the law' by Vernon Bogdanor, Professor of Government and Politics, Oxford.

10 'May it please Your Majesty, I have neither eyes to see nor tongue to speak in this place but as the House is pleased to direct me, whose servant I am here and humbly beg your Majesty's pardon that I cannot give any answer other than this.'

11 Evening Standard, 1 December 2008, 'Mr Green's arrest is an affront to democracy: Michael Martin must go', by Geoffrey Robertson QC.

第七章　行政府（Executive）

一．行政府

(1) 王冠（Crown）

統治機構の長は王または女王である。王個人（monarch）ではなくその公的な地位および制度を王冠（Crown）と呼び区別する。「国」（State）と同値できる場合も多い。大臣（ministers）、官僚（Civil Servants）、軍人は王冠の従僕（servants of the Crown）である。

王個人と王の公務（office）の区別は、歴史的にはたとえば一五五八年一一月一五日、エリザベス一世がイングランド王位継承（二五歳）にあたりハットフィールドに集まった枢密院と貴族院の前でなした声明に次のように登場する。

「自然の法則により私は（世を去った）姉を思って悲しみに暮れ、私に託された責任の重みに当惑しています。しかし私は天の被造物として天命に従うべき定めであることを思い、私に委ねられた天の任務を天の臣下として遂行するにあたり天恵を享受することができるように心から希望します。私には天の御許しを得て

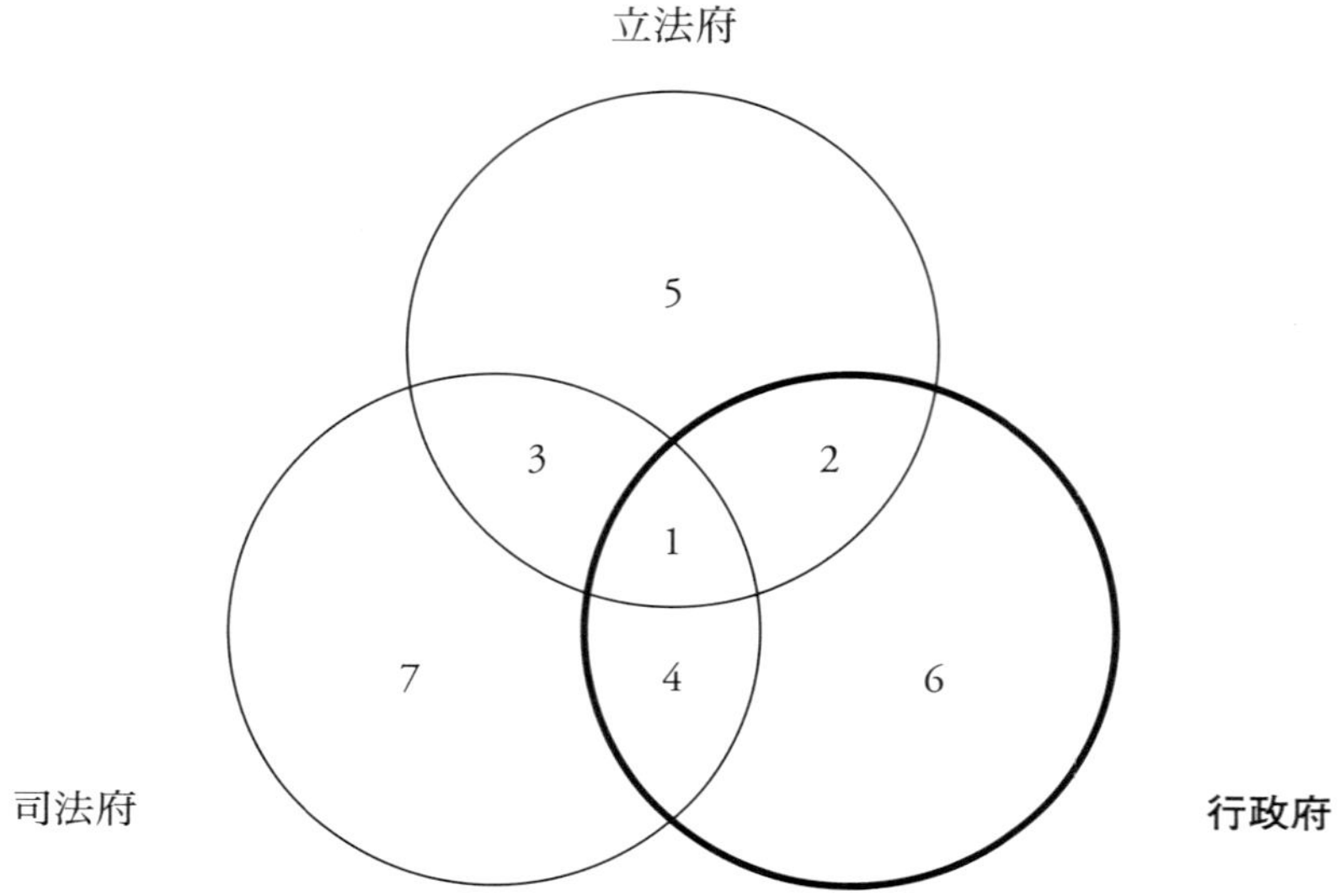

1. 立法府＋行政府＋司法府＝王冠（Crown）、枢密院（大法官は貴族院から離れ衆議院は席をおく司法大臣となった）
2. 立法府＋行政府＝閣僚（⊂枢密顧問）と閣外大臣
3. 立法府＋司法府＝（貴族院の司法権は連合王国最高裁判所として独立した）
4. 行政府＋司法府＝枢密院司法委員会
5. 立法府だけ＝野党議員、大臣、政府役員以外の与党議員
6. 行政府だけ＝官僚
7. 司法府だけ＝裁判官

一つの統治する政体があります（a body politic to govern）が、自然の肉体は一つしかありません。だから、私は統治を通じて、諸卿は奉公を通じて、全知全能の天帝によい業績を報告し（make a good account）、地の子孫にいくらかでも恩恵（comfort）を残すことができるように、諸卿もこの私をお助けください。つまり私は賢明な助言と忠告に従って行動しようと思うのです[1]。」

こうして姉メアリー一世（一五五三―八）を継いだプロテスタント女王の治世（一五五八―一六〇三）の晩年をその「訴訟代理人」（Attorney-General＝法務総裁一五九四―一六〇六）として大逆罪等の審問および訴追を通して守ったクック（Sir Edward Coke）は、次のジェイムズ一世（一六〇三―二五）のもとで衆座裁判所首席判事に昇進し「王の禁令は議会における投票によるものでなければ、法、言い換えれば王冠に反する」prohibitio regis ne clerus [sic][2] in congregatione sua, etc. attemptet contra jus seu Coronam（Case of Convocations, 12 Co. Rep. 72, 73, Trinity 8 Jac. (1610)）というラテン語法諺《ほうげん》を引いて王と王冠を見事に峻別した。王（rex）を小文字で、王冠（Corona）を大文字で表記し、王冠を法（jus）と等値させているところが注目される。

議会は王冠の立法権を行使し、大臣は王冠の行政権を行使し、裁判官は王冠の司法権を行使する。

その他、王は英国教会（Church of England）の最高管領（Supreme Governor）であり、国家元首（head of state）として儀礼を執り行い、外交使節を接受し、英連邦こと「コモンウェルス加盟国の自由な集まりの象徴」（'symbol of the free association of the members of the British Commonwealth of Nations'）（Statute of Westminster 1931）であり、コモンウェルス加盟国のいくつかの元首でもある。

(2) 国教会と王冠叙任権

二次元の三権図（⇒182）には現れない三次元における第四の円が英国教会である。その円の中心に王が英国教会の最高管領（Supreme Governor）として君臨する（Act of Supremacy 1559）。貴族院は聖職貴族（Lords Spiritual）と世俗貴族（Lords

Temporal）から成るが、聖職貴族とは即ち英国教会のカンタベリーとヨークの大主教およびロンドンとダーラムとウィンチェスターの主教と教区主教二一名の計二六主教である（⇒140）。連合王国にはこのように厳密な政教分離（separation of Church and State）はない。

ヘンリー八世（一五〇九―四七）はローマ教皇庁と決別して自ら英国教会の最高首長（Supreme Head）であると立法した（Act of Supremacy 1534）。しかしメアリー一世（一五五三―八）は母キャサリン（アラゴン王フェルディナンドとカスティリア女王イザベラの王女）のカトリック信仰を守り、即位後わざわざスペイン王フェリペ二世の后になって共同統治し、父の英国教会最高法を廃止した。次のエリザベス一世は母アン・ブーリンのプロテスタント信仰を守り、即位後最初の立法で自らを英国教会最高管領（Supreme Governor）に任じた（Act of Supremacy 1559, 1 Eliz. c. 1）。女王がカトリック・スペインの侵略を跳ね除け、結婚もせず子も産まずに死亡して王朝が断絶したため、永遠の処女女王の純粋な信仰、プロテスタントの国教こそが王朝にかわって王国の継続性を保つ「国体」の支柱となった。

内乱時代、清教徒（Puritans）、今で言うプロテスタント原理主義者の神がかり軍隊（New Model Army）による政教一致の徹底した排他的浄化粛清の嵐の中で英国教会も廃止されたが、一六六〇年の王政復古で復活し、翌年の地方公共法人法（Corporation Act 1661）でまず地方の公職に就く者が英国教会信徒かどうかを宣誓により審査（test）することになった。宗門検《あらため》法（Test Act 1673）のもと中央でも公職につくためには王＝英国教会最高管領に対する忠誠の誓いと（oath of allegiance and supremacy）、聖体変化説（transsubstantiation）への反対表明と英国教会式の聖餐式（Lord's Supper はカトリックの聖体変化説に基づく聖体拝領とは違う）を受けることが踏み絵として実施され、次のTest Act 1678（宗門検法）は両院議員に聖体変化説だけでなく聖母マリア信仰にも反対させるなどカトリック信者を排斥する内容であった。

一六七三年の宗門検法の成立後、王太弟ジェイムズが法律上の宣誓を行うよりも、むしろ軍艦卿（Lord High Admiral）の公職を辞すことを選んだことで、そのカトリック信仰を明らかにしたため（⇒31）、衆議院はそのジェイムズから王位継承権を奪う意図で一六七八年の宗門検法案を提出したが、貴族院が王位継承については抑制を効かせた。そして名誉革命はジェイムズ二世の後にカトリック王朝が続くことを実力で阻止してプロテスタント王国の国体を護持し、王位継承法（Act of Settlement 1701）は王位継承がプロテスタントに限られることを明記している。当然、一六七八年の宗門検法は名誉革命後も維持されたが、カトリック救済法（Roman Catholic Relief Act 1829 ⇒82―83）はこれを廃止してカトリック信者でも議員になれるような新しい忠誠宣誓文を用意した。

その「救済法」も時代が下るにつれて、その差別的色彩が目立つようになった。つまりカトリック救済法（Roman Catholic Relief Act 1829）一七条とユダヤ人救済法（Jews Relief Act 1858）四条のもと、カトリック信者やユダヤ教徒は女王による英国教会またはスコットランド教会の主教叙任について助言することができない。

これは必ずしもカトリック信者やユダヤ人は、王冠の叙任権行使につき助言と承認を与える首相になれないということではないが、事実として公然たるカトリック信者が首相になった例はなく（ただしキャラハンとブレアの例について後述する）、保守党のディズレイリ（Disraeli）首相（一八六八、一八七四―八〇）は確かに名前の通り「ド・イスラエル人」＝ユダヤ人ではあったが一三歳のときに英国教会に改宗済であった。

一八八八年、無神論者チャールズ・ブラッドローの活躍で新しい宣誓法（Oaths Act 1888）が制定され、神に誓うのではなく良心に確約（affirm）することもより広く認められるようになった（⇒175）。その後、二〇世紀にはたとえば保守党のチェンバレン首相（一九三七―四〇）は三位一体論を否定しキリストを神と別の人格体と見る単一派（Unitarian）で、これはプロテスタントどころかカトリックやギリシャ正教会の立場から見ても「異端」であった。労働党のアトリー首相（一九四五―五一）は神や真理などは知りえないとする不可知論者（agnostic）とされる。同じく労働党のキャラハン首相（一九七六―七九）の父はアイルランド系カトリックでその信仰を捨てていたが、キャラハン自身は無神論者だと公言したこともなかったので[4]、「隠れカトリック」か、不可知論に近かったかも知れない。

キャラハン首相は、首相として、女王による聖職貴族の英国教会の二六主教の叙任に関して助言しなければならなかったが、大部分を教会に任せることにした。英国教会総会（General Synod）は一九七七年二月に王冠叙任委員会（Crown Appointments Commission）を設置し、王冠叙任委員会が首相に二名推薦し、首相にはその中から一名を指名し、あるいは委員会に別の人物を推薦するように再考を求める権利が与えられた。これで首相の仕事は楽になったが聖職貴族叙任の政治性は残り、たとえば一九八七年、保守党のサッチャー首相（一九七九―一九九〇）はバーミンガム教区主教に委員会の第二指名者を女王に進言、一九九七年、労働党のブレア首相（一九九七―二〇〇七）はリバプール教区主教に委員会の指名者二人をともに拒否して再考を求め、国教会を震撼させた[5]。この問題の反省から、主教人事ではないが、裁判官人事の非政治化を徹底させた裁判官任用委員会（Judicial Appointments Commission）では一名指名に絞った（Constitutional Reform Act 2005, ss. 27〔10〕, 70〔3〕, 75B〔4〕, 79〔3〕）。

ブレア首相（一九九七―二〇〇七）はスコットランド出身であるがカトリック信者と結婚し子供を全員カトリックで洗礼、教育しながら、自身は政治的理由で英国教会に属し、二〇〇七年六月二七日に首相を辞任するにあたり、公然とカトリックに改宗し[6]、連合王国に政教分離のないこと、カトリックの公民権に制限があることにあらためて世論を喚起した。ブレアの政治人生は、ちょうどスコットランド系ステュアート王朝を王政復古で復活させたチャールズ二世が臨終の床でカトリックに改宗し、その弟ジェイムズ二世がカトリック信者と再婚し長男が生まれたために名誉革命がおこった歴史を髣髴とさせ、欧州人権条約の基準に照らして名誉革命体制そのものを覆す気配さえ感じさせる野心的なものである。ただ、スコットランド出身の隠れカトリックだったからこそ、北アイルランド和平（⇓116、270）に一定の成功を収める素地があったともいえる。

そのあとを継いだ労働党のブラウン首相（二〇〇七―二〇一〇）はスコットランド教会であったが、英国教会の王冠叙任委員会（Crown Appointments Commission）を王冠指名委員会（Crown Nominations Commission）に改めた。委員会は二名を推薦するが、首相はそのうち常に第一位の者だけの叙任を王冠に助言するように義務付けられ、英国教会主教叙任の政治性はかなり減殺された。

なお、二〇一一年一〇月二八日のエリザベス女王を元首に頂く連合王国と英連邦一五ヵ国首脳会議で王位継承法の改正が合意されたが、直系男女間の優劣をなくすだけでなく、カトリック信者の王位継承権剥奪規定の削除も行われる予定である。

【こぼれ話】首相の宗教

二〇世紀に入ってから首相はバルフォアからキャメロンまで二一人を数えるが、英国教会以外の信仰をもつ首相はそのうち一〇名に上る。保守党のバルフォア首相（一九〇二―五）は元々スコットランド教会であったが英国教会に改宗して首相になった。次の自由党のカンベル・バンナーマン首相（一九〇五―八）はスコットランド教会、同党アスキス首相（一九〇八―一六）は会衆派（Congregationalist）、同党ロイド＝ジョージ首相（一九一六―二二）はウェールズ人でやはり非国教会系プロテスタント、保守党のボウナー＝ロー首相（一九二二―二三）はカナダ生まれのスコットランド長老派、労働党のマクドナルド首相（一九二三、一九二九―一九三五）もスコットランド長老派であった。チェンバレン、アトリー、キャラハンの特異な宗教的立場についてはすでに言及した。保守党のヒューム（一九六三―四）はスコットランドの聖公会(Episcopal Church)つまり英国教会系、労働党のウィルソン首相（一九六四―七〇、一九七四―七六）は会衆派、保守党のサッチャー首相（一九七九―九〇）はメソディストから英国教会に改宗して首相になったが、彼女の場合は八百屋の娘が言葉まで変えて中流階級に入った「マイ・フェア・レイディー」(My Fair Lady) そのものの側面からその改宗を説明できる。労働党のブレア首相（一九九七―二〇〇七）とブラウン首相（二〇〇七―二〇一〇）はすでに述べた通りである。ちなみに二〇一〇年総選挙に当選した衆議院議員のレベルでは労働党にも保守党にもシーク教徒やイスラム教徒がいる（自由党の唯一の少数派議員・シーク教徒は落選）。

(3) 王の権限

王の大権については後述する（⇒236）。

王の大権は今では大いに制限されているが、ここではやや論争的であるが、王の「個人的権限」の残存している分野を扱う。

（ア）習律上の「国事行為」

憲法的習律（convention）上、大臣（通常首相）の助言と承認により行うもの（習律を近年の議会立法が修正しているものは括弧内に立法名を示した）には以下のものがある。日本国憲法の六条や七条の規定と異なり、あくまでも「習律」であって法律上の規定ではないところに注意が必要である。

- 議会の招集と解散（Fixed-term Parliaments Act 2011 ⇒207）
- 法律の裁可
- 勅令の同意
- 条約の批准（Constitutional Reform and Governance Act 2010 ⇒241—243）
- 宣戦布告と講和
- 外国使節の接受
- 叙爵、栄典の授与
- 首相、大臣、大使、高位裁判官の任命と英国教会主教の叙任（⇒185—186）
- 大学や職能機関への定款（Charter）の授与
- 恩赦

など。その他の行政機能（executive functions）は大臣が直接果たす。

（イ）相談を受け、応援または警告する権利（Walter Bagehot, *The English Constitution*, 1867, Fontana ed., 1963, p. 111, 'right to be consulted, the right to encourage, the right to warn'）

王は Private Secretary（秘書）を通して政府書類のすべてを見ることができ、毎週木曜日に首相と面会する。王は内々に政府の政策に対して個人的な意見を述べ、強い言葉で反対を表明することもできるが、その重みについては特に何の習律も整っていない。

【宮中秘書官】大日本帝国の内大臣は御璽（Privy Seal）と国璽（Great Seal of the Realm）の両方を管理していたので、英語ではLord Keeper of the Privy Sealと訳されることが多い。しかしイギリスの御璽卿（Lord Keeper of the Privy Seal）は無任所大臣のほとんど儀礼的な肩書であることが多く、国璽は閣僚である大法官(Lord High Chancellor ⇒218)が持つ。一方、日本の内大臣は時の政府の大臣ではなく宮中の天皇個人の秘書（Private Secretary）であった。後継首相選任のやり方は大日本帝国とイギリスで大きく異なるものの、イギリスの女王秘書（Her Majesty's Private Secretary）にも後述するように例外的ではあるが現在でも後継首相の選任につき助言の機会がないとはいえない。

(ウ) 首相の任命

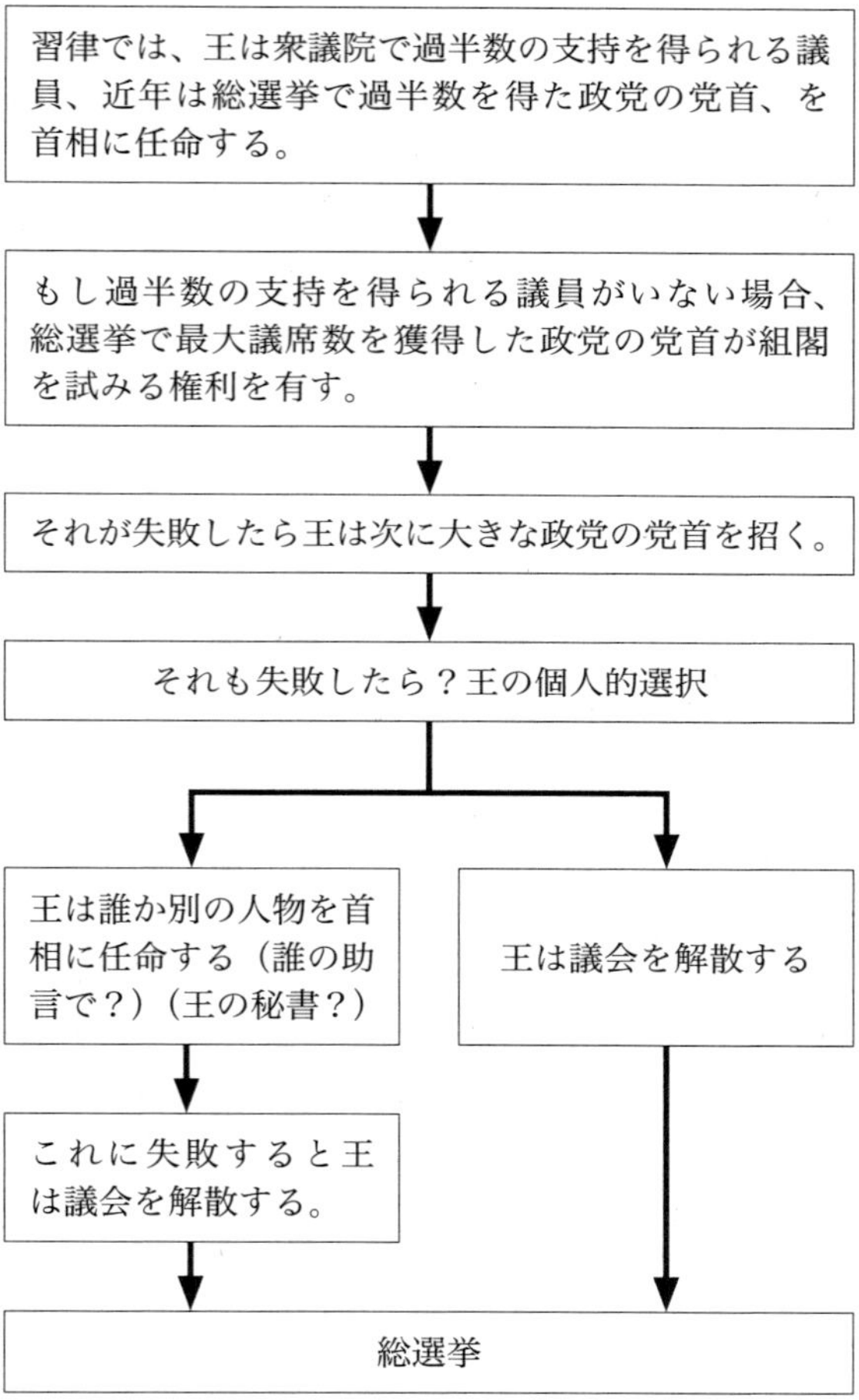
習律では、王は衆議院で過半数の支持を得られる議員、近年は総選挙で過半数を得た政党の党首、を首相に任命する。

もし過半数の支持を得られる議員がいない場合、総選挙で最大議席数を獲得した政党の党首が組閣を試みる権利を有す。

それが失敗したら王は次に大きな政党の党首を招く。

それも失敗したら？王の個人的選択
王は誰か別の人物を首相に任命する（誰の助言で？）（王の秘書？）

王は議会を解散する
これに失敗すると王は議会を解散する。

総選挙

最初のシナリオ、つまり首相が総選挙に敗れた場合に、内閣を総辞職して王に野党指導者（Leader of the Opposition）を招くように助言するというルールは、第二次選挙法改正（Representation of the People Act 1867 ⇒ 127）後の最初の一八六八年の総選挙で保守党のディズレイリ首相が敗れて総辞職したことが先例となり、当時のディズレイリの政治的思惑は別として、一八七四年の総選挙に敗れた自由党のグラッドストーン首相がこれに倣い、さらに一八八〇年の総選挙（初の秘密投票）で敗れた保守党のディズレイリ首相が再び倣い、憲法的習律へと発展した。

【コラム】一八六八年の総選挙

ちなみに一八六八年の総選挙の結果は、自由党は三八七議席（過半数三三七議席）、保守党は二七一議席で保守党の明確な敗北であったが、この時代の選挙は投票だけでも一一月一七日から一二月七日まで三週間もかかり、ディズレイリは自身の選挙区で落選した時点でまだ大勢の分からない間に総辞職を決定した。その目的は新議会の招集を待てば、先の議会で党内分裂状態にあった自由党が政敵に対し内閣不信任案を突き付けるために結束してしまうので、そうなる前にグラッドストーンにバトンを渡してその力量を試す方が得策だと考えたからである。この当時、ビクトリア女王は、ディズレイリ内閣の総辞職は自身の失政について議会による問責（censure）を避けるための卑怯な逃避策ではないかと捉えて、総選挙で敗れた内閣がそのまま総辞職することを好まなかったと伝えられている7。ビクトリア女王は議会主権の考え方、ディズレイリの思惑とは別に発展した習わし（convention）は人民主権の考え方に沿っていたといえよう。ディズレイリの思惑は、ちょうどビリヤードで相手方を難しい局面に陥れる手腕を競うスヌーカー（snooker）のようなもので、グラッドストーンも同じゲームで応酬したため、共通のゲームが憲法的習律へと発展したとみることもできるかもしれない。

次のシナリオ、すなわちどの政党も過半数に届かない場合にどうするかは、二〇一〇年五月六日（木）の総選挙の後の第一党保守党と第三党自由党（Liberal Democrats）の連立内閣の結成が、非常に良い例を見せた。ただ、その好例を見る前に、いくつか先例を見てみたい。

二〇世紀以降にどの政党も過半数に届かない「宙ぶらりん議会」（hung Parliament）は一九一〇年の二月と一二月、一九二三年、一九二九年、一九七四年の二月そして二〇一〇年の計六回の総選挙のあとに出現した。なお一九一八年の第四次選挙法改正（男子普通選挙と婦人参政権）は同年一二月の総選挙から、一九二八年の第五次選挙法改正（男女普通選挙）は一九二九年の総選挙から適用された（⇒129）。

一九一〇年の二回の総選挙はともに Parliament Act 1911（議会法）の成立のために重要であるが（⇒197）、自由党は過半数に達しないまでも常に第一党であった（⇒130―131）。

一九二三年一二月六日の総選挙は、前年一一月一五日に総選挙を実施したばかりだったので、定数六一五議席で半数を三七議席上回る三四四議席を獲得していた保守党の Bonar Law 首相が五月二二日に咽喉癌で辞任した跡（一〇月三〇日死亡）を継いだ Baldwin にとっては厳密に言えば不要であった（ジョージ五世の Baldwin 任命については83頁参照）。しかし Baldwin は自由貿易に反対する自らの立場を民意に問うために衆議院を解散、保守党は第一党にとどまったが過半数を獲得できなかった[8]。保守党二五八議席、労働党一九一、自由党一五八であった。Baldwin は少数内閣のまま新議会に臨んだが（右図の二番目のルール）、労働党と自由党が協力して内閣不信任案を可決した。これを受けて一九二四年一月二二日、国王ジョージ五世は野党指導者（Leader of the Opposition）労働党の MacDonald を招き首相に任命した（右図の三番目のルール）。ジョージ五世は総選挙後、自身の秘書 Stamfordham に各党首の動向を報告はさせたが、直接自ら積極的に首相を選ぶことはなかったとされる。

【後日談】MacDonald 内閣も少数内閣で自由党の支持を得ていたものの、一九二四年一〇月八日、内閣不信任案が可決され、わずか九ヵ月で総辞職した。自由党が不信任案に同調したのは、内閣が Incitement to Mutiny Act 1797（フランス革命中の反乱煽動法）にもとづく共産党の指導者 John R. Campbell（機関紙上で兵士に革命に参加するように呼びかけた）に対する刑事訴追を指揮権発動で止めたことが原因であった。総選挙は、投票日（一〇月二九日）の四日前、新聞（Daily Mail）がコミンテルン（Zinoviev）からイギリス共産党中央委員会あての手紙と称される怪しげな文書をスクープし、この結果、先の八月八日に締結されていたイギリスとソ連の通商条約の議会承認に反対していた保守党が四一二議席を獲得する圧勝（労働党一五一、自由党四〇）を収めた。

次の一九二九年五月三〇日の総選挙では、労働党が二八七議席、保守党二六〇、自由党五九で、労働党が初めて第一党に躍り出たが過半数（三〇八議席）には二一議席届かなかった（⇓131）。保守党のボルドウィン首相は即座に退陣しジョージ五世は第一党の指導者マクドナルドを首相に任命した（右図の二番目のルールに相当）。

【後日談】マクドナルドはこうして二度目の少数内閣の舵取りを任され、それなりによく頑張ったが、一九二九年一〇月二四日の「暗黒の木曜日」（Black Thursday）以来の世界恐慌に呑み込まれ、通貨の二五％切り下げ、大蔵省の奨める予算削減か、逆にケインズの財政赤字覚悟の大規模公共投資か、というどちらにしても急進的な改革の選択を迫られ、どちらも労働組合と大蔵大臣のそれぞれの立場の猛反対に遭い、一九三一年八月二四日、マクドナルドはついに国王に拝謁し辞意を表明した。この局面でジョージ五世は個人的にマクドナルドを説得して保守党と自由党との挙国一致内閣（national government）を結成させた。労働党は激怒してマクドナルドら執行部を追放した。自由党のロイド＝ジョージも挙国一致内閣から離脱することを宣言したが無視され、自由党は与党であり続けるという目的だけは共有していたものの指導者を欠いて二派に分裂した。保守党は陛下の挙国一致内閣を応援する立場でマクドナルドを説得して一九三一年一〇月二七日の総選挙を実施させ、四七〇議席の普通選挙史上空前絶後の圧勝をおさめた。マクドナルドを追放した労働党は四六、マクドナルド派は一三、自由党の二派はそれぞれ三五と三二に過ぎなかったが、これでも陛下の挙国一致内閣の指導者はあくまでもマクドナルドであった。国王の個人的な政治指導は、悪意があったとは思えないが、結果的に労働党と自由党を分裂させてその党派的利益を害し、保守党の党派的利益を最大限に伸長させた。立憲君主としては、マクドナルドの辞意を受け入れて衆議院を解散した方がよかったであろう。ただし、その場合の総選挙結果が安定的なものとなったという確証はない（⇓131）。

次の宙ぶらりん議会は四五年後の一九七四年二月二八日（木）の総選挙でできた。この時衆議院を解散した保守党のヒース首相はもちろん勝つ予定であったが、結果は労働党が三〇一議席、保守党二九七、自由党一四で、労働党が過半数（三一八議席）には満たなかったものの第一党となった（⇒131—132）。三月一日（金）に開票結果が明らかになるやヒース首相はバッキンガム宮殿でエリザベス女王に謁見、開票結果を報告し、続いて自由党と連立交渉に入った。土日の連立交渉は最終的に決裂し、三月四日（月）ヒースは首相を辞任した。労働党のウィルソン党首は初めから連立交渉はせずにそのまま少数内閣で新議会に臨むことを宣言していたので、同じ月曜日、エリザベス女王はウィルソンを招いて大命を降下した。

【後日談】ウィルソン首相は七か月後、一九七四年九月二〇日に衆議院を解散、一〇月一〇日の総選挙で二議席過半数の三一九議席を獲得することに成功した。保守党は二七七、自由党は一三であった。

そして二〇一〇年五月六日（木）のイギリスの総選挙の結果も三六年ぶりにどの政党も過半数に届かない「宙ぶらりん」議会となった。翌五月七日（金）の開票の結果、保守党三〇六、労働党二五八、自由党五七で保守党が第一党に躍り出たが過半数（三二六議席）には二〇議席不足していた。そこで、まず第三党の自由党のクレッグ党首が午前一一時の記者会見で「獲得議席と得票数ともに最大の党が最初に組閣を試みるべきだ」と発言した。続いて第二党に転落した労働党のブラウン党首（まだ首相）が午後一時半から記者会見を開いてクレッグの発言に理解を示した。最後に第一党となった保守党のキャメロン党首が午後二時半からの記者会見で単独少数内閣（a minority government）を試みるよりもまず自由党との連立交渉を持ちかけることを表明し、土日から月曜日にかけての交渉の末、五月一一日（火）にようやく連立合意（書面）に達し、これを受けてブラウン首相が退陣、翌一二日（水）にキャメロンを首相、クレッグを副首相とする連立内閣が発足した9。二人とも四三歳(当時)で体力も気力も十分である。

つまり、変則的な選挙結果のときの首相選任について明確なルールはないが、第一党にまず組閣を試みる権利があるという習律を第三党党首が正論として主張し、前与党（第二党）もこれに理解を示し、連立内閣が迅速に組閣されたのである。189頁図の習律（convention）通りの動きであったといえよう。

●木曜日の総選挙（習律から議会立法へ）

ちなみにイギリスの総選挙は必ず木曜日に実施されるのが慣例である。少なくとも一九三五年一一月一四日の総選挙以来、二〇一〇年五月六日の総選挙まで一九回にわたるすべての総選挙が木曜日に実施されている。投票時間は午前七時から午後一〇時までで有権者に余裕も持たせてある。木曜日にする理由は、翌金曜日に開票して結果が出て、遅くとも週末（土日）に組閣して、月曜日の朝一番から新内閣が仕事を始められるためである。一九七四年二月二八日の宙ぶらりん議会でも週明けの月曜日には新内閣が発足した。二〇一〇年五月六日の宙ぶらりん議会では、長引いた連立交渉のために二日ほど遅れて水曜日の発足となってしまったが、通常なら新内閣の仕事始めであるべき五月一〇日（月）に行われたクレッグ自由党党首の記者会見は、本来そうあるべき、そう期待されていることを真摯に受けとめて、まだ連立交渉が続いていることを報告したものであった。

そして二〇一一年九月一五日に裁可を得て成立した定期議会法（Fixed-term Parliaments Act 2011）では、同法一条二項で次の総選挙の投票日を二〇一五年五月七日（木）と規定し、同法一条三項は、その次は先の総選挙から五年目の五月の第一木曜日に実施すると定めているので、木曜日の総選挙は習律を超えて、議会立法上の根拠を得たと言える。

【コラム】総選挙から組閣まで

それにしても総選挙から連立内閣発足までわずか六日（通常四日）というスピードは、日本の二〇〇九年八月三〇日の総選挙から九月一六日の鳩山由紀夫内閣成立まで一七日間もかかったことと好対照をなすフェア・プレーであった。しかもイギリスの二〇一〇年五月六日の総選挙では過半数を獲得した政党がなかったが、日本は総選挙史上空前の一党圧勝であった。日本では参議院での多数派工作のための連立交渉が長引き、その間、総選挙に敗れた麻生太郎内閣が九月一日に消費者庁という新官庁の長官を任命した。これはアメリカ的であるが、総選挙後の組閣はイギリス式の迅速な政権移譲が本来の姿であろう。

アメリカ連邦最高裁判所の違憲立法審査権を生んだことで有名な Marbury v Madison 5 US (1 Cranch) 137 (1803) 事件は、実は、選挙で敗れたがまだ任期の残っていた大統領 (lame duck president) による連邦公職 (justice of the peace) の党派的人事の事件であった。しかしアメリカの大統領選挙と任期は投開票や人の移動に月日のかかった一七九二年頃の前提で一一月に選挙、当時は三月に交代と決まっていて、任期中は大統領なので人事自体は合法だと判断されてしまった。これは「硬い」憲法の一九三三年の第二〇修正（一月交代）の前のことで、現在でもイギリスのように「柔軟」に近代化された選挙制度を前提としておらず、決して良い例ではない。

【註】イギリスの高級官僚人事（⇓230—231）は、総選挙による政権交代を前提にして、総選挙の年を避けて行われる。そもそもイギリスのような総選挙による政権交代の経験がほとんどなかった日本で、史上初めて総選挙により過半数の政党が交代した選挙の後に、勝利党首の意向を聞かずに敗北首相の手で新官庁のトップ人事が行われたのは民主的原理に反する。

イギリス式なら、八月三〇日の総選挙の翌日に勝利党首が宮城に呼ばれて首相に任命され、それから組閣を完成させたであろう。日本でそうできなかった原因はいくつかあり、日本国憲法の条文が深く関係している。日本国憲法第六七条一項「内閣総理大臣は、国会議員の中から国会の議決で、これを指名する」、同第七〇条「……総選挙の後に初めて国会の召集があったときは、内閣は、総辞職をしなければならない」、同第七一条「前二条の場合には、内閣は、あらたに内閣総理大臣が任命されるまで引き続きその職務を行ふ」、同第七条「天皇は、内閣の助言と承認により、国民のために、左の国事に関する行為を行ふ……二、国会を召集すること」、同第六条「天皇は、国会の指名に基づいて、内閣総理大臣を任命する」という明文の規定である。

以上をまとめると、「総選挙後の内閣総理大臣を指名すべき国会の召集は総選挙前の内閣の助言と承認により天皇が行い、それにより招集された国会の指名に基づいて天皇が内閣総理大臣を任命するまで、前の内閣が職務を行う」と読める。これは、イギリスの「王が衆議院の多数を指導できる人物を首相に任命する」という制度とは違って、総選挙に負けた内閣が、勝った相手方の組閣を遅延させ、民意を無視して私的な職務を続行することを許しかねない規定である。実際に麻生太郎内閣はそれを実行した。

一九四六年制定の日本国憲法の規定は小選挙区制を前提としておらず（実はイギリスの小選挙区制も一九四八年の選挙法改正で完成されたに過ぎない）、単独過半数を取る政党の出現が少ないことを念頭に置いた規定であるかもしれない。すると、日本国憲法の規定も民法の規定などと同様に「当たり前」のことは書かない方針であったとすれば、総選挙により単独過半数の政党が誕生すれば、イギリス式に、わざわざ国会を召集するまでもなく、天皇がそのまま勝利党首を内閣総理大臣に任命できるはずである。ただし「国会の指名に基づいて」という憲法第六条の明文規定がこの解釈を妨げる。日本国憲法の条文は、この点で、勝利党首でもまずは新国会の召集を待たなければならない点で、イギリスで言えば一八六八年（明治元年）の総選挙以前の状態より硬直化している（⇓190）。

日本国憲法が第一条で国民主権を謳いながら、総選挙結果に基づく組閣が迅速にできないとすれば、日本国憲法がイギリス式の議院内閣制を範としながら、天皇の国事行為を規制し過ぎた欠陥ともいえる。国会は「国権の最高機関」（四一条）かもしれないが、国民主権を謳うのなら、天皇に総選挙の明確な結果＝主権者の明確な意思表示のみに従う内閣総理大臣任命権があって当然だからである。

もちろん、日本国憲法を国民主権原理に基づいて「運用」する気であれば、そんなに難しく考える必要はなく、単に総選挙の結果、民意に従って、敗れた内閣総理大臣は速やかに一刻一秒を争って新国会の召集を天皇に助言すればよいだけの話である。そういう政府をイギリスでは「留守番政府」（caretaker government）と呼ぶ。イギリスでも総選挙を実施して、その結果、新しい首相が任命されるまで、アメリカほど極端ではないものの、ある程度の時間がかかるのは避けられない。例えば一九七九年三月二八日（水）の労働党キャラハン内閣に対する内閣不信任決議から五月三日（木）の総選挙の翌日保守党々首サッチャーが首相に任命されるまで五週間強あった。この政権交代の政治的な振れ幅は、二〇〇九年の日本の自民党内閣から民主党内閣への変化よりもはるかに大きなものであったことは言うまでもない。しかし、キャラハン内閣はあくまでも「留守番」（caretaker）として振る舞い、一部の必要最小限度の財政法案を野党（保守党）と協議の上で通した程度であった[10]。二〇一〇年の労働党のブラウン内閣から保守党キャメロンと自由党クレッグの連立内閣への政権交代は、二〇一〇年四月六日（火）にブラウン首相がバッキンガム宮殿に参内して四月一二日（月）付での衆議院の解散を助言してから[11]、五月六日（木）の総選挙を経て、五月一一日（火）の連立合意まで五週間かかり、ブラウン内閣はその間、あくまでも留守番であった。なお、日本の総選挙で圧勝した民主党が組閣にあたり連立協議をした理由となった参議院のねじれ現象については、イギリス貴族院の権限を縮小した一九一一年議会法の立法経緯に即して言及することにする。もちろん連立内閣にしたこと自体が大きな失策であったと思われる。

最後に、比較法の研究者の間で日本の「霞ヶ関」比較法に悪用されない比較法の方法論を開発しなければならないという趣旨の責務を説かれることがある。ここで披露した日本国憲法批判も悪用されやすいかもしれない。しかし官僚や政治家に濫用できない法制度や法理論を打ち出すことなど、土台無理な話である。イギリス憲法は濫用しようと思えばいくらでも濫用できる。しかし実際上、日本ほどひどいことにはならない。だから研究する値打ちがあるのである。その価値をストレートに見ることの方が大切だと思う。

憲法改正よりもフェアで民主的な運用の方がよりイギリス的なやり方である。憲政とはアリストテレス的に言えばすなわち市民国家（ポリテイア）の働き（政治的実践）の見事さ、あっぱれさ、つまりフェア・プレーを追求するものであり、その意味で、憲法を法律条文の字句の解釈の次元に引き下げてファウル・プレーに用いることは間違いである。

（エ）首相の解任

もし首相が総選挙での敗北を避けるために議会を不当に延長する、あるいは総選挙に不当に干渉して強迫や不正を行うなど、憲法的基本原則に違反する場合、王には首相を解任する権限があると考えられる（Stanley de Smith and Rodney Brazier, Constitutional and Administrative Law, 8th ed., Penguin, 1998, p. 122）。

内閣不信任のあとに首相が総辞職もせず議会解散も助言しない場合もそのような場合に相当すると考えられ、一九七五年の豪州の例（⇓204―206）を後述するが、近年定期議会法（Fixed-term Parliaments Act 2011）により議会解散が所定の場合に限定されたので、その立法上のルールに従わない首相を王が解任することは、正当なだけでなく、むしろ王の憲法的義務と考えられるであろう。

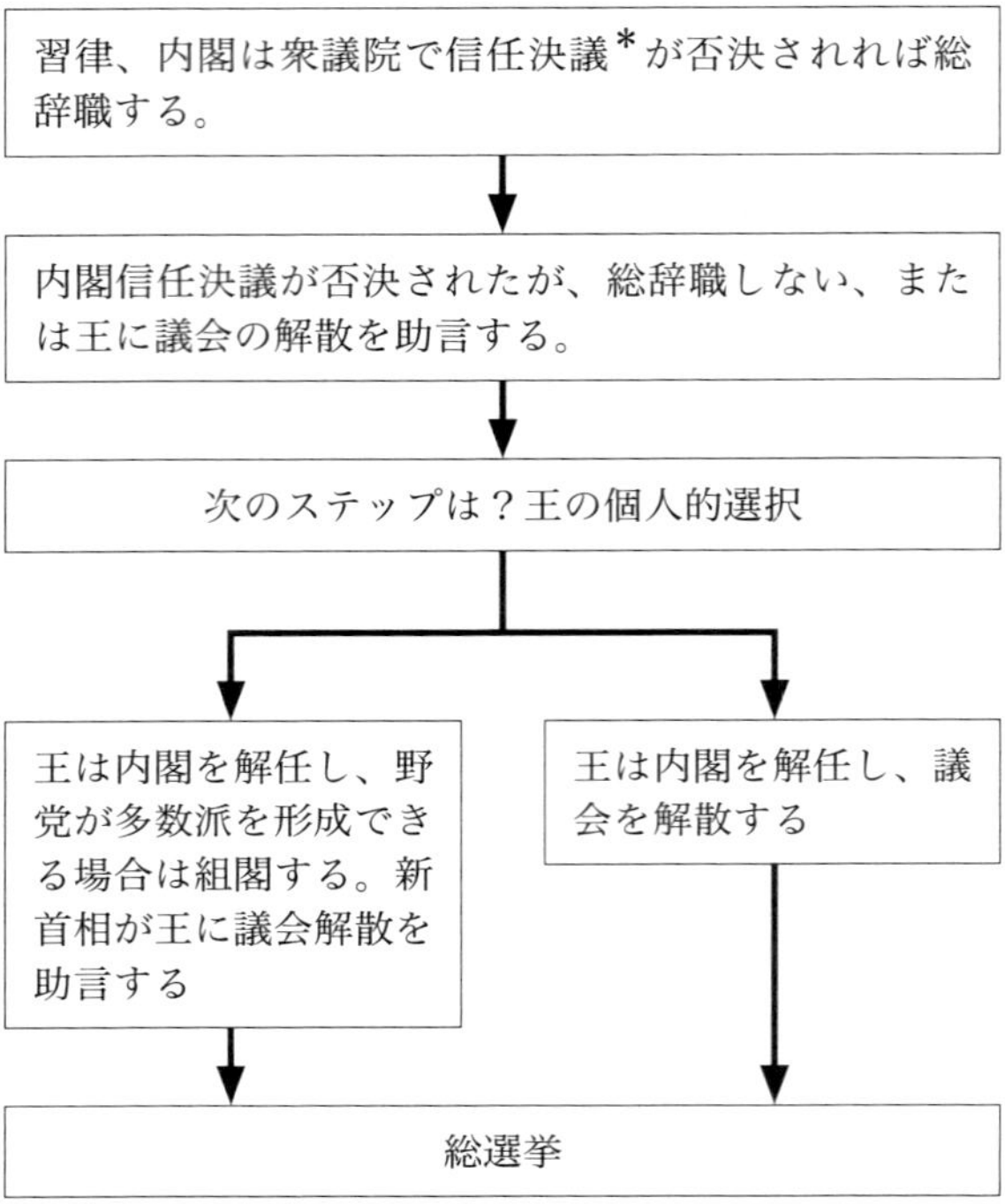
習律、内閣は衆議院で信任決議*が否決されれば総辞職する。
内閣信任決議が否決されたが、総辞職しない、または王に議会の解散を助言する。
次のステップは？王の個人的選択
王は内閣を解任し、野党が多数派を形成できる場合は組閣する。新首相が王に議会解散を助言する
王は内閣を解任し、議会を解散する
総選挙

* 信任決議と書いたが、内閣が信任決議を求め、あるいは特定の法案等の採否を信任決議とみなすと予告した場合で、内閣が敗北したとき、あるいは野党が不信任動議（motion of no confidence）または問責動議（motion of censure）を出して、これが可決された場合を指す。

【こぼれ話】

一八九四年三月二日のグラッドストーン辞任後ローズベリー伯爵が後を継いだが、自由党内をまとめられずに不眠症にかかって政治に熱意を失い、一八九五年六月二一日に軍需委員会で法案が七票差で否決されたとき、これは陸軍大臣キャンベル・バナマンに対する不信任と承とめられたはずであったが、内閣に対する問責と捉えて翌日に総辞職した。この辞任は習律とは違い、己の弱さから投げ出した例。

● 前史　第一次選挙法改正（Sir Erskine May, *The Constitutional History of England Since the Accession of George the Third 1760-1860,* London, Longmans, Green and Co, 1896）

一六八九年の名誉革命でオレンジ君ウィリアムはオランダ亡命中のホイッグ勢力を味方につけてイングランドを侵略したが、ウィリアムにイングランド侵略を要請したイングランドの「不滅の七人」はトーリーとホイッグの両方の貴族であり、制憲議会も貴族院はトーリーがほぼ独占し、衆議院はトーリーとホイッグの両勢力がほぼ伯仲していた。その後の議会は大勢として衆議院でホイッグが多数を占める限り自然に貴族院と衆議院の間にねじれ現象が起こる状態であった。

一八三〇年六月二六日ジョージ四世が死亡して議会は解散し、一八一五年のワーテルロー（Waterloo は英語でウォータールー）の戦でナポレオンを打ち破ったウェリントン公率いるトーリーが勝利（二五〇対一九六）したが、過半数（三三〇議席）に届かなかった。ホイッグは一七七〇年以来一八三〇年までの半世紀のうち政権についたのはわずか三年で腐敗した選挙制度（⇒125―126）に対する国民の不満を背景に改革を企てていた。その選挙法改正動議について、ウェリントン公は既存の選挙制度は完璧で国民の篤い信頼を得ており何ら改正の必要を認めないという趣旨の発言をなし[12]、それはトーリー議員でさえついていけない内容で、程なく一八三〇年一一月一五日、衆議院で内閣不信任動議が可決され、総辞職を余儀なくされた。新王ウィリアム四世はホイッグのグレイ伯爵（Earl Grey）を首相に任命し、ホイッグは選挙法改正法案を提出したが、貴族院の賛成を得ることはできず、グレイ首相は王に議会解散を助言した。これを受けて各地では政治集会が開かれ、バーミンガム政治連合（Birmingham Political Union）の大会には史上空前の一五万人が集まり、選挙制度改革への圧力の中心へと成長していった。

グレイ首相はこの一八三一年の総選挙に勝利し（三七〇対二三五）、七月に選挙法改正法案を提出、衆議院は反対票を一四〇票上回る賛成多数でこれを可決した。しかし、一〇月に貴族院が数多くのトーリー系貴族の欠席にも拘らず聖職貴族（＝英国教会主教二二人中二一人）を中心にこれを否決したために一〇月一二日にはウェリントン公のアプスリー館の窓ガラスが割られ、ダービーとブリストルの監獄やノッティンガム城の襲撃をはじめ各地で暴動が巻き起こった。衆議院は貴族院による法案否決を受けて即座に信任決議を可決してグレイ首相の内閣を支持、同じ会期に同じ法案を二度提出することはできないので、内閣は一旦ウィリアム四世に議会の閉会（prorogation）を助言して一八三一年一二月の新会期に臨み、一八三二年三月に法案は衆議院を前年を上回る賛成多数で通過した。貴族院は暴動を恐れて否決するよりも数々の修正動議で審議を遅延させ法案を骨抜きにする戦略で臨んだため、グレイ首相はウィリアム四世に大量のホイッグ新貴族を叙爵して貴族院の抵抗勢力を圧倒させることを助言、ウィリアム四世がこれを拒絶すると、グレイ首相は五月九日に内閣を総辞職し、王はウェリントン公爵に組閣の大命を下した。グレイ内閣総辞職のニュースは五月一〇日にはバーミンガムに伝わり、改正法案に反対した貴族の館が次々に襲撃される一方、政府の資金繰りを苦しめるためにイングランド銀行の預金から一五〇万ポンドの正金（Pounds Sterling）（文字通りの金）が引き出されて、五月一五日ついにウェリントン公は組閣を断念した。ウィリアム四世はやむなくグレイ伯爵に大命を降下する一方、貴族院の抵抗勢力に対しこのままでは大量にホイッグ新貴族を叙爵せざるを得なくなることを通知、これで貴族院も折れて、一八三二年六月七日に第一次選挙法改正（Great Reform Act こと Representation of the People Act 1832）は王の裁可を得て成立した[13]。

このように衆議院における内閣信任投票や不信任投票は、とくに貴族院との対抗関係の中で用いられることが多く、内閣総辞職は時には王に対抗する武器でもあった。

また新貴族の叙爵により貴族院の構成を変えた実例としては、一七一二年にアン女王の大蔵卿（Lord High Treasurer）として政府指導者であったトーリーのオックスフォード伯（Robert Harley）がスペイン継承戦争（一七〇一―一四）中にフランスと単独講和交渉に臨むにあたり貴族院の反対を押し切るために女王が一二人の新貴族を実際に叙爵したことがあり、翌一七一三年三月三一日にユトレヒトの和約が成立した（三〇頁）。

【こぼれ話】
ユトレヒトの和約の交渉にあたったのはイギリス側がオックスフォード伯爵の盟友で北部大臣ブーリングブルック子爵（Henry St. John）、フランス側がサン・ピエール神父（Charles Irénée Castel de Sainte-Pierre）であった。子爵は伯爵とともにスウィフトのパトロンで、一七一四年のアン女王の死とハノーバー選帝侯家のイギリス王位継承とともに失脚、ユトレヒトでの宿敵フランスとの単独講和のために、衆議院により大逆罪の廉で弾劾（impeached）され（⇒265 14、貴族院の裁判で有罪（attainted）となり、フランスへ亡命し、『ガリバー旅行記』の小人の国リリパットとブレフュスクの戦争と講和とガリバーの弾劾裁判と脱出劇のモデルを提供した。なお交渉相手のサン・ピエール神父がユトレヒトで発表した『欧州永久平和構想』（le projet pour rendre la paix perpétuel en Europe）には「欧州連合」（l'union Européen）という言葉が出てくる。

● 議会法の制定（Sir Robert C. K. Ensor, *Oxford History of England, vol. XIV, England 1870-1914*, Oxford: Clarendon Pres, 1936; Jackson v Attorney. General［2005］UKHL56,［9］…［20］par carol Bingham）

一八三二年の第一次選挙法改正以来、貴族院は世論の支持を得た衆議院の提出法案に反対することを控えるようになったが、状況によっては解散総選挙に追い込む選択肢となっていた。一八六〇年には一会計年度の歳出歳入案（予算案）が一体のものとして扱われるようになったために、個々の財政法案（money bill）ならともかく貴族院が予算案を正面から否決することにはある程度の覚悟が必要となり、貴族院は予算案を否決しないという習わし（convention）が成立するようになった。そして次に述べるように、一九〇九年の「人民予算」（People's Budget）について貴族院がこの習律を破ったことは、衆議院の優越を確実にする議会法（Parliament Act 1911）が成立するきっかけを作った。

一九〇六年の総選挙で自由党は三九七議席（過半数三三六議席）を獲得し、保守党一五六議席に対して大勝をおさめていた。一九〇九年四月二九日、自由党のロイド＝ジョージ大蔵大臣（Chancellor of Exchequer）は「人民予算」（People's

Budget）と題する国民年金など大規模な社会保障費や対独海軍拡張費を資産家の所得に対する累進課税や相続税等で賄う予算案を提出、一一月三〇日、貴族院はこれを三五〇対七五で否決した（習律違反）。このため自由党のアスキス首相（一九〇八―一六）は議会を解散して民意を問い、一九一〇年一月から二月にかけての総選挙を経て自由党は二七四議席と過半数を失ったものの保守党も二七二議席にとどまった。アイルランド独立派（七一議席）や労働党（四〇）が自由党の予算案を支持したので、四月二七日に予算案は衆議院を通過し、翌日、貴族院も合意して、人民予算案は提出から一年を経て成立した。

こうして人民予算の成立を経て、アスキス内閣は今後の自由党の政策遂行のために貴族院の権限を縮小する法案を用意し、アイルランド独立派の支持を得て、六月一六日から数度にわたる保守党との協議に入った。自由党は王位継承法（Act of Settlement 1701）については例外扱いする用意があったが、アイルランド自治（Irish Home Rule）については保守党に譲る気はなかった。保守党との交渉は一一月一〇日に決裂した。

そこで、アスキス首相は貴族院の抵抗勢力を圧倒するために四〇〇名に上る自由党系の新貴族の叙爵を新王ジョージ五世に求めたが、王はそれを行う前に総選挙を要求した15。一二月の再度の総選挙の結果は、自由党は二七二議席、保守党は二七一と議席差は一に縮まり、アイルランド独立派は七四、労働党は四二と議席をわずかながら伸ばした。大勢は解散前とほとんど変わらなかった。王はもう一度解散総選挙を実施して民意を問うことを躊躇したが、大量叙爵については、貴族院が法案を否決してからでないと実施できないと答えた。衆議院が貴族院の修正案を否決し、貴族院がそれを認めないと、アスキス首相は国王による大量叙爵の意向を発表し、これで貴族院の多数が同院における保守党の優位を守るために欠席して一三一対一一四で法案は可決され、一九一一年八月一八日に裁可を得て議会法が成立した。

議会法は前文で貴族院を世襲ではなく民意に基礎を置く第二院に変革する意図を明記し、本文では七年法（Septennial Act 1715）を改正して議会の任期を七年から五年に短縮、純粋に中央政府の課税や公債基金等、歳入歳出のみに関する財政法案（money bill ⇒165）についての貴族院の拒否権を剥奪し、その他の一般法案（public bill）についても、衆議院（の第三読会）の可決したものを貴族院が否決したとしても、法案の提出された最初の会期の衆議院第二読会から翌年二会期目における衆議院の再可決を経て、そのまた翌年の三会期目における衆議院の三回目の可決まで、丸二年が経過していれば、貴族院の同意なく、そのまま王の裁可を得て議会立法として成立することなった。この手続きは右の第一次選挙法改正が一八三〇年から一八三二年まで二年がかりで三回目の法案の通過をもってようやく成立した歴史をそのまま反映している。この3会期（二年）連続可決要件は、衆議院の任期の不安定性を考えれば、日本国憲法第五九条二項所定の衆議院の出席議員の三分の二による再可決よりも厳しかったといえよう。

なお、一九一一年の議会法は一九四九年の議会法（Parliament Act 1949）で改正され、衆議院（の第三読会）で可決した法案を貴族院が否決しても、衆議院が翌年の二会期目で再可決し、最初の会期の第二読会から丸一年が経過していれば、そのまま王の裁可を経て議会立法として成立するように要件が緩和された。これでもまだ日本国憲法第五九条二項の要件（出席議員の三分の二以上の多数による再可決）よりも時間的に見て厳しい場合がある。ちなみに一九四九年の議会法は貴族院の同意を得られなかったので、一九一一年の議会法の旧規定で二年かけて三度目の正直で成立した。議会立法に上下関係はないという理由で、貴族院裁判官も一九四九年法による改正が有効に成立したことを疑わなかった（Jackson v Attorney-General [2002] UKHL 56; ⇒101）。

【こぼれ話】新貴族の叙爵による貴族院多数派工作について

一八三二年の第一次選挙法改正と一九一一年の議会法の制定について、貴族院における多数派工作として新貴族の大量叙爵が検討されたことについて触れたが、ロイド＝ジョージ首相（一九一六―一九二二）が爵位や騎士などその他の栄典を売却して個人的な政治資金を集めたとして、一九二五年、保守党政権の時代に叙爵濫用禁止法（Honours (Prevention of Abuses) Act 1925）が制定された。その後、一代爵位法（Life Peerage Act 1958）が制定され、世襲貴族の叙爵は王族にほぼ限られるようになり、首相経験者は伯爵に叙爵される慣例であるが、これも辞退して一代限りの男爵となることが普通になった（爵位を拒否してあくまでも衆議院議員で貫いた例として自由党のグラッドストーンと保守党のヒースがいる）。

労働党のブレア首相（一九九七―二〇〇七）は一九九七年、二〇〇一年、二〇〇五年と三回連続で総選挙に勝利して長期政権を維持し、その間に多数の新貴族の叙爵を助言した。とくに貴族院法（House of Lords Act 1999）で世襲貴族の数を九二人に限定したこととあいまって（⇓143）、ついに労働党貴族の数が保守党貴族の数を上回った。二〇〇五年の三回目の総選挙が終了してから、ロンドン警視庁が労働党の要人に対し寄付金の見返りに爵位を売りさばいて一九二五年叙爵濫用禁止法に違反した嫌疑で捜査を開始し、のべ五人が逮捕され、ブレア首相自身も二〇〇六年一二月一四日、二〇〇七年一月二六日、二〇〇七年六月二八日（首相辞任翌日）の三回にわたりロンドン警視庁の任意かつ黙秘権告知なしの事情聴取を受けた。二〇〇七年四月二〇日、警視庁は捜査ファイルを王冠訴追局（Crown Prosecution Service）に送付し、二〇〇七年七月二〇日王冠訴追局は警視庁が事情聴取した一三六人のうち、二人の被疑者につき証拠不十分で刑事訴追は行わないことを発表し、栄典売買スキャンダル（Cash for Honours）は終焉した。

●現代

王による首相の解任は、ほとんど実例がない。ただし二つの逸話がある。

①【豪州】一九七五年一一月一一日、オーストラリアで王の代官である総督が首相を解任した実例がイギリス憲法の教科書に取り上げられることが多い。

豪州連邦議会は二院制で、下院は小選挙区制、上院は州選挙区制（一州一二人比例代表）、三年に一度任期六年の上院議員の半分を改選する制度で、英米の両議会を折衷した制度とされる。憲法五七条によれば、下院の同一法案が上院で三ヵ月以内に二度否決されたときは、総督は首相の助言と承認に基づいて上下両院を一斉に解散して

(double dissolution) 同日選挙を行い、このとき上院は半数ではなく全員改選（半数は三年任期、半数は六年任期で選ばれる）で、その結果、法案が再び下院に上程されて可決後、上院で否決された場合は、総督が両院総会を開いて可決の道を探る。一九七四年に一度だけこの手続きの両院総会が開かれた。

実は、一九七五年の豪州首相の解任劇は、その前年一九七四年五月一八日に右記の上下両院一斉選挙が実施され、衆議院で過半数を確保して二期目に入っていた労働党のウィトラム内閣の補正予算承認案が、一九七五年一〇月一七日に上院で保留（deferral）されて発生した。その政治的背景として、労働党の上院議員が一名死亡して上院の与野党のバランスが崩れたことと、ウィトラム労働党内閣は石油ショック後の困難な財政を外国借款などで支える方策を立てていたが、その外国借款をめぐってスキャンダルがおこっていたことがある。

一〇月二一日、ウィトラム首相は下院での演説で、一九七四年の総選挙で有権者の支持を得たばかりの政府としては、次の総選挙まで政権を担当する権利と義務があり、上院のためにあらためて総選挙や上院の半数改選や両院一斉選挙などをまた実施しなければならない理由はないという憲法解釈を示した。しかし予算は同年一一月三〇日に切れるので、それまでに補正予算承認案が上院で可決されなければ、政府は機能不全に陥ることとなった。

野党、とくに自由党のフレイザー党首は、予算承認（supply ⇒149、165）を得られないウィトラム首相が少なくとも下院解散を総督に助言しなければ、総督としてはそのような首相を解任するしかないという立場をとった。

一〇月一九日、総督（Sir John Kerr）は首相に電話して、連邦首席判事の法的意見を聞いてみたいと持ちかけたが、首相は承認を与えなかった。一〇月二一日、総督は、自由党の憲法解釈をウィトラム首相に聞かせてその反論を待ち、ウィトラム首相は一一月六日に書面で回答した。それまでに、総督は首相と野党指導者の両方にそれぞれ別々に会って妥協を進めたが、どちらも妥協の余地はなかった。一一月九日、総督（前クィーンズランド首席判事）は独断で連邦首席判事（Sir Garfield Barwick）の法的意見を聴取し、首席判事の書面による回答は、総督は予算承認（supply）を得られない首相を解任できるし、そうする義務があるというものであった。首相としてはエリザベス女王に直訴して総督を更迭できるので、総督はその決意を首相に匂わすことはなかった。総督としては女王を政治に巻き込むことを避けるために黙っていたという。

一九七五年一一月一一日、総督はウィトラム首相を解任して野党指導者フレイザーを首相に任命し、フレイザー首相は事前に総督に約束した通り、即座に予算案を通して上下両院を一斉に解散し、一二月一三日の同日選挙で自由党が下院では単独過半数を獲得、上院でも国民党を加えてちょうど半数を確保した16。

この事例は、複雑な連邦制度をとる豪州のものなので、連合王国の制度といくつか重要な違いがあるものの、貴族院改革の如何によっては、将来参考例にはなるだろう。総督が裁判官だったためか連邦首席判事の憲法解釈に重みが置かれたことも興味深い。ただ筆者の率直な感想を述べれば、首相が下院を基盤にする制度で上院に予算承認案に対する拒否権を与える憲法そのものに制度的欠陥があるし、自由党が総督の介入を求めたところは、やっぱり植民地の政治で、豪州の政治共同体はまだ植民地体質から抜けきれていなかったのだという印象をぬぐいきれない。

②【戯れ？】一九五〇年二月二三日の総選挙で労働党のアトリー首相は三一五議席対二八二議席で勝利して二期目に入ったものの半数を以前は八一票を超えていたものがわずか三票にとどまった。一九五一年に入り、国王ジョージ六世が翌年に予定通り外遊に出て留守にするには政局が不安だと漏らしたために、アトリーは一九五一年一〇月二五日、律儀にも王の外遊前に総選挙を実施し、三二一議席対二九五議席で保守党のチャーチルに敗れ、野に下った。ただし得票率ではアトリーがわずかに上回っていた（⇓131）。厳密に言えば一九五一年の解散総選挙は全く不要であったが、アトリーにとっては一九四五年の選挙で一一九六万七七四六票獲得して圧勝したあと、一九五〇年の選挙では一三二二万六一七六票に票数を伸ばしたのに議席を減らしていたことが悔しかったのであろう。王の言動に不適切なところはなく、アトリーも王の意を酌む義務も必要性もなかったが、上手に乗せられたのかもしれない。実は、一九五〇年の選挙当時、すでに労働党は政権慣れしてきて精彩を欠いていたし、保守党は新人議員が沢山当選して活気があったと言われる。またアトリーが王の言動に左右されやすかったのは事実のようで、一九四五

年の組閣のとき、はじめ外相にはダルトン、蔵相にはベヴィンを予定していたのに、王が逆様の人選を示唆したために、ベヴィンを外相、ダルトンを蔵相に任命したらしいことが分かっている17。

（オ）議会の解散

王冠の議会解散権はかつて、内閣の助言と承認によって行使されるのが習律（習わし）で、閣僚の総意に基づいてなされた。王や貴族院と対決するときに内閣が衆議院で信任されなければ、内閣総辞職か、解散かの二者択一が迫られたことからも、閣僚の総意を要するのは当然ともいえた。しかし一九一〇年一二月の貴族院の権限を縮小する法案の成否をかけた総選挙から、第一次世界大戦のために一九一八年一二月一四日まで丸八年間にわたって総選挙がなく解散権について詳しい人も減り、戦争中にロイド＝ジョージ首相のカリスマ的指導力が「準独裁制」(semi-dictatorship) と呼ばれるほど強化されて18、一九一八年の解散総選挙はその裁量に委ねられた。その後、解散は首相の助言と承認によるという新しい習律が発展した。

しかし二〇一〇年の政権交代を経て、保守党と自由党の連立協定に従い定期議会法 (Fixed-term Parliaments Act 2011) は総選挙の実施日程、五年ごとに五月の第一木曜日の実施を法定化し（一条）、それ以前の議会の解散を、①衆議院の定数の三分の二以上の賛成による早期解散（二条一項）または②衆議院が内閣不信任を決議してから一四日以内に内閣信任決議がない場合（二条三項）の二つの場合だけに限って、首相の衆議院解散の時期の選択の自由を剥奪した。

これで、王冠の議会解散権の行使について王の個人的な裁量の余地も、かりに存在していたとしても、完全に剥奪されたといってよいだろう。

二　内閣（Cabinet）

（1）枢密院（Privy Council）

枢密院は、テューダー・ステュアート両王朝の絶対王政期には行政だけでなく立法と司法の全権を担い、議会は課税が必要な場合以外はあまり開かれなかった。死刑以外は何でもできた星室庁（Star Chamber）はもともと夜空の星が沢山描かれた枢密院の一室（chamber）の名前であったが、絶対王政のシンボルとして一六四一年に廃止された。

内閣（Cabinet）とはその枢密院の委員会の一つのようなものだという通俗的な説明は、①内閣の閣僚が全員、習律上、枢密顧問として宣誓すること（現行Oaths Act 1978）、②閣僚は議会立法に基づき委任立法（statutory instrument）を制定できるのだが、往々にして枢密院における王の勅令（Order in Council）という形式をとることが多いこと、そして③枢密院には実際司法委員会法（Judicial Committee Act 1833）で設立された司法委員会があって高位の裁判官がやはり枢密顧問として宣誓し実質的な裁判機能を果たしていること、などを「上手に」説明してしまう利点はあるかもしれない。また一八世紀末から一九世紀末にかけては官庁が枢密院の理事会（board）として設置され主務大臣が理事長（president）であったことがあり、一七八六年の通商植民地理事会（Board of Trade and Plantations）、一八七〇年の教育理事会（Board of Education）、一八七一年の地方政府理事会（Local Government Board）、一八八九年の農業理事会（Board of Agriculture）などがその例である[19]。

少なくとも、現在の枢密院は、内閣を超える大きな枠組みというか、現役の閣僚だけでなく歴代の過去の内閣の閣僚そして将来の政権交代に備えて一九六一年以来野党の党首も含み[20]、現職および引退した高位の裁判官（貴族院裁判官だけでなく三法域の首席ないし各部長判事）を含み、さらにそれらをはるかに超えた全部で四〇〇人ほどの枢密顧問の集団が存在する。人材のプールと見た方がよいかもしれない。

枢密院の常設委員会には司法委員会の他、栄典委員会（Honours Committee）、オックスフォードとケンブリッジ大学の自治に関する大学委員会（Universities Committee）、イングランドでもウェールズでもスコットランドでもアイルランドでもないノルマンディー沖のジャージー諸島とガーンジー諸島からなる海峡諸島（Channel Islands）とアイル海のマン島（Isle of Man）という沖合王領地（offshore islands）の統治に関する委員会などがある。臨時の特設委員会には、一九五七年の警察による盗聴など通信の秘密への干渉の合法性についての調査委員会（Birkett Committee）や、一九六四年の陸軍大臣がソ連のスパイと情婦を共有していたというスキャンダル（⇓84）をきっかけにヒューム首相が提言した安全保障委員会（Security Commission）や[21]、一九八二年のアルゼンチンのフォークランド侵攻に至るまでのイギリス外交の調査委員会（Franks Committee）、二〇〇三年のイラク戦争についての二〇〇九年から二〇一一年にかけての調査委員会（Chilcot Inquiry ⇓234）などがある。ちなみに調査委員会には色々な形式があるので後述する（⇓257）。

しかし、歴史的には、枢密院の特定の委員会が内閣の起源になったという証拠はない。規模の面でも、エリザベス一世の枢密顧問は約二〇名で、エリザベス二世の歴代内閣とほぼ同じである。ただし、枢密院の諸委員会が内閣の制度的モデルを提供した可能性はあり、名誉革命後、とくにウィリアム三世（一六八九―一七〇二）とジョージ一世（一七一四―一七二七）とジョージ二世（一七二七―一七六〇）は、本国（それぞれオランダ総督とハノーバー選帝侯）での政務、とくに戦争のためにロンドンを留守にすることが多く、後者二人は英語も話せなかったので摂政院（Regency Council）がロンドンのおける政務にあたったことも内閣制度の発展に寄与したと思われる。

内閣（Cabinet）というフランス語も、首相（Prime Minister）という英語と同様に、もともと俗語で悪口に使われたもので、このような用語だけに着目していては厳密な実証的歴史研究はできない。閣僚はハノーバー朝では陛下の内々の召使（His Majesty's confidential servants）と呼ばれていた。

ともかく、現代、枢密顧問は枢密院で取得した秘密を公にしないという宣誓を行い、「The Right Honourable」という敬称で呼ばれる。勅令を出すときには数名の閣僚が枢密顧問の資格で集まり、枢密院の印璽が書類に押されるが、実質は内閣または閣僚の命令で、枢密院での手続はまったく儀礼的、形式的なものである。

(2) 内閣（Cabinet）

内閣は、議会、とくに衆議院の多数派の中、同時に枢密院という今はやや形骸化した統治の枠組みの中で、現役の政治中枢として存在し、議会立法の中心的な推進役であり、委任立法の文脈で枢密院の印璽を用いて勅令を発することのできる主体である。内閣、閣僚の議会に対する責任については後述する（⇓220―227）。

内閣は首相を中心に、最近は二二名から二四名ほどの閣僚（閣内大臣）からなる。閣僚は主務官庁をもつ場合と、そうでない場合がある。

主務官庁を議会で代表する閣僚（Cabinet Ministers）をSecretaries of Stateと呼ぶ。アメリカではこの名称は単数形で「国務長官」つまり外務大臣に他ならないが、イギリスではこの名称の閣僚が同じ内閣に沢山いて、Secretary of State for the Home Departmentといえば内務大臣、Secretary of State for the Foreign and Commonwealth Affairsといえば外務大臣、Secretary of State for Defenceといえば防衛大臣、Secretary of State for Transportといえば運輸大臣、Secretary of State for the Environmentといえば環境大臣という具合で、本書では「主務大臣」とする。

主務官庁のない閣僚としては、首相の他、枢密院議長（Lord President of the Council）、御璽卿（Lord Keeper of the Privy Seal）、ランカスター公領奉行（Chancellor of the Duchy of Lancaster）などの儀礼的役職があり、枢密院議長ないし御璽卿は衆議院対策委員長（Leader of the House of Commons ⇓161）、ランカスター公領奉行は貴族院対策委員長（Leader of the House of Lords）という政府の議会対策職などに儀礼的な荘重さを添える肩書として用いられやすい。

内閣（Cabinet）と政府（Government, Administration, Ministry）は英語では厳格に区別され、「内閣」は、平時は、首相を中心とした約二〇名の主務大臣と無任所大臣の集団であるのに対し、「政府」はこれに閣外大臣を含めた一〇〇名を超える与党議員の集団を指す。次に閣内外の大臣（ministers）らの名称上の一応の序列を述べる。

①Secretary of State ＝主務大臣（閣内大臣）

●大蔵大臣（財務大臣）はChancellor of the Exchequer（勘定奉行）という歴史的な名前で呼ばれるが、Secretary of State と同格である。

●President of the Board of Trade（and Plantations）（通商植民理事会理事長）という一七八六年以来の枢密院理事会制の名残は、サッチャー内閣ではSecretary of State for Trade and Industry（通商産業大臣）、ブレア内閣以降はSecretary of State for Business, Innovation and Skills（ビジネス発明技能大臣）がその肩書を名乗っている。

●Lord Chancellor（大法官）は二〇〇六年六月二七日から新設のSecretary of State for Justice（司法大臣）が兼任している（⇓218）。

②Minister of State ＝首相や主務大臣（閣内）が兼任する大臣である場合と、副大臣の場合の二通りあり、後者の場合は閣外相であることが多い。

●首相（Prime Minister）は一九六八年以来官僚担当大臣（Minister for the Civil Service）を兼任する習わしである。

●またキャメロン内閣では内務大臣が女性平等大臣（Minister for Women and Equalities）を兼ねている。

●無任所大臣（Minister without portfolio）が閣内相としてこの名称で置かれ、官庁間の壁を超えた政務（cross-cutting）を担当することもある。

◇一九四〇年五月一〇日のチャーチル戦時挙国一致内閣ではチャーチル首相がMinister of Defence（防衛大臣）を新設して自ら兼任し、むしろ海軍大臣（First Lord of the Admiralty）、陸軍大臣（Secretary of State for War）、空軍大臣（Secretary of State for Air）の三軍主務大臣を閣外の副大臣格にして、三軍統合の文民統制を実施した。かわりに閣外から制服組の海軍幕僚長（First Sea Lord and the Chief of the Naval Staff）と参謀総長（Chief of the General Staff）と空軍幕僚長（Chief of the Air Staff）が閣議に参加した。一九六四年に海軍省、陸軍省、空軍省が解体され防衛省に統合されると、防衛大臣の名称もMinister of Defence からSecretary of State for Defence に改められ、制服組のトップも防衛幕僚長（Chief of Defence Staff）に変更された。なお戦時内閣（War Cabinet）は五〜七人の少数精鋭で組閣するが、サッチャー戦時内閣（フォークランド戦争）とメイジャー戦時内閣（湾岸戦争）では防衛幕僚長（フォークランド戦争では海軍大将、湾岸戦争では空軍大将）が正式に入閣した。

● 一九九七年にブレア内閣が創設した内閣府長官（Minister for the Cabinet Office）は閣僚ではないが閣議に常に出席する。

③ Parliamentary Under Secretaries of State ＝政務次官（ここまでは大臣 minister としての給与があることが普通）

● なお、副大臣、政務次官に対する各官庁の事務方（官僚）のトップ、日本語の事務次官は Permanent Under Secretary of State（「常任次官」）という。猟官制（patronage/spoils system）ではないので常任（permanent）である。ホワイトホール（日本の霞ヶ関に相当）の官僚を集合的に Permanent Home Civil Service（常任事務官）と呼ぶが、Home というのは厳密には Permanent Diplomatic Service（外交官）と区別する英語で、この区別は一七八二年に遡る（⇓241）。

⑤ Parliamentary Private Secretaries ＝政務次官を補佐する政務官（議員報酬のみ）

⑥ Government Whips（政府幹事⇓212、219）は政府のために与党議員の統制、党議拘束（whip＝鞭）にあたる、日本の感覚では党役員的存在であるが、議員報酬と別に政府役員（office holders）として給与が出る（House of Commons Disqualifications Act 1975, s. 2, Schedule 2）。衆議院議員のうち有給役職につく議員の数は九五名までに限定されている（同法二条一項）。実は、一九三七年以来「影の内閣」（Shadow Cabinet）を前提として野党党首（Opposition Leaders）や野党幹事（Opposition Whips）にも議政役員として給与がある（Ministerial and other Salaries Act 1975, s. 2, schedule 2）。

● イギリスの内閣（閣内大臣）と政府（閣外大臣と政府幹事ら政府役員を含む）と与党の区別の仕方は、日本の内閣＝政府と与党の区別の仕方と違うことに注意して欲しい。

● 党議拘束（whip）には三段階ありそれぞれ第一段階（single-line whip）、第二段階（double-line whip）、第三段階（three-line whip）と呼ぶ。第一段階は投票のあることの通知で投票内容も出席も拘束するものではない。第二段階は投票内容を拘束するが一定の理由があれば欠席できる。第三段階（three-line whip）は投票内容と出席を義務付け、違反した場合には党員資格剥奪など重大な帰結があり、通常、予算案や内閣不信任決議案などの重要案件に限られる。（実例は⇓118）。

○　以上の役職を持たない平の議員を backbenchers と呼ぶ。

（3）首相（Prime Minister）

歴史家トラビリヤンの一九二六年の著作 History of England[22] により、近代的な初代の首相（Prime Minister）とされるウォルポール（Sir Robert Walpole）は、便宜的に一七二一年四月四日に大蔵卿委員首席（First Lord of the Treasury）となった時をもってそうなったと見なすこともできる。大蔵大臣に相当する勘定奉行（Chancellor of Exchequer）は大蔵卿委員次席（Second Lord of the Treasury）で、ウォルポールの場合は首席と次席を兼任したが、いつ近代責任内閣の指導者（つまり「首相」）になったかについては、厳密には肩書とは別の問題で、議論がある。

大蔵卿（Lord High Treasurer）の歴史を遡ると、次の九人の公卿（Great Officers of State）の第三位にあたる。

①　Lord High Steward of the Household（内大臣）
②　Lord High Chancellor（大法官）⇓218
③　Lord High Treasurer（大蔵卿）⇓214
④　Lord President of the Council（枢密院議長）
⑤　Lord Keeper of the Privy Seal（御璽卿）
⑥　Lord Great Chamberlain（大侍従卿）
⑦　Lord High Constable（大将軍）

⑧ Earl Marshal（馬元帥）
⑨ Lord High Admiral（軍艦卿）⇒31、184、216

うち①内大臣は一四二一年以来、⑦大将軍は一五二一年以来、ともに戴冠式のとき以外は空席である。⑥大侍従卿と⑧馬元帥は世襲職で、⑨軍艦卿は一七〇九年から独任制ではなく合議制の委員会（commission）となることが常態化していたが一九六四年に海陸空軍三省が防衛省に統合されて以来エリザベス女王が兼任し、二〇一一年から夫のエジンバラ公フィリップが兼ねて、⑦や⑧と同様の儀礼職となっている。現在でも内閣の閣僚として機能しているのは②の大法官（218）、③の大蔵卿、④の枢密院議長、そして⑤の御璽卿のみである。うち④と⑤は中世以来の古い公卿名であるため無任所大臣の年齢や立場に応じた荘重な儀礼的肩書としてよく用いられる。

③の大蔵卿は一七一四年のジョージ一世による王位継承後、独任制ではなく合議制の委員会（commission）となり、その首席をFirst Lord of the Treasury、次席をSecond Lord of the TreasuryことChancellor of the Exchequer（勘定奉行と呼んだ。Exchequerはもともと計算用のチェッカー・ボード（勘定台）のある部屋を指し、王室財政を司った上局（Upper Exchequer）は「財務府裁判所」（Court of Exchequer）に発展し、収入を司った下局（Lower Exchequer）が大蔵卿職（The Treasury）に発展した。歴史的には一七二一年四月三日ウォルポール（騎士Sir Robert Walpole）が大蔵卿委員次席になり、翌四日、同首席（First Lord of the Treasury）を兼ねて、名実ともに政府財政を取り仕切るようになり、一七三〇年五月一五日にそれまで北部大臣（Secretary of State for the Northern Department ⇒241）であったタウンゼント子爵（Viscount Townsend）が引退して以降、政府の単独の指導者となったことが、名前は別として、近代的な意味での首相（Prime Minister）の始まりと言われる所以である。ウォルポールは騎士として衆議院に身を置き、タウンゼント子爵は貴族として貴族院に身を置いていた。

実際、その後、歴史的にはビクトリア朝のソールズベリー侯爵（首相、ただし貴族院）とバルフォア（大蔵卿委員首席、ただし衆議院）のように首相と大蔵卿委員首席が別々になった例外も若干みられるものの、その後は例外なく常に首相がFirst Lord of the Treasuryを兼任しており、議会立法にも二つの肩書が並列される例がある（House of Commons Disqualification Act 1975, Schedule 2; Ministerial and other Salaries Act 1975, Schedule 2）。

ともあれ、ウォルポール内閣のあり方とその後の習いは大蔵卿委員会の首席が政府財政の主管を離れて内閣全体の指導者となる傾向を示し、その代りに次席が大蔵省（財務省）の主務大臣（Chancellor of Exchequer）となった。

【こぼれ話】

なお、上位の大蔵卿委員の序列は首相官邸のあるダウニング通（Downing Street）の番地にも対応している。つまり首相官邸（一〇番地）、蔵相官邸（一一番地）、幹事長官邸（一二番地）は、それぞれ大蔵卿委員首席、次席、大蔵卿政務官（Parliamentary Secretary to the Treasury）の官邸で、現在では実質的に一軒の建物となっている。九番地は政府幹事長の執務室があり、枢密院の儀式（勅令に枢密院璽を押す）を行う部屋への入り口にもなっている。

大蔵卿委員会の役職は他にもあり、Paymaster General（給与総裁）は大蔵省担当の政務官であるときは、大蔵大臣（Chancellor of the Exchequer）、大蔵副大臣（Chief Secretary to the Treasury）に次ぐ三番目の政務次官であるが、近年は一九九七年のブレア内閣が創設した内閣府長官（Minister for the Cabinet Office）が名乗る歴史的肩書となっている。大蔵省担当の政務次官に相当する四人には、Financial Secretary（金融次官）、Economic Secretary（経済次官）、Exchequer Secretary（勘定次官）、Commercial Secretary（商事次官）という便宜的な名前がついている。

日本の中世・近世史と単純比較してみると、中世イングランドの大将軍（Lord High Constable）や馬元帥（Earl Marshal＝ゲルマン語で王の馬の世話係↓元帥）などの軍事職が早くから世襲の儀礼職となって、政治的にはとくに指導的役割を果たさず、むしろ財政を主管する大蔵卿委員の首席につく者が内閣の指導者として首相（Prime Minister）と呼ばれるようになったことは、資本主義の母国イギリスらしい特徴といえるかもしれない（文民統制）。

軍艦卿（Lord High Admiral）も一七〇九年から委員会制をとることがほぼ常態化して、これも海軍国イギリスらしく実務的であったが、稀に独任官が任命されるときは王族の名誉職となっている。軍艦卿委員には文官（Civil Lords）と武官（Professional Lords）があり、閣僚である First Lord of the Admiralty（軍艦卿委員首席）は一八〇六年以来文官で、シビリアン・コントロール（文民統制）の体制となり、武官の首席は First Sea Lord（海軍幕僚長）といって区別されている（一九六四年に防衛幕僚長ができて以降は海軍幕僚「次長」）。

【コラム】内閣政府から首相政府へ

207頁で内閣総辞職が閣僚全員の同意を要するのか、首相の一存で決まるのか、その習律の変更が、政府の性格を内閣政府（Cabinet Government）から首相政府（Prime Ministerial Government）へと変更するものであったことを述べた。この変化をもたらしたものは端的に言えば第一次世界大戦と第二次世界大戦における戦時内閣（War Cabinet）の戦争指導である。

戦時内閣は五人から七人くらいの少数精鋭で組織される。とくに必要とされたのは国難のときに国をまとめられる人望と指導力であり、結果的に見れば、ロイド＝ジョージとその弟子のチャーチルがその任に当たって、内閣における首相の指導的地位を確立させ、その後の内閣のあり方を大きく変えたと言える。

一九一四年八月四日イギリスがドイツに宣戦を布告したときの首相は自由党のアスキス（一九〇八―一九一六）であった。当時のアスキス内閣は、貴族院の権限を削減する議会法案（Parliament Bill）を通すための一九一〇年の二回目の総選挙（一二月）で獲得した二七二議席、過半数に三四議席足らない少数内閣で、保守党の二七一議席と伯仲していた。英仏軍のダーダネルス海峡制圧作戦がガリポリの戦いで苦戦を強いられると、少数内閣の指導力が疑われ、一九一五年五月二五日にアスキスは保守党および労働党と大連立を組んだが、結局ダーダネルス作戦は大量の犠牲者を出して失敗、翌年フランスのヴェルダンの戦は膠着状態に陥った。陸軍大臣ロイド＝ジョージは少数精鋭の戦時内閣による強力な戦争指導をもって現状打破を望み、これを保守党と出版王ハモンズワース（デイリー・メール紙、ペンギン文庫、そしてタイムズ紙を所有）が支持し、一九一六年一二月六日、自由党左派のロイド＝ジョージを首相として、保守党の指導者ボウナー＝ローと労働党の指導者ヘンダーソンに、保守党最右翼の元インド総督カーゾン伯爵と南アフリカでブーア戦争の文官指導経験を持つミルナー子爵を加えた五人の戦時内閣を発足させた。現状打破を望む左右両翼の行動力のある強硬派が集まった。ボウナー＝ローは大蔵大臣、カーゾン卿は外務大臣、ヘンダーソンとミルナー卿は無任所大臣であった。海軍大臣と陸軍大臣は保守党が占めたが戦時内閣の閣外に置かれた。一九一一年議会法の規定で本来は一九一五年一二月までに総選挙を実施しなければならなかったのだが、戦時下にまた総選挙を実施して混乱を呼び込むよりも、むしろ指導力を見せて国を引っ張ることが優先された。一九一八年一一月一一日の休戦協定のすぐ後の解散総選挙を、従来の習律と異なり、戦時挙国一致内閣を指導してきた自由党のロイド＝ジョージ首相と保守党のボウナー＝ロー大蔵大臣だけで決定したのは、戦時内閣のあり方からしても、それ以前の憲法的習律からは大きく変化していたのである。第一次世界大戦は、自由党の内部崩壊とともに、イギリス憲政の常道を大きく変えた。

　第二次世界大戦については、思いがけず総力戦化した第一次世界大戦の経験から、イギリス議会は一九三九年八月二三日の独ソ不可侵条約締結の翌日には国防緊急権法（Emergency Powers (Defence) Act 1939）を制定し、八月二七日には地下の戦時閣議室（Cabinet War Rooms）も準備が整い[23]、そういうところだけに着目すると一九三九年九月一日のドイツ軍のポーランド侵攻の前に制度的な戦争準備は着々と進んでいたようにも見える。しかし実際には第一次世界大戦の嫌な体験と長びく不況の影響もあり、諦めムードさえ漂っていた。チェンバレン首相は一九三五年一一月一四日の総選挙の結果、衆議院で半数を七九議席上回る余裕（三八六議席）を持っていたが、ミュンヘンでの宥和政策から一年も経たない一九三九年九月三日、戦時内閣を結成してドイツに宣戦を布告しても、問題は、本当に命を懸けてドイツと戦う覚悟があるかどうか、あるいは、そのように見られているかどうかであった。一九四〇年四月二六日、ノルウェー救出部隊に撤退を命じると、五月七日の衆議院で公然と引責辞任を迫られた。チェンバレンは挙国一致体制の確立のために野党第一党労働党（一五四議席）の意向を重視したが、アトリー党首はきっぱりとチェンバレン以外の指導者を望んだ。チェンバレンの友人で戦時内閣の要人ウッド（空軍大臣↓御璽卿）も穏やかに辞職を勧告し、後継首相に貴族院のハリファックス卿を推す声は気にするなと助言した[24]。一九四〇年五月一〇日、チェンバレンの助言で国王ジョージ六世はチャーチルに組閣の大命を下した（⇓84）。すでにドイツ軍はオランダとベルギーに侵入していた。

ロイド＝ジョージとチャーチルの戦時内閣の組閣について、憲法上とくに興味深いのは、それぞれ一九一五年一二月および一九四〇年一一月までに総選挙が実施されなければならない時が来ていたのに、あくまでも戦うために、総選挙をも延期して戦時内閣を組織したことである。ロイド＝ジョージもチャーチルも一度も総選挙に勝利しないまま緊急事態のピンチヒッターとして登場し、強力な戦争指導内閣を組織した。そして両戦時内閣において軍部大臣の入閣はなかった。

戦後のイギリスの歴代首相は、戦時のカリスマ首相の遺産を受け継いでいる。ただし、サッチャー首相の指導力は一九八二年のフォークランド戦争で急上昇したのに対し、一九九七年の総選挙で圧勝して以来のブレア首相の圧倒的な指導力は二〇〇三年のイラク戦争以来とくに労働党内で急激に落ち始めた。個別内閣のおかれた状況や性格、個別の首相の力量等にかかる部分はやはり大きい。

（4）大法官（Lord High Chancellor）

②の大法官というのは、近代の首相の制度的起源となった大蔵卿よりも上位の公卿で、国璽（Great Seal of the Realm ⇕御璽 Privy Seal とは別）を預かるので、ヘンリー八世初期のウォルジー枢機卿（Cardinal Wolsey, 1515-1529）やトマス・モア（Thomas More, 1529-1532）などは事実上の王の右腕の執政官と言って過言ではなかった。大法官は同時に貴族院議長（⇓115、139）であり（ここまではアメリカ合州国の副大統領＝元老院議長のモデル）、モア以来聖職貴族ではないが、王国の最高位の裁判官であった（⇓ii）。また大法官省（Lord Chancellor's Department）という日本の最高裁判所事務総局（裁判官人事）と法務省から刑事局を除いた職務を合わせたような官庁の公務につき貴族院で説明責任を有した。
二〇〇五年憲法改革法（Constitutional Reform Act）による改革で、大法官は二〇〇六年七月には貴族院議長職を解かれ、二〇〇七年六月二七日以来、衆議院に籍を置き旧大法官省と内務省の刑事行政機能を受け継いだ司法省（Ministry of Justice）担当大臣、司法大臣（Secretary of State for Justice）が大法官（国璽卿）職を兼務するようになった。

この大法官の下に、閣外の王冠法律職（Law Officers of the Crown）があり、Attorney-General（法務総裁）、Solicitor-General（法務副総裁）、そして従来はスコットランドの対応二役 Lord Advocate（スコットランド検事総長）と Solicitor-General for Scotland（スコットランド次長検事）の四人いたが、スコットランド地方議会（Scottish Parliament）への権限配分を定めた Scotland Act 1998（スコットランド法）により、スコットランドを対象とした王冠法律職は、検事総長（Lord Advocate for Scotland）一名に縮減された。首相が党派的に選任するが、王冠に直属し、独立して公益のために職務を執行することになる。

（5）政府幹事（Government Whips ⇒212）

政府の議会での仕事のために与党議員をまとめる政府幹事長（Government Chief Whip）は執務室が首相官邸（ダウニング通一〇番地）の隣（九番地）にあり、普通は大蔵卿政務官（Parliamentary Secretary to the Treasury）という歴史的肩書を持ち、閣議に出席する。副幹事長二名は、宮中財務官と宮中主計官（Treasurer of HM Household と Comptroller of HM Household）という内大臣府（Lord Steward's Department）の儀礼的肩書（その歴史的名称に対応する実はない sinecure の肩書）を持つ。キャメロン政権で六人いる幹事（Government Whips）の中の筆頭者は宮中侍従代（Vice-Chamberlain of HM Household）という儀礼的肩書を持ち、その他の平の幹事たち（Government Whips）は大蔵卿委員（Lords Commissioner of the Treasury）の儀礼的肩書を持つ。キャメロン政権で八人いる幹事補（Assistant Government Whips）にはそういう名目上の儀礼的肩書はない。

（6）内閣の実例[25]

二〇一〇年五月一二日に発表された保守党と自由党の連立内閣の閣僚は、二〇一二年九月四日の内閣改造（cabinet reshuffle）前はキャメロン首相・大蔵卿委員首席・官僚担当大臣（保）、クレッグ副首相・枢密院議長（自）、ヘイグ外務大臣（保）、オズボーン大蔵大臣（保）、クラーク大法官・司法大臣（保）、メイ内務大臣・女性平等大臣（保）、ハモンド防衛大臣（保）、ケイブル通商理事会理事長・ビジネス発明技能大臣（自）、ダンカン・スミス労働年金大臣（Secretary of State for Work and Pensions）（保）、ヒューン動力源気候変動大臣（Secretary of State for Energy and Climate Change）（自）、ランスリー健康大臣（Secretary of State for Health）（保）、ゴウブ教育大臣（Secretary of State for Education）（保）、ピクルズ地方政府大臣（Secretary of State for Communities and Local Government）（保）、グリーニング運輸大臣（Secretary of State for Transport）（保）、スペルマン環境食料田園大臣（Secretary of State for Environment, Food and Rural Affairs）（保）、ミッチェル国際開発大臣（Secretary of State for International Development）（保）、ハント文化メディア・スポーツ大臣（Secretary of State for Culture, Media and Sport）（保）、パターソン北アイルランド大臣（Secretary of State for Northern Ireland）（保）、ムア・スコットランド大臣（Secretary of State for Scotland）（自）、ギラン・ウェールズ大臣（Secretary of State for Wales）（保）、アレクサンダー大蔵副大臣（自）、ウォーシ無任所大臣（Minister 閣僚報酬なし）（保）、スクラスクライド貴族院対策委員長・ランカスター公領奉行（保）の二三人（保一八自五）であった。

内閣に常時出席する役員は、モード内閣官房長官・給与総裁（保）、レトウィン内閣官房次官（副大臣格）（保）、ウィレッツ副大臣（ビジネス発明技能省）（保）、ヤング衆議院対策委員長・御璽卿（保）、マクローリン政府幹事長・大蔵卿政務官（保）の四人。

必要に応じて閣議にまねかれる役員としてグリーブ法務総裁（保）一人。

以上、計二八人は全員枢密顧問である。

閣外の政府役員を全員いれると、二〇一一年一〇月段階の発表で一二四人いた[26]。

三　閣内大臣（Cabinet Ministers）

（1）大臣責任（Ministerial Responsibility）

トラビリヤンはウォルポールが「内閣の共同責任（common responsibility）原則および首相を内閣と衆議院の両方における同時最高指導者として進化させた」27と評価しているが、ロイド＝ジョージ内閣の内閣書記官長モーリス・ハンキー卿（Lord Hankey）はこれを敷衍して「王の主要な大臣は、全員枢密顧問であるが、彼らが政府の政策と同僚の行動について共同で責任を負うこと、首相は最高指導者であること、議会、とくに大臣の政策遂行に必要な予算を決める唯一の機関である衆議院に対して大臣が集団で責任を負うことは、今なおイギリス憲法の指導的原則である」28と説明している。

すでに内閣が貴族院や王と対決したときに、衆議院の信を問うて自らの立場を確認し、場合によっては総辞職するか、または衆議院を解散して有権者の意見を確認しながら、憲法的重要性のある議会立法を成立させせてきた歴史を振り返った（⇓199—200）。

そこから派生してきたのが、閣僚は衆議院に対して説明責任（accountability）を負うということである（ii～iii）。閣僚の対議会（衆議院）責任には、集団的なものと個別的なものがある。

（ア）集団または連帯責任（Collective Responsibility）

閣内外の大臣（ministers）全員は、内閣の政策について、それに個人的に参画しているかどうかを問わず、忠実でなければならない。内閣および政府の仕事は秘密である。大臣は、辞職しない限り、同僚との意見の食い違いを表に出すことができない。これは習律（convention）である。この効用は226頁のコラムで考えるが、一言でいうと、難しい決断を一人に押しつけず、全員の責任で下すための制度といえるだろう。

● 第一次世界大戦の西部戦線の膠着状態の打開のため、一九一四年初冬、海軍幕僚長フィッシャーはキール運河を占領しバルト海を伝ってロシア軍を輸送してベルリンを攻撃させる北方作戦を立て、海軍大臣チャーチルも大いに賛同したが、閣議でバルカン半島とシリア方面を攻撃するためにダーダネルス海峡を制圧する南方作戦が決まった。これも海軍主体の作戦であったため、一九一五年のガリポリの戦を経て南方作戦が失敗すると、海軍大臣であったチャーチルが批判の矢面に立ちながら（個別責任⇓223）個人の見解は明かさず、一九一六年一二月、アスキス内閣総辞職で更迭、ロイド＝ジョージ戦時内閣には参画できず、政治生命をほぼ絶たれた形となった（Andrew Marr, *The Making of Modern Britain*, London: BBC, 2009, Disc 3, band 4）。

● 一九七五年に労働党ウィルソン内閣が欧州共同体加盟を続けるかどうかを国民投票にかけるときに、大臣の集団責任を解き、自由な議論を許したことは前述（⇓85）のとおりである。

● A-G v Jonathan Cape［1976］QB 752 事件～一九六四年から一九七〇年の間に労働党ウィルソン内閣の内務副大臣（住宅問題）、枢密院議長（衆議院対策委員長）、社会保障大臣を歴任した閣僚（Richard Crossman）が遺した日記を死後一九七五年一月 Sunday Times 紙が内閣書記官長（Cabinet Secretary＝官僚のトップ）の了承を得ずに紙上に掲載。法務総裁が出版差止を請求した事件。閣僚の習律違反、すなわち集団責任違反と守秘義務違反が裁判で主張された。

● 保守党サッチャー内閣では一九八五年末、イギリスの大手軍事産業 Westland Helicopter 社の経営危機において、通産大臣（Secretary of State for Trade and Industry）レオン・ブリテンの奨めるアメリカ資本による救済の方針であったところ、突然、後から防衛大臣マイケル・ヘーゼルタインが独断で欧州資本提携を画策し始めて大いにマスコミを騒がせ、一九八六年一月、防衛大臣は閣議の最中に立ち上がって退出、辞任した（ヘーゼルタインは一九八九年大蔵大臣と外務大臣が辞任する内閣最大の危機で公然と首相の指導力を問い、翌年結局サッチャーに近いメイジャーが後を継いだ）。

● 労働党ブレア内閣では二〇〇三年三月一七日、イラク侵攻についての法務総裁の法的意見が違法から合法に変更された日にロビン・クック枢密院議長・衆議院対策委員長が、三月二〇日開戦を経て開戦理由となった大量破壊兵器が見つからないことで、五月一二日、クレア・ショート国際開発大臣が、それぞれ辞任した。

●保守党キャメロンの連立内閣では、二〇一一年一〇月二四日、欧州連合脱退の国民投票動議に、二人の政務官（Parliamentary Private Secretaries）が党議拘束を破って賛成、うち一人は辞職してから賛成したが、もう一人はそのまま賛成投票したために、解任された。

定期議会法（Fixed-term Parliaments Act 2011）は衆議院の解散についての習律をあらため、衆議院で内閣不信任案が可決された場合、一四日以内に内閣信任案が可決されない限り、衆議院は解散するので、それまでに内閣の総辞職という場面がありうる。一四日という期間が長いか短いか、その議論は別として、内閣の集団責任を強制する唯一の方法である。

（イ）個別責任（Individual Responsibility）

閣僚、政府役員は、主務官庁のすべての公務について、個人的に実際にかかわっていたかどうかに拘らず、議会に対し説明責任を負う。

●一九一四年末の南方ダーダネルス海峡制圧作戦の閣議決定は内閣書記官長モーリス・ハンキー（Morris Hankey）（キャリア官僚）の采配であったと思われるが、その作戦失敗の責任を取ったのは個人的には逆の北方バルト海作戦に賛成であった海軍大臣チャーチルであった（Andrew Marr, The Making of Modern Britain, BBC, 2009, Disc 3, band 4）。

●一九五四年のドルセットのCrichel Down収用地転売事件で、農業大臣（Sir Thomas Dugdale）が辞任した。一九三七年、王冠が軍事目的で強制収用した同土地は、一九五〇年に農業省の所管となり、一九五四年に王冠所有地委員会（Crown Land Commission）に売却され、賃貸された。このとき、農業省が、一九三七年の強制収容前の所有者の買戻し請求に対し真剣に対応しなかったことが、必ずしも違法ではなかったものの、農業大臣の個別責任とされた。

官僚（permanent civil service）は王冠に仕えるが（servants of the Crown）、王冠とはこの場合、時の政府に他ならず、官僚は大臣に対して忠誠義務を負い、政治的に不偏不党でなければならない。官僚は議会に対して直接責任は負わない。政府の情報は秘密であり、大臣は官僚の不偏不党性を確保するために議会と官僚の間に入って両者を引き離す。その代り、官僚は大臣に対する忠誠を守る（アームストロング覚書⇓233）。大臣の議会に対する説明責任を補佐する。大臣は議会に対して説明責任を負い、各院の規則に従い質問に答えなければならない。大臣は議会の信任を得ていなければならない。王冠の奉公人としてふさわしくない私的または公的行動があれば、大臣は辞任しなければならない。ただし判断の誤りや官庁の仕事が下手であったということだけで、辞意を表明すべきかどうかは、習律ははっきりしない。

● 一九八二年四月二日のアルゼンチンのフォークランド侵攻を受けて、四月五日、外務大臣キャリントン卿と二人の大臣は、外務省がアルゼンチンの意図を正確に分析できていなかった責任をとって、イギリス軍の作戦行動の開始前に、辞任した。

● 一九九〇年八月二日のイラクのクウェート侵攻前のイギリスのイラクへの武器供与疑惑（Arms to Iraq）を表面化させた武器輸出法違反事件（Matrix Churchill 社の三人の被告人）の裁判が一九九二年に公訴中止で終結したことについて、スコット控訴院判事の調査委員会（Scott Inquiry1992-96）は、一九九六年二月一五日に一八〇六頁にのぼる長大な報告書を発表、その中で、裁判当時の法務副総裁 Sir Nicholas Lyell（報告時法務総裁）が証拠開示を拒むよう四人の大臣に助言し、また武器輸出法（Import, Export and Customs Powers（Defence）Act 1939）の改正（Import and Export Control Act 1990）について当時の外務副大臣 William Waldergave（報告時大蔵副大臣）が議会の質問に対し真実でない答弁をした事実に触れた。政府は衆議院による報告書の検討を一〇日間（労働党のクック議員によれば野党には二時間）に限って二月二六日に討議に入り、イラクを秘密裏に武装させる企みはなく、冤罪を生むような情報秘匿はなかったという報告書の結論だけを受け入れて、報告書の勧告の討議に移ろうとしたが、野党側は報告書のさらなる検討のための時間を要求した。メイジャー首相はこの討議延期動議に負ければ内閣不信任決議とみなすと宣言して与党議員を牽制し、三二〇対三一九票の一票差で否決、大蔵副大臣等の責任問題からも逃げ切った[29]。

● 同年七月、衆議院の公共サービス専責委員会（Select Committee on Public Services）は、大臣の個人責任と憲法上の説明責任を絶対的に区分することは困難で、大臣の辞任よりも、適切厳正な監督と説明責任（proper and rigorous scrutiny and accountability）が最も重要な議会の是正機能であるとした上で、政府が情報を秘匿する場合、その理由を説明すべきことを推奨し、政府もこれを受け入れた。一九九七年五月一日の総選挙で政権が交代して労働党のブレア首相は大臣規範（Code of Conduct and Guidance on Procedures for Ministers）を発表し、そこで、議会を意図的（knowingly）に誤導した大臣は首相に辞表を提出すべきことを定めた。大臣規範は一九九五年にメイジャー首相が前年からの議員質問依頼料金（Cash for Questions ⇒178、227）スキャンダルに応えて制定したもので、二〇一〇年五月の保守党・自由党連立政権の大臣規範でも維持されている（Ministerial Code, 1.2.c）[30]。

● 二〇〇二年九月二四日のブレア首相自身が衆議院でイラクには四五分間で稼働させることのできる生物化学兵器が生産されているなどと事実でない発言をして誤導し、二〇〇三年三月一八日のイラク開戦承認決議案の可決を導いたことにつき[31]、それが意図的であったかどうか、後に議会で問い詰められることになった。二〇〇七年六月二七日の辞任には直接関係がない。

一九九六年のスコット判事の報告書は（⇒269―272）、外務省、防衛省、通商部、大蔵省の高官が大臣に与えた情報の質が低かったことを指摘していた。ブレア首相の「四五分」発言については、諜報部(官僚)の長大なファイルのずっと後の方に色々な憶測が書かれていた中に含まれていたものを、ブレア首相がつまみ出して議会での発言の冒頭に持ってきて著しく誇張したのではないかという疑惑がもたれた。

なお、官僚は直接議会に対して責任を負わないが、大臣は、官僚が議会の専責委員会で証言する際は、大臣のかわりに大臣の指揮のもと官僚規範（Civil Service Code）所定の義務と責任に従って正確で正しいと信じる情報全体を提供する義務を負うとされる（Ministerial Code, 1.2.e）。このときのルール（オズボザリー規範）について後述（⇓233）。

【コラム】日本の事例から内閣の連帯（集団）責任を考える

衆議院に対する内閣の連帯責任について、日本の例からその効能を考えてみる。一九四一年九月二日の御前会議で一〇月中旬までに対米交渉の妥結がなければ対米英開戦を決意するという決定が下って、その期限の迫った一九四一年一〇月一二日、近衛文麿首相の私邸荻外荘において首相、外相、陸相、海相、企画庁総裁が集まり五相会議が開かれた。事前に、陸軍関係者からは海軍関係者および内閣書記官長に対し、陸軍は前線司令官を含めて対米開戦を避けるために中国からの撤兵に賛成であるから、海軍の方から米国とは戦えないと言って欲しいと根回しがしてあった（新名丈夫『海軍戦争検討会議記録』毎日新聞社一九七六年）。しかし、五相会議が始まると、及川海相は和戦を首相に一任すると言って責任を回避し、近衛首相は御前会議決定に拘らずまだ外交を続けたいと発言したため、東條陸相がへそを曲げて交渉が決裂し、内閣総辞職に至った。つまり、陸軍が海軍に責任をなすりつけようとし、海軍は陸軍のせいで自分が貧乏くじを引くことを嫌がって、陸海軍の相互責任回避の結果、内閣が崩壊し、その後も陸海軍の折り合いがつかず一二月一日の御前会議で対米英開戦が裁可された。しかし、イギリスの内閣の集団責任というのは、大臣同士本音をぶつけ合う自由闊達な議論の中で一つの結論を導き出し、その決定について内閣全体で責任を負う趣旨なので、右の近衛内閣においても本来は陸海軍大臣のどちらかが責任をとるのではなく、むしろ内閣全体で対米開戦回避のための撤兵を決定して、全員が、その決定につき内部対立や発案者等を外部に一切漏らすことなく、その決定に集団で責任を持てばよかった話なのである。少なくとも一九一四年～一九一六年のチャーチル海相の事例のように自分が反対した閣議決定の失敗の責任をとって辞任し、その後も、一生、それについて愚痴を言わなかった、そういう責任感が近衛内閣当時の及川海相にあれば、大日本帝国はみすみす自爆することはなかったであろう。また、昭和天皇が仮にジョージ五世のような立憲君主（⇓202）を志したのならば、近衛内閣総辞職を受けて衆議院議員総選挙を命じ、新帝国議会の貴衆両院の見解を聞くことができたはずで、それで少なくとも時間稼ぎができ、おそらく、それだけでも対米開戦の危機は避けられた可能性があることだけは指摘しておきたい。

（ウ）政治とカネ〜公務の綱紀（Standards in Public Life）

一九九四年一〇月、革新系ガーディアン紙のスクープで、議会ロビー活動による議会での質問の報酬はいくらという具合にお金が議員の懐に入ることでスキャンダルが起きて（Cash for Questions Affair ⇓178、225）、メイジャー首相はノーラン貴族院判事を公務員（public office holders）の綱紀に関する調査委員会の委員長（Committee on Standards in Public Life）に任命し、翌年、ノーラン卿（Lord Nolan）は第一報告書を提出した（⇓286—287）。タイムズ紙は、これを「授権者の意図を超えて、一六年にわたる長期一党支配の間にできてきた因習にメスを入れたもの」と評価した32。ちなみにノーラン判事はアイルランド系のカトリック信者であったが、保守党の大法官マカイ卿の推薦で選ばれた。ノーラン判事の公務七原則（Seven Principles in Public Life）とは、

- 無私（selflessness）公務員は純粋に公益のみを考えて決断する。自己や家族や友人などの金銭的その他の物質的利益のために決断してはならない。
- 清廉（integrity）公務員は外部の人間や団体に対して、公務の遂行に影響するような、いかなる金銭的その他の負債も負ってはならない。
- 客観性（objectivity）公務員は公共事業に関する採用、業務の発注、褒賞等においては実績（merit）を基準に選択する。
- 説明責任（accountability）公務員は自身の決断や行動について公衆に説明する責任を負い、その公務に応じた適切な吟味を受けなければならない。
- 公開（openness）公務員はすべての決断や行動についてできるだけ透明にしなければならない。決断は理由を説明しなければならず、情報公開の制限は、より大きな公益が明確にそれを要求するときにのみ許される。

● 誠実（honesty）公務員は公的義務に関係する私的利害関係を明らかにする責任を有し、公益を保護するように利益相反を解決する手順を踏まなければならない。

● 率先垂範（leadership）公務員は全員が以上の原則通りに公務を進めるように率先して行動し、模範を示さなければならない。

という日本ではよく墨で書いて額に入れて飾る、清く正しく美しく（英語では「クロムウェル流」＝ピューリタン流）の公的奉仕（service to the public）の心得である。委員会は①議員活動にからむ金の動き、②中央政府の政府役員の綱紀、政官関係、公的資源の民間への穢れ淀み怪しさなき配分、③準独立非政府組織（「クァンゴランド」quango=quasi-autonomous non-governmental organisations）への人材配分の三領域から、次第にカバーする領域を拡大していった。準独立非政府組織の英語の頭文字をとって「クァンゴランド」と呼ぶのはどこかの地下資源に恵まれた「植民地」の名前に聞こえるからで、政治家等のパトロンの植民地に配下の公務員などが入植する一種の「天下り」問題を指す。

この公職綱紀委員会（Committee on Standards in Public Life）自体は「独立諮問型非官庁公共組織」（independent advisory non-departmental public body）で、現在も存在しているが、議会立法上の根拠はなく、強制権も調査権もない。準独立非政府組織（クァンゴランド）は、最近は正式には「独立執行型非官庁公共組織」（Executive Non-Departmental Public Bodies ⇒148）と呼ばれ、大英博物館、大英図書館、キュー植物園、健康安全委員会（Health and Safety Executive）裁判官任用委員会とオンブズマン（Judicial Appointments Commission and Ombudsman）、独立警察苦情委員会（Independent Police Complaints Commission ⇒273―274）などがあり、一九九六年からCommissioner for Public Appointments（公職任用委員）が任用の非政治化を進め、二〇一一年には公職任用委員自身は高級官僚上位五％の人事を決める官僚委員会の首席（First Commissioner for Civil Service）（⇒230―231、287）を兼ねている。

二〇〇九年五月八日から、保守系Daily Telegraph紙が議会の与野党議員のロンドン住居費として認められてきた費用の公費としての償還請求の実際の中身がアダルト・ビデオ料金などのいかがわしいものを含むことを、情報開示法（Freedom of Information Act 2000）にもとづく情報開示請求についての裁判過程から漏洩したと思われる極めて詳細な資料を記事にしたため、当時で三期一二年にわたる労働党長期政権の末期を飾る大スキャンダルとなった。そして二〇〇九年七月二一日に大急ぎで議員綱紀法（Parliamentary Standards Act 2009）（⇓178）が制定される一方で、元高級官僚（Sir Thomas Legg）を委員長として二〇〇四年から二〇〇八年分の監査が行われて、約五〇万ポンドが自発的に国庫に払い戻され、与野党の衆議院議員四人、貴族院議員二人が窃盗罪法（Theft Act 1968）にある犯罪で有罪となり量刑は一二ヵ月から長い人で一八ヵ月であった。

● ちなみにSir Thomas Leggは一九八九年から一九九八年まで旧大法官省（二〇〇七年に内務省の刑事局等を吸収して司法省となった）の事務次官（Clerk to the Crown in Chancery という名前の Permanent Under Secretary）を務めた人物。民事系で、その方がイギリスではプレステージは高い。

（エ）守秘義務

公文書法（Public Records Act 1958-1967）にもとづき内閣文書のほとんどは三〇年間、あるいは大法官が指定する期限の間、機密とされ、公開されない。

そして現在の内閣・政府は過去の別の政党の内閣・政府の文書を見ることはできない（習律）が、官僚は別である。ただし、一九九五年五月、メイジャー首相は首相文書に関して、首相官邸を離れるときは個人の所有物しか持ち去ることができないようにルールを変えた。

一九七五年一月、故Crossman大臣の日記の抜粋がThe Sunday Times紙に掲載されたことを受けて、大臣の日記について、Radcliffe侯爵を委員長とする枢密院の特設委員会が設置され、その指針が存在する（Cmnd.6386）[33]。

四．官僚（Civil Service）

ピーター・ヘネシーは、イギリスの見えない不文憲法を「秘密の配線装置」（Hidden Wiring）に例え、その官僚制を三次元の揺れや傾斜を敏感に感じ取る「コマ」＝ジャイロスコープ（gyroscope）に例えて[34]、イギリス立憲政体という「飛行体」の姿勢制御の中核に位置付けている。

(1) 歴史

現在のイギリスの常任（Permanent＝政権交代に拘らず常任する）専門職（professional）のキャリア官僚制度は、一八五三年のノースコート・トラヴィリヤン（Northcote-Trevelyan）報告書（⇒287、297—298注90）に基づき、東インド会社のキャリア官僚制度（つまりフランス官僚制がモデル[35]）にならった任用制度を、一八七〇年にグラッドストーン内閣が勅令（Order in Council）で設立したものから発展した。フランス官僚制の元をたどると中国を腐らせた科挙官僚制である。しかし、イギリスではこれは科挙官僚制には発展しなかった。

Northcote-Trevelyan 報告書に基づき一八五五年から新設のささやかな官僚委員（Civil Service Commissioners）が担当して導入した筆記試験制度は、一九五〇年代には各省庁各部署の採用人事において廃止ないし多角化され、大学の学業成績だけでなく、その他の活動実績、業務実績、そして面接、技能、心理その他のはるかに多角的な基準にもとづく総合評価の公開公正競争制度に切り替わった。

一九六八年には官僚委員（Civil Service Commissioners）は大蔵省の人事部局複数と統合され、一九八二年には官僚委員はむしろ上位一五％の高級官僚人事のみを担当することになり、残りの人事は各省庁に任されることとなった。一九九一年の勅令で官僚委員の仕事はさらに上位五％の高級官僚人事に限られ、各省庁の担当部分は九五％にまで拡大、採用評価サービス（Recruitment and Assessment Service, RAS）が独立機関として新設され、各省庁の採用と人事についてのコンサルタント業務を担当することとなった。一九九六年には採用評価サービスは民営化された。

官僚委員は、一九九六年からは官僚規範（Civil Service Code）の違反事件の上訴を聴取審判する権限を付与され、Constitutional Reform and Governance Act 2010（憲法改革統治法）のもとで官僚委員会（Civil Service Commission）として法人化された。

二〇一〇年法は、高級官僚人事を担当する官僚委員会に（枢密院内）勅令（官僚制度の法的根拠）より上位の議会立法上の根拠を与えてその独立性を高め、官僚規範（Civil Service Code）にも初めて議会立法上の根拠を与えた。高級官僚給与等級（Senior Civil Servant Pay Band）二段、三段、各省事務次官（Permanent Secretary～正式には Permanent Under Secretary of State）の任用には官僚委員会の承諾（approval）が必要である。官僚委員会そのものの委員は、二〇一一年四月現在一二名いて、元内務事務次官一、元外務省幹部一、他の元中央官僚二、地方行政二、民間企業三、教育二、法律家一である[36]。

イギリスの外交官（Diplomatic Service）を除く官僚の頂点、主席内国官僚（Head of the Permanent Home Civil Service）の経歴を見てみると、一九一九年の新設（もともと大蔵事務次官兼任）から一五代で、オックスフォード八、ケンブリッジ三、ロンドン（LSE）二、ウォーウィック二で、過半数が人文系、統計一、経済学三、数学一、法律一というところである。古典的なギリシャ語ラテン語教育を受けた世代は、サッチャー末期～メイジャー～ブレア初期の Sir Robin Butler（1988-1998）が最後かもしれない。現在の Sir Bob Kerslake（2011-）は理数系（数学）である。

（2）定義と原則

官僚（civil servant）は政治職、聖職、裁判官職、軍事職を除く王冠の奉仕者（servants of the Crown）と定義できる。

官僚は政府から離れては憲法的人格（constitutional personality）は持たず、すなわち時の政府から独立して議会で責任を負うことはなく、大臣に対して忠誠義務を負う。官僚は、時の政府の政策立案に助言し、政府の決定の履行を補佐し政府の責任で公共奉仕を行い、政府全体に仕える。イギリスの官僚は非政治的な専門職であり、どのような政治的傾向性の政府にも仕え、今の政府からも将来の政府からも信用され、助言できるようにしなければならない。その地位は、王冠との雇用契約があったとしても、王冠（時の政府）はいつでも（at pleasure）官僚を罷免でき、この点に反する契約条項は強制できない。Council of Civil Service Unions v Minister for the Civil Service［1985］AC 374（官僚労働組合連合会対官僚担当大臣〔首相〕事件）では、サッチャー首相が従来の契約条項（terms and conditions）に拘らず官僚の労働組合活動を禁止することを、大権勅令（Prerogative Order）に基づき口頭で指示したが、官僚の統制は大権事項（王冠大権⇓236頁）であるとして有効とされた。

【こぼれ話】
保守党のサッチャー首相は、ときどき保守的な官僚と衝突し、アメリカ式の猟官制（spoils system）の政権交代とともに入れ替わる官僚制度の方を好むような傾向があった。ＢＢＣのコメディー（Yes, Minister）のモデルとされる。

なお各省庁の事務次官（Permanent Under Secretary）は担当省庁の会計責任者でもあり、議会の会計検査委員会（Public Accounts Committee）（一八六一年の当時のグラッドストーン大蔵大臣の提言による衆議院決議に基づく）や国家監査局（National Audit Office）の局長で衆議院の役職である主計監査長（Comptroller and Auditor General）（議会立法が根拠）により直接吟味されることがある。これは、官僚が大臣に対して忠誠義務を負い、議会には直接責任を負わないルールとは別である。

（3）官僚と閣僚と議会の関係

通商産業省（Department of Trade and Industry）の官房長（Principal Private Secretary, 1990-92）、郵政委員会（Postal Services Commission）の執行委員長（Chief Executive, 2000-4）、競争委員会（Competition Commission ～日本の公正取引委員会に相当する機

関の一つ）の執行委員長（Chief Executive, 2004-9）を歴任したMartin Stanley（一九四八―）によれば、官僚の「憲法的立場」（constitutional position）として次のルールが重要であるという[37]。

アームストロング覚書（Armstrong Memorandum）によれば、官僚はあくまでも王冠すなわち時の政府の奉仕者であり政府と一体となって公務を執行する。その任務は時の政府の政策立案について助言し、政府の決定の執行を助け、政府が提供しなければならないサービスを執行することである。官僚は時の政府全体に奉仕するが、官僚個人は、担当の官庁の主務大臣に対して忠誠義務を負い、議会に対して説明責任を負うのは大臣で、大臣は議会と官僚の間に入って、官僚の政治的中立性を確保する。

カールトーナ原則（Carltona Principle）は、戦時の食品工場の接収事件（Carltona v Commissioners of Works［1943］2 All ER 560）における控訴院判例である。接収は閣僚（政府役員）自らが直接行うべきか官僚に代行させられるかが問われた。控訴院は、閣僚が議会に対して代行者の決定につき説明責任を負い、現代の政府では閣僚の所管事務は大量かつ複雑多岐にわたり、官僚に代行させずに済むことはないという理由で、官僚代行を認めた（⇒78注12）。

オズボザリー規範（Osbotherly Rules）というのは、議会の専責委員会（Select Committees）で証言する官僚が従うべきルールで、官僚は、大臣が特定の政策を採用した理由を説明することはできるが、大臣の集団責任に違反することや、他の政策の選択肢などについて議論することは許されない。たとえば、官僚から大臣に与えた助言の内容や、政策に関する官庁間のやりとり、意思決定の主体や階級、大臣間の協議のやり方、個人の私的な生活、機密性のある商業ないし経済的情報、他国の政府や欧州委員会などの機関との交渉に関する情報などを提供することはできない。これは、もちろん、官僚に対して、政府の政策について、または官僚自身の行為や特定の出来事の記憶について詳細な説明を求めてはいけないということではない。ただしその目的はあくまでも大臣の説明責任に寄与するためであって、政治上の論争的問題について官僚個人の見解や判断を披露することではない。

「アームストロング覚書」の官僚の忠誠義務について、閣僚と見解が合わないときに官僚が辞任するということは通常ない。官僚は閣僚の政策立案に助言し、その決定の執行を手伝うのがルールだからである。しかし、二〇〇三年三月二〇日のイギリス軍のイラク侵攻の直前、時の外務省次席法律顧問 Elizabeth Wilmshurst が辞任した。その後の枢密院のイラク戦争調査委員会（Chilcot Inquiry）において、二〇一〇年一月二六日、当時の Jack Straw 外務大臣とウィルムスハースト次席と彼女の当時の上司、外務省首席法律顧問（一九九九―二〇〇六）であった Sir Michael Wood が証言した。当時の外務省の国際法の専門家トップの二人が外務大臣に提供した法的助言は、イラクに対する武力行使には二〇〇二年一一月八日の国連安保理決議一四四一号では不十分で、具体的な授権規定を持つ新たな安保理決議が必要であり、それがない限り違法であると一貫していた。ストロー外務大臣がチェイニー米副大統領に伝えた「連合王国としては第二の授権決議が出ればそれに越したことはないが、ダメだったらコソボ式に行こう」という見解につき、ウッド首席顧問が「異常事態でもおこったらまだしも・・・第二の授権なき武力行使は侵略という犯罪になります」と助言したところ、ストロー大臣はその助言が「教条主義的だ」と述べ、「国際法というのはもっと曖昧で、そんな融通の利かない意見を述べる人には出会ったことがない。内務大臣をつとめたとき、よく非合法だと助言されたが、構わずにやったら裁判所で勝訴できた」と主張して全く聞く耳を持たなかったという。調査委員長の John Chilcot 枢密顧問は、元内務省警察局次長→北アイルランド省事務次官を歴任した高官であったが、「そういうことはよくあるのですか？」と尋ねた。するとウッド元首席法律顧問は大きく目を見開き、「おそらく前代未聞」（Probably the first and only known occasion!）と、ゆっくりと一語一語かみしめるように発言し[38]、その後で鼻息が荒くなった。外務省トップの国際法の専門家が、素人の外務大臣から国際法について講義を受けるなど、本当に驚くべき出来事であった。ちなみにエリザベス・ウィルムスハースト元次席顧問はロンドン経済政治学院の国際法の教授になり、マイケル・ウッド元首席顧問はロンドンの法廷弁護士として開業、二〇一一年七月二二日の国際司法裁判所のコソボ独立宣言に関する勧告的助言（合法）について、コソボの首席法律顧問を勤めた。

【コラム】官僚と閣僚の関係および裁判官と陪審員の関係

イギリスの貴族院判事デブリン卿はその著書『陪審裁判』(Trial by Jury) の中で「陪審は小さな議会である(a little Parliament)」と述べた[39]。イギリス人は普通に陪審制が民主主義の学校だと教わって育っているので、その実践的意味は明確であろう。デブリン卿は、同時に陪審制は裁判官の水準と独立の担保だとも言っている[40]。この内容を少し違う文脈で見てみると、イギリスの政官関係も陪審員と裁判官の関係に似たところがあるように思える。つまり、陪審裁判を指揮するのはあくまでも専門職の裁判官であり、専門の「法律問題」を担当し、陪審員には「事実問題」と有罪かどうかを判断させる。その判断に従って、有罪なら裁判官の専門的職権で量刑を決める。このやり方は、「アームストロング覚書」の官僚が閣僚の政策立案を補佐し、政策決定に必要な専門情報を提供するが、意思決定はあくまでも有権者に選ばれた閣僚=議員が行い、官僚はその判断に従って政策遂行に当たるという分業体制と並立する。陪審と議会を並立させるとき、同時にその裏で裁判官と官僚が並立されるのである。もちろん、政官関係には法律問題と事実問題の役割分担はないのでこの比較対照は厳密ではない。ただイラク戦争は、時の内閣が、時の外務省首席法律顧問のプロフェッショナルな助言を無視して始めた戦争だったという事実は、枢密院の調査で後世の記録に残る。

五．オンブズマン

北欧のオンブズマン (Ombudsman) 制度もオンブズマン法 (Parliamentary Commissioner Act 1967) により、Parliamentary Commissioner for Administration という名前で導入されている。憲法改革法 (Constitutional Reform Act 2005) 第六一条で裁判官任用制度が非政治化されるのに伴い、第六二条と附録一三式 (Schedule 13) により裁判官人事オンブズマン (Judicial Appointments and Conduct Ombudsman) も設立され、ここでは正式名称も「オンブズマン」と呼ばれている。

六、王の大権（Royal Prerogatives）

(1) 王の大権（⇓61、187）

政府の権限の法的根拠には議会立法（statutes）と、コモンローの認める範囲での王の大権（royal prerogatives）の二種類がある。

大権(prerogatives)は、一八世紀のブラックストーン(William Blackstone, Commentaries on the Laws of England ⇓86)の定義では「大権という言葉で普通に我々が理解するところのものは、王が王たる者の威厳という権利により、コモンローの通常の働きの上で、他の万人の上に立ち、特別に抜きん出た地位にあることを指す。……王が臣民と共有するものを除いて、他の何人にもない、王だけが享受する権利や力だけを指す。大権を臣民と共有できるとすれば、それはもはや大権ではない」(By the word prerogative we usually understand that special pre-eminence, which the King hath, over and above all other persons and out of the ordinary course of common law, in right of his regal dignity. . . It can only applied to those rights and capacities which the King enjoys alone, in contradiction to others and not to those which he enjoys in common with any of his subjects, for if once any prerogative of the Crown could be held in common with the subject, it would case to be a prerogative any longer)

一九世紀のダイシー(Albert Dicey, An Introduction to the Study of the Law of the Constitution ⇓86)の定義では「大権というものは、歴史的に見ると、実際のところ、どんなときでも法的に王冠に残された裁量ないし恣意的な残存権力以外の何物でもない。……ノルマン人の征服から一六八八《ママ》年の革命まで、王冠には現実に主権の属性の多くがあった。大権というのは、王冠に元々あった権力のうちまだ残っているものの名前である。行政府が議会立法の授権なく合法的にできる行為は大権により行われる」(The prerogative appears to be historically and as a matter of fact nothing else than the residue of discretionary or arbitrary authority which at any given time is legally left in the hands of the Crown ... From the time of the Norman Conquest down to the Revolution of 1688, the Crown possessed in reality many of the attributes of sovereignty. The prerogative is the name of the remaining portion of the Crown's original authority ... Every act which the executive government cal lawfully do without the authority of an Act of Parliament is done in virtue of the prerogative.）

一九世紀のダイシーの定義によれば、王冠は、議会立法やコモンローにより禁止されていない限り何でもできるように聞こえる。また、ブラックストーンのように私人ではできないような、王の特有の権限という制限がかかっていないので、私人にできる法律行為はどれもできるということにもなる。

私人と共有する権限はコモンロー上の権限（common law powers）と呼ばれる（R (on the application of Hooper) v Secretary of State for Work and Pensions [2005] 1 WLR 1681）。ただし「政府の機関として、法律の許す範囲で、公共の福祉（public benefit）のために、特定の政府の目的のために、その権限を行使できる」（Shrewsbury and Atcham Borough Council v Secretary of State for Communities and Local Government [2008] EWCA Civ. 148, per Carnwath LJ）。

（2）王の大権の分類

（ア）個人的大権（Personal Prerogative）

君主個人の大権は、王冠無答責（Crown Immunities）における君主個人の裁判所における無答責に限られている（⇓246）。

（イ）政治的大権（Political Prerogatives）

王冠大権は、憲法的習律（convention）で、大臣の助言と承認にもとづいて行使される習わしである。ただし議会の解散については議会立法（Fix-term Parliaments Act 2011）の定めた衆議院の決議と手続によってのみ行使される（⇓207）。また後述する条約批准前の議会承認のポンソンビー手続（Ponsonby Rule ⇓241—243）のように習律が議会立法で整理されることもある。

（3）王冠大権と議会

（ア）王冠大権と議会立法が並立した場合

● 大権は、明示の議会立法によって、部分的に廃止できる。例、王冠訴訟法（Crown Proceedings Act 1947）（⇓249）。

● 議会立法は黙示の議会立法によって、部分的に廃止できるが、それが恒久的なものかどうか、争いがある。

【判例】Attorney-General v De Keyser's Royal Hotel Ltd［1920］AC 508

第一次世界大戦中、王冠は機動部隊（のちの空軍）が使用するためにホテルを接収し、戦後、補償請求がなされた。実は、戦時の議会立法（Defence of the Realm Act 1914）が王冠に私的財産の強制収用権を与え、所有者に補償請求権を与えていたので、ホテル所有者は、議会立法を根拠に訴えた。王冠は、一九一四年の戦時立法ではなく、国防大権によって収用したと主張し、補償を拒否した。貴族院は、私人の権利に照らして、王冠には議会立法と大権のどちらか都合の良い法源であるかを選ぶ権限はないと判じた。アトキンソン卿曰く「議会立法が王と王国の三身分の意思と意図を表明しているとき、立法は大権の効力を立法の許す範囲内に制限する。王冠は立法の規定に基づき、それに従って行動できるが、大権に基づいてそうする権限は保留される（in abeyance）」。

● 大権は、議会立法で付与された権利を剥奪することはできない。

【判例】Laker Airways v Department of Trade［1977］QB 643

原告 Freddy Laker は大西洋横断の航空輸送営業をするために二つの要請を満たさなければならなかった。一つ目は、民間航空局（Civil Aviation Authority）からの営業許可。二つ目は、イギリスとアメリカの両政府から「指定航空輸送業者」（designated air carrier）として承認されること。保守党ヒース内閣の Civil Aviation Act 1971（民間航空法）は所定の基準にもとづき民間航空局に営業許可を与える権限を付与し、通商大臣に指導（guidance）を与える権限も与えていた。一九七五年までに政権は労働党のウィルソン内閣に交代し、通商大臣は民間航空局に対し英国航空（British Airways）による大西洋横断航空輸送営業の独占を維持させる趣旨の指導を行い、議会両院がこれを承認した。イギリス民間航空局は原告 Sky Train の営業許可を取消し、このためアメリカでの指定航空輸送業者の承認手続きも停止された。控訴院は、通商大臣の権限踰越（ultra virus）を認めた。大臣は「指導」（guidance）を与える権限を持つが、「指示」（direct）する権限はない。ともかく大臣の指導は、一九七一年法の目的と直接的に矛盾するので違法である。指定航空輸送業者としての指定取消はアメリカとの条約にもとづく大権かもしれないが、原告から議会立法により付与された権利を剥奪することはできない。

● 議会立法にもとづく権限と大権に基づく権限は並立する。

【判例】R v Secretary of State for the Home Department ex parte Northumbria Police Authority［1987］EWCA Civ. 5

内務大臣が平和維持大権に基づき催涙ガスとプラスチック弾の装備を与える決定をしたことにつき、各地方公安委員会（police authorities）に必要な警察装備を付与している議会立法（Police Act 1964）があることから、上記 De Keyser's Royal Hotel 事件の原則に従い、大権は議会立法で廃止されているという司法審査請求がなされた。控訴院は、「大権が私人の便益や保護のために行使される場合、裁判所の介入を呼ぶことは少ない。所見では、裁判所が特定の行政行為（executive action）を議会立法に違反すると判断するためには、行政権の行使によって私人が受ける便益や保護を剥奪するという議会立法上の明確な明文規定が必要である」と述べて、Police Act 1964 は大権の効力を保留させるものではないとした。

（イ）緊急大権（Prerogative of Emergency）

王冠は王国の平和を維持し必要とあらば有形力を行使する権限そして義務がある。この大権の範囲は曖昧である。戦争や混乱状態（disturbances）における王冠の必要な権限については、近年では議会立法が規定することが多い。

国防法（Defence of the Realm Acts 1914-1915）

【註】第一次世界大戦でイギリスがドイツに宣戦を布告したのは、ドイツ軍が一八三九年のロンドン条約で中立が保障されていたベ

ルギーを攻撃した一九一四年八月四日のことで、国防法が緊急に制定されたのはその四日後の八月八日であった。

国防緊急権法（Emergency Powers (Defence) Act 1939-1949）

【註】一九三九年の国防緊急権法は、正確には一九三九年八月二四日、つまり独ソ不可侵条約の締結の翌日に大急ぎで制定されたもので、一週間後の九月一日のドイツのポーランド侵攻を受けて二日後の九月三日、イギリスはドイツに宣戦を布告した。

市民的不測事態法（Civil Contingencies Act 2004）

【註】二〇〇四年一一月一八日の市民的不測事態法は、戦争やテロへの対策として一九二〇年一〇月二九日の緊急権法（Emergency Powers Act）や一九四八年一二月一六日の市民防衛法（Civil Defence Act）などの既存の有事立法を整理統合した。二〇〇四年法第二編は、緊急事態において女王が枢密院において勅令で一九九八年一一月九日の人権法（Human Rights Act）以外の議会立法を修正できるなどの緊急権（Emergency Powers）を付与している。

（ウ）**外交大権**

● 外交使節を接受し、外国と条約を締結し、宣戦し講和をなすのは王冠の外交大権である。

◇ ロックは立法権と執行権と外交権（federative）の三権を論じた（John Locke, Book II An Essay concerning the True Original, Extent, and End of Civil Government〔1689〕Ch. XII 'Of the Legislative, Executive, and Federative Power of the Commonwealth'）。これは『ヨハネの黙示録』が懲罰と戦争を並置していることに倣い、イギリス流の議会裁判権（⇓169）を前提として、犯罪処罰を国内犯に対する「立法権」と国外からの犯罪に対する「和戦権」に分けて捉え（II巻八八章）、国内統治と違って外交は不測の事態が多く法に馴染まないと考えたからである（II巻一四七章）。ただしロックは執行権の担い手と外交（和戦）権の担い手が同一となることを想定していた（II巻一四八章）。

◇ 歴史的に見れば、ロックが念頭においていたステュアート朝の君主であれ、オレンジ君ウィリアムであれ、後のハノーバー選帝侯であれ、本来的に外国君主であり、独自の外交同盟政策を有し、イギリス三王国↓連合王国の王位を継承すること自体が外交の一環であった。第一次世界大戦にイギリスが参戦した原因はドイツ軍のベルギー侵攻であったが、それは中立違犯であったと同時にワイマール地方のサックス＝コブルクおよびサックス＝ゴータ二重公爵家（Saxe-Coburg and Gotha）がイギリス王位とベルギー王位をともに継承していたからでもあった。

◇ハノーバー朝初期においては大臣には北部大臣（Secretary of State for the Northern Department）と南部大臣（Secretary of State for the Southern Department）があり、北部大臣はプロテスタント諸国を担当し（⇓214）、南部大臣は同君連合のアイルランド王国を含めたカトリック諸国やトルコなどを担当し、北部、南部というのはヨーロッパを中心とした世界の北部と南部の地理的な区別であった。命名は地理を装っても背景にある考え方はロック式の行政権と外交（federative）権の考え方と重なっていた。ただし一七八二年三月二七日、ホィッグの第二次ロッキンガム（Rockingham）内閣の行政改革で北部大臣と南部大臣は廃止され、かわりに外務大臣（Secretary of State for Foreign Affairs）と内務大臣（Secretary of State for Home Affairs）の二つに管掌事務別に分けなおされた（現在の内国官僚と外交官僚の区別について⇓212）。

●王冠は代理人（外務大臣）が締結した条約を国璽（Great Seal of the Realm ⇓218）により批准する（ratification）。

●条約は批准により王冠を拘束しても、国会が承認立法をしない限り国内効力はない。これは条約の批准の前に以下に述べるような議会承認（approval or confirmation）が要るかどうかとは別の問題である。

●一八九二年三月以来、連合王国を拘束する条約は、批准を経て連合王国に対して発効し、王の命令で公表されるコマンド・ペーパー（⇓170）の一類型、「条約集」（Treaty Series）に掲載された形で議会に提示されるようになった。

●一九二三年七月二三日、スイスのロザンヌで第一次世界大戦の連合国とトルコの間の講和条約が締結された。

●当時の連合王国議会では、第一次世界大戦が思いがけない事件から飛び火して想定外の災禍をもたらしたのは、秘密条約や条約の秘密条項のせいだという見解が広く行き渡っていて、条約の事前公開を求める声が強かった。

◇カント「永久平和条約の哲学的草案」第一予備条項「将来の戦争の素地を秘密に留保した講和は無効である」

●このため、一九二四年四月一日、対トルコ講和条約法案（Treaty of Peace (Turkey) Bill）の第二読会において、当時の労働党マクドナルド内閣の外務政務次官（Parliamentary Under Secretary）ポンソンビー（Arthur Ponsonby）は「政府は全ての条約を締結後、二一日間、議会両院の机の上に提示した上で、それから批准、刊行して条約集に納めるつもりです。重要な条約については政府はもちろんこの二一日間のうちに衆議院の討議に付すようにします。しかし、政府と致しましては何が重要で何が重要でないか自らは決められませんので、野党第一党あるいはその他の政党から通常の筋道で正式に討議すべき要請があれば、該当条約についての審議時間を設けます。……全ての条約について批准前に議会の承認決議を得ることは手続的に非常に煩瑣で、衆議院にも不必要な負担をかけることになります。むしろ反対がないことをもって許可と見做し、今回示しました手続の公開性と議論の機会の提供こそが、実際に重要で価値のあることだと信じます」と述べて、つまり批准前に条約内容を議会両院に二一日間提示し、何も反対がなければ、それを議会の承認とみなして、批准に進むという手続で臨むという政府方針を示した。

● 次の保守党ボルドウィン内閣はこのやり方に反対し旧に復したが、一九二九年にはポンソンビー手続（Ponsonby Rule）に戻り、以降、次第に歴代内閣の多くが、これに従うようになった。

● 外務省はポンソンビー手続が批准だけでなく多国間条約への加入（accession, approval and acceptance）にも適用されると解釈し、一九九八年一月からは相手国と相互に国内で必要な手続を済ましたという通知（notification）をなすだけで発効する条約についても適用している。

● 一九八一年五月六日、サッチャー内閣の御璽卿（当時貴院の外相の衆院代理、⇓210、213頁）は、二国間の二重課税条約に限ってはポンソンビー手続はとらず事後承諾になることを発表し、限定的にポンソンビー手続から離脱した。

● 議会手続の中でのポンソンビー手続からの離脱方法も稀であるがいくつか発生し、それは動議の採択、法案の可決、討議中の発表、必要とされる勅令の承認手続における決議または動議の可決、議会での質問への大臣の回答、影の内閣または他の野党との協議、などであった。

● 一九九七年一月一日から、ポンソンビー手続に従って議会に上程される条約には政府の説明書（Explanatory Memorandum）が付けられることになった[41]。

● 憲法改革統治法（Constitutional Reform and Governance Act 2010）は、第二編（Part 2）でポンソンビー手続に沿って議

会立法で条約締結から批准までの手続を定めた。二〇一〇年一一月一一日に発効している。これは議会立法による習律（convention）の「整理」（consolidation）といえよう。

● 大臣が、条約文面のコピーを議会に提示し適切な方法で公開した後、二一日の会期日が経過する前に議会の一院が批准に反対しない限り、条約は批准される（二〇条一項）。もし衆議院が批准に反対した場合でも、大臣がそれでも批准されるべきだと信じる理由を説明した文書を提出し、二一日の会期日が経過する前に衆議院がそれに反対しなければ、条約は批准される（二〇条四項）。貴族院だけが批准に反対した場合は、大臣がそれでも批准されるべきだと信じる理由を説明した文書を議会に提出すれば、条約は批准される（二〇条八項）。二一条は議会の反対期間の延長規定。二二条は例外的に大臣が二〇条の手続を踏まないで批准する手続を設けているが議会の両院に拒否権がある。二三条は欧州議会の権限強化や欧州連合の基本条約の改正という議会立法を要する条約や二重課税条約や税務国際共助についての適用除外。二四条は説明書について。二五条は条約と批准の定義である。

(4) 王冠大権と裁判所

(ア) 大権の存否

王冠大権は新設できない。大権は裁判所が認識し強行（enforce）する限りにおいて合法的である（Case of Proclamations〔1611〕12 Co Rep 74）。この事件では、王がロンドン市内と周辺で新しく建物を建てることを刑罰をもって禁止したことが、違法とされた。

一八世紀、王の使い（messengers）が大臣（Secretary of State）の令状（warrant）をもって原告の家に押し入り、煽動的文書配布（seditious libel）の疑いで文書類を押収したことについて原告が侵害訴訟（trespass）を提起した事件がある（Enrick v Carrington〔1765〕19 St. Tr. 1030）。衆座裁判所（Common Pleas）の Camden 首席判事曰く、「大臣が主張するような権限を支持する法的根拠は既存の法律集のどこにも引用されておらず、大臣以外の王国のいかなる官吏によっても主張されたことがない。……この令状が主張する権限は、誠実に執行された場合、天地神明に誓って煽動的文書配布の著者ないし出版社であるとの嫌疑をかけられた人物の文書類を押収する権限であるが、抑圧的に執行されれば、無実であっても令状にそのように記載されたあらゆる人物の権利を侵害する。……かくの如き権限は常軌を逸しているので、法は令状が必要な限度を明確にすることが自然に期待される。もしこんな令状を支持する法律があるのならば、法律集にあるはずである。もし法律集になければ、そんな法律はない」。

（イ）大権の限界

三世紀の古代ローマの貨幣がランカスター公領内で被告農場の所有し占有する土地から見つかり、貨幣は銀とその他の金属の合金で、原告ランカスター公（＝エリザベス女王）の法務代理人は、銀貨は埋蔵秘宝（treasure trove）としてランカスター公の所有に帰すと主張した。被告は貨幣が埋蔵秘宝にあたることを否定して所有権を主張した。控訴院は、埋蔵秘宝に対する大権は金または銀の物品に限り、貨幣の場合は、その半分以上が金銀以外の金属である場合は、これにあたらないと判じて、被告が勝訴した(Attorney-General of the Duchy of Lancaster v G. E. Overton (Farms) Ltd［1981］Ch 333)。

> **【こぼれ話】**
> のちに埋蔵秘宝法（Treasure Act 1996）が制定され、貨幣の場合は三〇〇年以上前のもので重量にして一割が金または銀であれば埋蔵秘宝と認定され王冠に帰属することになった。

（ウ）大権の行使と司法審査

【判例】Council of Civil Service Unions v Minister for the Civil Service［1984］AC 374

政府通信本部（GCHQ）の官僚の労働組合活動への参加を禁止したサッチャー首相の大権勅令について、貴族院は吟味することが可能だとし、また官僚の統制を大権事項だとした。

貴族院はまた政府の権限のうちいくつかは司法審査に適さず、その理由は法的根拠が王冠大権だからではなく、中身によるもので、とくに条約の締結、宣戦、軍の作戦展開、法務総裁の訴追決定（大逆罪や裁判所侮辱罪など特定の犯罪に限られている）は司法審査に適さないとした（Gouriet v Union of Post Office Workers［1978］AC 435; Laker Airways v Department of Trade［1977］QB 643; Blackburn v Attorney-General［1971］1 WLR 137）。

（エ）恩赦大権（Prerogative of Mercy）

王冠は、内務大臣の助言に従って罪を恩赦する。冤罪で死刑になった人に対する死後の恩赦について、裁判所は内務大臣による恩赦大権の行使のあり方を審査することができるとし、内務大臣は恩赦大権の行使にも色々あることを気づかず、適切な謝罪もしなかったと認定した（R v Secretary of State for the Home Department ex parte Bentley［1993］4 All ER 442）。

（オ）保護大権（Prerogative of Protection）

王冠は旅券を発行して旅券の保持者を保護するように外国の関係諸官に要請する。旅券の没収について裁判所は審査することができるが、国家安全保障にかかわる場合は、司法介入は珍しい（R v Secretary of State for Foreign and Commonwealth Affairs ex parte Everett［1989］2 WLR 224）。精神能力の未熟者や不全者の保護と自己決定権は第二部で扱う。

七．王冠無答責（Crown Immunities）

（１）「王冠」の多義性

「王冠」（Crown）という概念は、通常、王、君主個人（monarch）とは区別される。王冠は文脈により「政府」（Government）あるいは「国」（State）に近い意味を持つ。王冠大権（Crown Prerogatives）の一つである王冠無答責（Crown Immunities）も、古くから、君主個人と王冠という公儀の権力を委任された個人の責任は区別される傾向があった。

（2）コモンロー

コモンローはもともと私法と公法の垣根が低く、契約と不法行為の分類も大陸法とは違うことを念頭においてのことであるが、コモンロー上は、王冠は契約（contract）でも不法行為（torts）でも原告として訴訟可能であり、刑事訴訟も近年では王冠訴追局（Crown Prosecution Service）などの公訴機関が王冠の名において原告をつとめることが多く（R v A (No. 2) [2002] 1 AC 45）、司法審査も王冠が請求者のために原告を勤める（R (on the application of Adams) v Secretary of State for the Home Department [2005] UKHL 66）。事件名では Rex（王）ないし Regina（女王）を表す R が使われる。しかし、王冠を被告としてその法的責任を訴訟で問うことはできない。「王は悪をなしえず」（King can do no wrong = tort）。これは、君主（monarch）個人、エリザベス女王個人の言動については、今日でも妥当する（君主無答責）。

なお、日本の行政法の教科書（例えば櫻井敬子・橋本博之『行政法』第二版弘文堂二〇〇九年三六七頁）には、「国家賠償制度の確立は・・・イギリスでは一九四〇年代のことであり」、そのように「遅れた原因として主権無答責の法理が通用していたこと」が挙げられ、「イギリスでは国家権力が違法な損害を与えることはあり得ないとして、国王は悪をなし得ず（King can do no wrong）という法格言があった」と記されている。前掲書は良書として評価が高いが、イギリス法に関する限り、これは誤解を生みやすい説明である。

「一九四〇年代」とは本章で説明する王冠被告訴訟法（Crown Proceedings Act 1947 =王冠が被告となる訴訟に関する法律）のことを指すと考えられる。しかし、この一九四七年七月三一日の議会立法以前のコモンロー上の王冠無答責の法理は古くから狭く解釈されてきており、実態は上記の日本語の文面から日本人が日本近代史を思い描き想像するようなものとは根本的に異なっていた。

イギリスでは例えば「警察」（constable）の過誤についての損害賠償責任はチャールズ一世の一六三六年にはすで

に判例があり、Ward's Case (1636) Clay 44 では「警察」が盗品の家宅捜索令状の執行中に婦人を身体検査（今の言葉で strip search）した事件で暴行〔trespass to person〕が認定されて家宅捜索そのものが最初から違法とされ、その結果の原告の逮捕も違法とされ、被告「警察」の損害賠償責任が認定された。この判例は現在でも一応有効である。

一七五〇年には「警察官」保護法（Constables Protection Act 1750）という議会立法（現在も有効）により、治安判事（justice of the peace）の令状(warrant)の執行については、たとえ令状が無効でも「警察」個人の民事責任は問えないことになった。しかし、少なくとも、王冠無答責により「警察」の法的責任が問えなくなったわけではなかった。また治安判事の令状でなければならず、令状のない行為はもちろん、高等法院判事や主務大臣（Secretary of State）の令状では、本法の保護はない。実際、一七六三年には、大臣（陸軍中将）の命令で王の使者（the King's messengers）と「警察」一名が、煽動的文書配布（seditious libel）の被疑の名宛人不明の令状だけで原告出版関係者の身柄を拘束し、家宅捜索し、出版物を押収した事件の裁判（Wilkes v Wood〔1763〕Lofft 1 と Huckle v Money〔1763〕2 Wils KB 205）において、原告は陪審員の前で被告大臣等による「憲法」(Constitution ＝マグナカルタのこと) 違反に対して懲罰的損害賠償を求めて勝訴している。

ここまで「警察」と訳した constable は一八―一九世紀に有給常勤のプロの近代警察制度が整備され始める前の「治安官」(田中英夫『英米法辞典』)のことであったが、少なくとも「王の平和」(the King's peace) を守るべき「万人の義務」を定めたエドワード一世の一二七五年のウェストミンスター法（Statute of Westminster 1275, c.9, Pursuit of Felons Act）に根拠を持ち、エドワード三世の一三六一年の治安判事法（Justice of the Peace Act 1361）のもとで各地の治安判事の監督下で治安維持任務についていた。治安とは「王の平和」の維持に他ならないが、暴行（assault）、不法監禁（false imprisonment)、悪意訴追（malicious prosecution）など治安官の犯しやすい不法行為（torts）責任は「治安官」個人に発生し、近代警察制度が整っても、極端な言い方ではあるが、「制服を着た市民」（a citizen in uniform）と呼ばれて同じ個人の不法行為責任に問われるが一九六四年の警察法以来、各警察の本部長が代位責任を負う（Police Act 1996, s.88）。確かに警察は王冠の従僕（servant of the Crown）であるとは、古くは一六一一年の判例（Mackalley's Case, 9 Co Rep 65b 68b）、そして一八八三年の貴族院判例（Coomber v Justices of Berkshire〔1883〕9 App Cas 61, 67）でもそう主張されているが、前者は公務執行者の殺害の被疑事件、後者は警察機能を含む公共施設に対する課税事件で、その文脈において警察を王冠の従僕としただけで、結局、警察が王冠の不訴追特権で守られることはなかった。

第二次世界大戦中の一九四二年九月、リバプールで戦時配給品の石鹸を大量に保持していた原告が盗品運搬の疑いで被告警察に誤認逮捕された事件でも、原告の身体的自由の侵害につき、一九四四年二月、控訴院は懲罰的損害賠償の合法性をあらためて肯定して原審に差戻し陪審員による損害額算定を命じた（Dunbell v Roberts［1944］1 All ER 326）。この手の公務員による違憲・抑圧的・恣意的不法行為について、懲罰的損害賠償は現在も有効であり、民事陪審が利用でき、そういう形で市民が公務員を裁き罰することは現在でもイギリスの古法として維持されている（幡新大実『英国における公権力行使の私法的制御について』「比較法研究」六七号二〇〇五年二一八頁以下）。

日本の場合、どうしても日本の歴史的過去、たとえば憲兵が自らの命令は天皇陛下の命令であるなどとうそぶいて一般国民に無法の限りを尽くしても一向に構わなかった経験もあり、イギリスとは根本的な出発点がそもそも違うことを認識しておく必要があるだろう。

(3) 議会立法

(ア) 権利請願法（Petition of Rights Act 1860）

一八六〇年の権利請願法によれば、いくつかの例外を除いて、契約上の権利、例えば、契約の強制履行（specific performance＝不動産の引渡など）や契約違反に対する損害賠償については、裁判所に請願して王冠に対して宣言（declaration）してもらうことができた。この手続きは内務大臣の承認（consent）を必要とし、内務大臣が拒否した場合には、上訴権はなかった。宣言は判決とは違ったので損害賠償も理論的には判決による場合と違って物権化（judgment debt）しないが、王冠が裁判所の宣言に従わないことはなかった。

（イ）王冠被告訴訟法（Crown Proceedings Act 1947）

（1）契約

王冠被告訴訟法第一条は、一八六〇年法により請願できた契約上の権利は、すべて通常の裁判手続きで請求できることになり、一般に通常の契約法原則が適用されることになった。

ただし例外がある。

● 王冠の将来の行政の自由を制限するような契約の訴えは認められない（Rederiaktiebolaget Amphitrite v R［1921］3 KB 500）。これは旧法（一八六〇年法）事件であるが、第一次世界大戦中、王冠は中立国（スウェーデン）船籍船の所有者にイギリスの港への停泊を許可し、支障なく出航許可を与えると約束した。しかしスウェーデン船は拘束され、所有者は契約違反を訴えた。裁判所は契約の成立を認めなかった。王冠の与えた約束（assurance）は、そうするつもりだということを伝えたに過ぎず（mere statement of intent）、その約束に拘束される意図（intention to be bound）はなく、その約束に王冠自身を拘束する意図は安全保障上の理由で認められない。

【註】この判例については、急迫性の実質的な公益の要請があるときにその射程を限るべきだとする考え方と、誤りで、王冠に対しては契約の強制履行（specific performance）や執行命令（mandatory injunction）ができないだけで、損害賠償や損失補填は認められるという考え方がある（Peter W. Hogg, The Liability of the Crown, 3rd ed., Toronto, Carswell, 2000）。

類似例として William Cory and Son v London Corporation［1951］2 KB 476 では地方公共団体（ロンドン）がテムズ川の浚渫契約を結び、その後に条例で浚渫条件を厳しくし、これが契約違反であると訴えられた。控訴院は、地方公共団体は契約時に将来の立法の自由を制約できず、立法にあたっては公益の保護がもっとも重要な考慮事項となるとした。

● 議会による金銭の授与（grant）または提供（supply）を条件とした契約は強行できない（Churchward v R (1865) LR 1 QB 173）。通常、そのような明示の条件はつかないし、予算の範囲内で収まるものと考えられる。ただしそれで収まり切らない契約ができることは、まず考えられないことであるが、そのような契約は裁判所の取り上げるところとはならないだろう。

● 官僚（王冠の奉仕者）は王冠の好きなときに（at the pleasure of the Crown）罷免できる（Dunn v R [1896] QB 116）。ただし

◇ 定期契約があれば、残りの期間の給与の償還を請求できる。

◇ 特定の例外（医療機関など）を除いて、議会立法で不当解雇（unfair dismissal）から保護されており、労働審判所（industrial tribunals）に訴えることができる（就労権法（Employment Rights Act 1996, s. 191））。

● なお就労権法（Employment Rights Act 1996）の立法前（たとえばサッチャー首相が諜報部員の労働組合活動を禁止した事件 Council of Civil Service Unions v Minister for the Civil Service [1985] AC 374）は、王冠の臣（minister of the Crown）の証明書（certificate）でどの類型の官僚であれ国家安全保障上の理由で議会立法上の雇用保障を剥奪することができた（Employment Protection (Consolidation) Act 1978, s. 138）。

◇ 名誉革命までは裁判官も他の王冠の奉仕者と同様に王冠の好きなときに罷免できた。今日では裁判官が上級裁判所（superior courts＝正式起訴のできる刑事法院または高等法院以上）であるか、それ以下であるかによってルールが違う。上級裁判所の判事は不正（misconduct）のあったときに議会両院（貴族院を含む）の議決をもって初めて王冠により罷免される（Senior Courts Act 1981, s. 11 (3), Constitutional Reform Act 2005, s. 33）。

（2）不法行為（Torts）

王冠被告訴訟法は第二条で特定の場合に王冠に不法行為責任を認めている。

● 王冠はその奉公人（servants）の不法行為について代位して（vicariously）責任を負う（Dorset Yacht Co. v Home Office [1970] AC 1004）。

● 使用者の被用者に対するコモンロー上の責任（employers' liability）

● 敷地占有者のコモンロー上の責任（occupiers' liability）

● 王冠を拘束する議会立法上の義務違反（breach of statutory duty）

（⇒幡新大実『イギリス債権法』東信堂二〇一〇年一〇五―一一三頁参照）。

王冠の不法行為責任は王冠被告訴訟法第二条によってのみ発生し、この立法の利用できない不法行為訴訟は受け付けられない。Trawnik v Lennox and Ministry of Defence［1985］2 All ER 368では、西ベルリン駐留中のイギリス軍の行為が適用除外された（同法四〇条三項）。

裁判官および裁判所手続における不法行為（ただし当事者代理人を除く）についての適用除外（二条五項）は有効で、Quinland v Governor of Belmarsh Prison［2002］EWCA Civ 174では刑事法院の廷吏（clerk）が不注意で二年三ヵ月の量刑を二年六ヵ月と誤記したことについて、控訴院はこれも不問とした。

上級裁判所の判事は、悪意、腐敗、抑圧的な言動についても管轄権のある判事としての言動である限り責任を問われないという一九世紀の判例（Anderson v Gorrie［1895］1 QB 668）があり、管轄権逸脱が善意の誤認（honest mistake）である限り、今日でも妥当する。ただし、悪意による管轄権逸脱が証明された場合は別である（Re MC［1985］AC 528）。

下級裁判所の判事についても、善意の誤認による管轄権逸脱は責任を問われない。治安判事（justice of the peace）についてはより厳しく考えられる傾向があったが、治安判事法（Justices of the Peace Act 1997）により他の判事と同様になった（五一―五二条）。

軍隊については、王冠被告訴訟法第一〇条で同僚の行為による損害について、不法行為責任は問わないと規定しているが、軍隊の中で悪質ないじめや重大事故がないわけではなく、恩給（pensions）では本来の損害賠償とは比較にならないほど低いので、王冠被告訴訟軍隊法（Crown Proceedings (Armed Forces) Act 1987）で第一〇条の効力を停止した。

（3）王冠に対する訴訟提起（Proceedings against the Crown）

訴額により県裁判所（County Courts）か高等法院（High Court）へ、適当な官庁を相手取って訴訟を提起できる。官僚庁（Civil Service Department）が官庁とそのソリシター（事務弁護士）のリストを提供している。よく分からないときは、「王冠の弁護士」（Attorney-General）である法務総裁を相手取ればよい。

救済方法は限定されている。

大権命令（prerogative orders ⇒64頁）は王冠そのものに対しては発令されないが、王冠の臣には出せる。

差止命令（injunctions）は、法的にはできるはずで、貴族院判例（M v Home Office［1993］3 All ER 537）も議会立法（Senior Courts Act 1981）もあるが、実際上はめったに出されない。

宣言（declaration）は王冠に対して利用できる。

損害賠償（damages）も王冠に対して利用できる（損失補填も damages と区別されていない）。

王冠財産に対しては判決を執行できない。ただし、習律として王冠は常に判決に従う。

王冠の臣は裁判所侮辱罪（Contempt of Court）に問われる（M v Home Office［1993］3 All ER 537）。

【こぼれ話】

コモンロー上の不法行為責任で Crown Proceedings Act 1947 の立法時にはその存在を否定されていながら、その後コモンウェルスから復活したのが misfeasance in public office（公職過誤）である。これは一六七一年の判例（Turner v Sterling, 2 Vent. 24）や一七〇三年の判例（Ashby v White, 1 Smith's Leading Cases, 13th ed., 253）に見られ、一九〇七年に控訴院がその存在を否定したが（Davis v Bromley Corporation［1908］1 KB 170）、一九八一年に豪州ニューサウスウェールズの事件（Dunlop v Woollahra District Council［1982］AC 158）で枢密院がその存在を認め、二〇〇〇年に Kuddus v Chief Constable of Leicestershire［2000］EWCA Civ 39 や Three Rivers District Council v Bank of England［2000］UKHL 33 and［2001］UKHL 16 で控訴院と貴族院で包括的に検討された。故意の証明が必要なので使いにくいが、警察官の悪意の事実無根の主張で身体の自由を奪われたことが、この不法行為に当たると認定された事例もある（Karagozlu v

Metropolitan Police Commissioner [2006] EWCA Civ 1691)。
立法時には予測できなかった不法行為法の発展を示す例として、立法上の義務と並行してコモンロー上の過失責任（tort of negligence）の注意義務がどこまで発生するかという問題がある。国（王冠）というよりも地方公共団体のレベルで恐縮ではあるが、たとえば公立精神病院から退院させられた患者が人を殺害し自分が殺人を犯したのは退院させた病院の不注意のせいだと主張して損害賠償を請求した事件、礼拝堂周囲に七本も備えられていた消火栓（hydrants）を深夜の火災の時に消防士が見つけられず（消火栓の黄色い目印がはがれ、あるいは蔦に覆われて見えず、あるいは水が出なかったりして）消火が遅れたことについて日頃の消火栓の点検がなっていなかったという主張にもとづく損害賠償請求、広大なゴミ置き場におけるボヤで近所の人の通報で消防車が来るまでに現場の人が消火し、消防隊が点検の上、消防車が撤収した後に再び発火して隣接建物を全焼してしまったことについて点検がなっていなかったという主張にもとづく損害賠償請求、飛行機の「車検」後わずか一ヵ月で機体不良で墜落事故を起こしたことについての損害賠償請求、警察がもっとまじめに証言を聞いていたら真犯人を逮捕してさらなる犯罪を未然に防げたはずであるという損害賠償請求、地方公共団体の管理する道路の危険箇所に危険を知らせる表示がなかったための交通事故被害者からの損害賠償請求などなど色々な事件があったが、基本的に貴族院は立法上の義務と別にコモンロー上の過失責任がどこまで発生しうるかにつき、やや消極的傾向を見せるようになった（Gorringe v Calderdale Metropolitan Borough Council [2004] UKHL 15～道路に危険を知らせる標識のなかった事件）。

八．王冠特権（Crown Privilege）

「王冠特権」（Crown Privilege）は、王冠「守秘」特権と意訳した方が分かり易いかもしれないが、現在では「公益不可侵権」（public interest immunity）と呼ばれる。これは民刑事訴訟法上の証拠開示（disclosure）に対する例外法理であり、とくに欧州人権条約第六条の民事的権利義務や刑事訴追について遅滞なく独立不羈の裁判所において公正な公開裁判を受ける権利に直接的にかかわるので、ここでは歴史的な項目名、王冠特権にのみ触れて、内容は第二部に譲る。

1 'My lords, the law of nature moves me to sorrow for my sister; the burden that is fallen upon me makes me amazed, and yet, considering I am God's creature, ordained to obey His appointment, I will thereto yield, desiring from the bottom of my heart that I may have assistance of His grace to be the minister of His heavenly will in this office now committed to me. And as I am but one body naturally considered, though by His permission a body politic to govern, so shall I desire you all ... to be assistant to me, that I with my ruling and you with your service may make a good account to Almighty God and leave some comfort to our posterity on earth. I mean to direct all my actions by good advice and counsel.'

2 ギリシャ語の κλῆρος（籤）で与格 κλήρῳ（ラテン語では奪格 clero）のはず。

3 伝統的には Act of Supremacy 1558。当時は治世年で議会立法を数えていたため、エリザベス女王の治世一年は一五五八年一一月一五日から一五五九年一一月一四日までで、実際の立法時が一五五九年でも一五五八年度で番号がついた。

4 Dr Andrew Hegarty of Thomas More Institute の筆者宛二〇一二年四月一一日付メール。

5 Stephen Castle, 'Church bends knee to Blair', *The Independent,* 1 February 1998, <www.independent.co.uk/news/church-bends-knee-to-blair-1142193.html>.

6 Stephen Bates, 'After 30 years as a closet Catholic, Blair finally puts faith before politics', Guardian, 22 June 2007, accessed 6 March 2012, <http://www.guardian.co.uk/politics/2007/jun/22/uk.religion1>

7 G. H. Le May, *The Victorian Constitution* (1979) pp. 57-8.

8 日本では一九八〇年六月一二日大平正芳総理が衆参同日選挙中に死亡して「同情票」を集めて自民党が圧勝したが、そういう「同情票」現象はなかった。

9 当時の ITV ニュースを筆者が視聴したところに基づく。

10 Rodney Brazier, Constitutional Practice: *The Foundations of British Government,* 3rd ed., Oxford University Press, 1999, p. 44.

11 BBC, 6 April 2010, 'Gordon Brown calls 6 May general election'.

12 Hansard, 3rd Series, vol. 2, p. 52.

13 Sir Erskine May, 1896, vol. 1, pp. 312-3; pp. 421-4, 452; vol. II p. 384, pp. 389-91.

14 'House of Lords Journal Volume 20: 6 August 1715', Journal of the House of Lords: volume 20: 1714-1717 (1767-1830), pp. 148-153. URL:<http://www.british-history.ac.uk/report.aspx?compid=38459>

15 Anthony Bradley and Keith Ewing, *Constitutional and Administrative Law*, 12th ed., 1997, London: Longman, p. 268

16 Gareth Evans, *Labour and the Constitution 1972-1975* (1977).

17 Rodney Brazier, *Constitutional Practice*, 3rd ed., Oxford University Press, 1999, p. 69.

18 David Marr, *The Making of Modern Britain*, London: BBC 2009, CD 3, 007.

19 Rodney Brazier, *Constitutional Practice*, 3rd ed., 1999, p. 139.

20 Rodney Brazier, *Constitutional Practice*, 3rd ed., 1999, p. 55.

21 HC Deb 16 Dec 1963, vo. 686, cc. 859-860; HC Deb 23 Jan 1964, vol. 686, cc. 1271-5.

22 George Macaulay Trevelyan, *History of England*, London: Longmans, Green and Co., 1926.

23 *Churchill Museum and Cabinet War Rooms*, London: Imperial War Museum, 2005, p. 2.

24 Colin Mathew and Brian Harrison ed., *Oxford Dictionary of National Biography*, Oxford University Press, 2004, Sir Kingsley Wood by G. C. Peden.

25 <http://www.parliament.uk/mps-lords-and-offices/government-and-opposition1/her-majestys-government/> accessed 12 March 2012.

26 <http://www.number10.gov.uk/news/her-majestys-government/> accessed on 12 March 2012.

27 George M. Trevelyan, *History of England*, London: Longmans Green, 1942, p. 510.

28 PRO, LCO 2/3215, 'The Cabinet: Draft of a Broadcast by Lord Hankey'; BBC Home Service, 'The Cabinet System', *The Listener*, 31 October 1941.

29 Hansard HC Deb 26 February 1996, vol. 272, cc. 589-694.

30 <http://www.cabinetoffice.gov.uk/sites/default/files/resources/ministerial-code-may-2010.pdf>

31 BBC News, Timeline: Tony Blair's Statements on Weapons in Iraq, 12 December 2009, <http://news.bbc.co.uk/2/hi/uk.news/politics/8409526>.

32 Peter Riddell, 'Needed: A New Mechanism' The Times, 27 February 1995.

33　Select Committee on Public Administration, 5th Report, 25 July 2006, <www.publications.parliament.uk/pa/cm200506/cmselect/cmpubadm/689/68905.htm>.

34　Peter Hennessy, *The Hidden Wiring: Unearthing the British Constitution,* London, Indigo, 1996, p. 119.

35　余談であるが一八六六年東インド会社の法律委員会（Indian Law Commission）の契約法報告書と一八七二年インド契約法典もフランス法の影響が色濃い。

36　<http://civilservicecommission.independent.gov.uk/About_us/Our_Organisation/Civil_Service_Commissioners/Meet_the_Commissioners/index.html>accessed on 21 March 2012.

37　<http://www.civilservant.org.uk/constitution.shtml> accessed on 31 March 2012.

38　Richard Norton-Taylor, 'Chilcot inquiry: Lawyers expose pressure to give green light for war', The Guardian, 26 January 2010 に報告されているが、本書の記述はこれも参考に筆者のＩＴＶ実況録画報道の記憶から説き起こした。

39　Patrick Devlin, *Trial by Jury,* London: Steven and Son, 1956, p. 164.

40　Ibid. pp. 158-9.

41　以上 Lords, 2005-6, Select Committee on Constitution, 15th Report, Appendix 5 on Ponsonby Rule. <http://www.publications.parliament.uk/pa/ld200506/ldselect/ldconst/236/23612.htm> accessed on 31 March 2012.

補章　イギリスの王立委員会および調査委員会等について
～刑事司法改革のための制度的一考察～

目次

一．はじめに

1　本報告書はイギリス（歴史的理由でここでは厳密に定義しない）における王立委員会（royal commissions）および調査委員会（commiitees of inquiries）について、類似制度にも目を配りながら、その制度的特徴を概説したあと、とくに現行イギリス刑事司法の基本法たる一九八四年警察および刑事証拠法[1]（未決勾留期間制限、取調の録音、少年等の取調に責任ある大人の隣席、公費による弁護士の取調立会いを含む留置、取調、立入捜査、押収、逮捕、職質等の警察権力行使に関する規範と規範違反等の場合の裁判官の裁量による証拠排除などを定めた）と一九八五年犯罪訴追法[2]（公訴局の設立により警察お雇い弁護士が王冠訴追官として独立）そして一九九五年刑事上訴法[3]（刑事再審委員会の設立）などの礎を築いた一九七〇年代から一九九〇年代にかけてのイギリスにおける冤罪・誤判発覚後の対応としての調査委員会や王立委員会の具体的制度と活動を検討し、最後に日本において志布志事件や氷見事件や足利事件などを念頭において類似の委員会を設置する場合の注意点などについて報告する。

二　王立委員会

1　王立委員会（royal commissions）は議会立法を経ることなく王冠大権により臨時に設置される諮問機関である[4]。やや古い統計であるが、第二次大戦後の一九四五年から一九六九年までの二四年間だけでも設置された王立委員会の数は二四にのぼり、各年度において平均三つの王立委員会の予算が計上されて（活動して）いた計算になる[5]。第九節と第一一節で詳述する一九七八年から一九八一年にかけての刑事手続に関するフィリップス王立委員会（Royal Commission on Criminal Procedure）と一九九一年から一九九三年にかけての刑事司法に関するランシマン王立委員会（Royal Commission on Criminal Justice）のあとは、一九九七年から一九九九年にかけての高齢者長期介護に関する王立委員会（Royal Commission on Long Term Care for the Elderly）が知られる。常設機関化する場合もあり、一八六九年に設置された古文書に関する王立委員会（Royal Commission on Historical Manuscripts）は二〇〇三年に公文書館（Public Records Office）と合併してナショナル・アーカイブス（National Archives）となったものの王立委員会の基礎となる王冠授権状（Royal Warrant）の形式は現在でも維持されている。その他一九〇八年に設置されたスコットランドの歴史遺産に関する王立委員会（Royal Commission on the Ancient and Historical Monuments of Scotland）や一九七〇年に設置された環境汚染に関する王立委員会（Royal Commission on Environmental Pollution）などは現在でも活動している。ただし、これらの常設化したものは先の一九四五年から一九六九年の統計には入っていない。

2　王立委員会は歴史的にはノルマン朝のヘンリー一世（一一〇〇―一一三五）やその娘の子のヘンリー二世（一一五四―一一八九）の治世まで遡る。日本でいえば院政期である。もっとも当時の王立委員会（commission）とは「国王の使い」（たとえば勘解由使や検非違使などの使）ほどの意味であった。たとえば一一七六年の国司検断使（Inquest of Sheriffs）や一二八四年にイングランド国王裁判所共通法（コモンロー）のウェールズへの適用を勧告したエドワード一世（一二七二―一三〇七）の委員会が知られる。エドワード二世（一三二七―一三七七）の治世までには議会の反発をまねき、あまり利用されなくなった。ばら戦争のあと一四八五年にテューダー家のヘンリー七世が即位すると王権の回復と絶対王政への傾斜の中で王立委員会は再び多用されるようになり、一五一七年の囲い込み（エンクロージャー）委員会が有名であるが、ヘンリー八世（一五〇九―一五四七）の絶対王政において濫用された。

3　一七世紀に入り近代コモンローの父エドワード・クックは王立委員会を違法としたが[6]、清教徒革命と名誉革命を経て議会主権の確立した一八世紀においても、議会の立法により授権された委員会（statutory commissions）と並立して例えば土地の囲い込みや分割において王立委員会が日常的に設置される事態が続いた。

4　王立委員会は一九世紀にもっとも頻繁に設けられたが、ビクトリア女王の治世（一八三七―一九〇一）の後半に立憲君主制が確立され、王冠大権が大臣の助言と承認なしには行使されなくなると、後述の各省主務大臣が職権で設置する省庁委員会との区別が曖昧になった。

5　王立委員会は、手続的には内務大臣またはスコットランド大臣が用意し君主が署名する王冠授権令状（royal warrant）の発給により設置される[7]。この王冠授権令状により、王立委員会は省庁委員会よりも設立が荘重であり、重要性が高いと見られやすい。

6　王立委員会の権限については多種多様で、後述する調査法廷（tribunal of inquiry）の権限（証人喚問および証拠提出強制権）を付与された実例として一九二四—一九二六年の狂人および精神錯乱者の扱いに関する王立委員会（Royal Commission on Lunacy and Mental Disorder）[8]もあったが、強制権のない臨時の調査機関の方が普通である。

7　現状において王立委員会の機能や構造その他については、省庁委員会と区別すべき点はほとんどないので、次節に譲る。

三．省庁委員会（Departmental Committees）

1　省庁委員会は王冠大権または議会立法のもとで閣内大臣（Cabinet Minister[9]）＝枢密顧問が職権で臨時に設置する諮問機関である。

2　歴史的には王立委員会も省庁委員会も枢密院に設けられたと考えられるが、閣内大臣＝枢密顧問の使用人が議会の決める予算から給与をもらう王冠の従僕（servants of the Crown）すなわち官僚（Civil Servants）へと成長しつつあった一八世紀後半から一九世紀前半にかけて、はじめて現在の省庁委員会が生成され始めたと思われる。

3　ビクトリア女王の治世（一八三七—一九〇一）の後半に立憲君主制が確立すると、王立委員会と省庁委員会の区別は薄くなった。

4　ただし省庁委員会の設置には王冠授権令状（Royal Warrant）は用いられず、大臣の署名する授権状（warrant）ないしそれに代わるもので授権され、形式的には多様である[10]。たとえば陸軍省の官僚宛の書簡（letter）で授権された場合（一九四六年の陸空軍軍法会議に関する陸軍省委員会）やメモ（note）だけの場合（一九六三年の銀行職員組合連合会から国際労働機関へ出された苦情の調査委員会）も知られる[11]。とくに枢密院璽（Seal of the Privy Council）を用いるものを枢密院の調査委員会と認識できるだろう（⇓209）。

5　授権内容、人選、委員の数などは大臣に一任される（王立委員会でも同様）。

6　カートライトは王立委員会や省庁委員会の目的を①情報収集（information gathering）、②政策立案（policy formulation）、③行動提案（action proposal）の三つに分類し、一九四五年から一九六九年までの二四年間に設置された王立及び省庁委員会計三八二委員会について、九八％は情報収集を目的の一部にもっており、多くの場合、情報収集は政策立案ないし行動提案ないしその両方のための基礎であったとしている12。

7　なお後述する調査委員会はこの省庁委員会の一種である場合が多く（決して王立委員会を排除するものではない）、情報収集ないし真相解明を主目的とするものであると定義してよいが、あわせて行動提案を含むものも多い。

8　授権内容については、王立委員会であれ省庁委員会であれ、委員会の方で授権内容を「解釈」する作業が必然的に行われる。とくに第一一節で後述するランシマン王立委員会の場合は「イングランド・ウェールズにおいて真の犯罪者を懲罰し、無実の被告を釈放するための効率的な刑事司法制度を調査」するという非常に広い授権範囲であったために、委員会の方で効率的に予算、時間、人員の配分ができるようにポイントを絞った13。当然、授権大臣に問い合わせることもできる。そして仕事の手順や調査のやり方、決定手続なども委員会の方で決定することが多いが、基本的に最後には報告書が提出され、政府の手で公表されるものである。

9　委員長の経歴について先述の一九四五年から一九六九年にかけての二四の王立委員会ついてみると、裁判官七名、学識経験者七名、元国会議員四名、財界三名、弁護士（日本のような検察官と弁護士の区別はない）一名、その他の公務員（軍、自治体、国営企業）一名、不明一名で、官僚は〇であった14。同じ期間の王立委員会と省庁委員会の計三五八委員会について委員長の平均年齢は五八歳、もっとも頻繁に見られた年齢は六二歳であった15。委員長に他の委員の選任権がある場合が比較的多いので委員長の人選は委員会の成否を左右するといって過言ではない。

10　任命権は省庁委員会の場合は所轄の大臣、王立委員会の場合は王冠にあるが事実上所轄の大臣が、それぞれ官僚と相談しながら決定するようである。歴史的に高級官僚の人事権を握っていた大蔵省（Treasury）に『偉大で善良な名士人名録』（The Book of the Great and the Good）と呼ばれる名簿があるといわれている[16]。「偉大で善良な名士」とは古典的にはオックスフォード大学かケンブリッジ大学で古典（古代ギリシャ・ラテン人文学）を勉強したことが一つの基準であった（高級官僚の人事改革に関する調査委員会や王立委員会については第一一節のランシマン王立委員会の委員の経歴に即して触れることにする）。

11　委員の人選は委員会の設立時に一斉に決めることはほとんどなく、一人一人状況に応じて委員長が所轄の大臣および官僚と相談しながら選任していくことが多いようであるが（第八節と第一〇節であつかうフィッシャーとメイの調査委員会はこのタイプ）、第九節と第一一節であつかうフィリップスとランシマンの王立委員会の場合は、王冠授権状の中に全委員の名簿も入っていた。一九四五年から一九六九年にかけての二四の王立委員会の委員の出身分野をみると、女性二一名、学識経験者一九名、貴族院議員一五名、「勅撰弁護士」と呼ばれる高級法曹（この区分において日本のような検察官と弁護士の区別はないので注意）一一名、元衆議院議員六名、自治体官吏六名、労働組合員六名、裁判官および治安判事五名、中央官僚三名（ただし同一人物が複数の分野をかけもっている例、たとえば女性法曹などもある）となっている[17]。一九四五年から一九六九年にかけての二四の王立委員会のそれぞれの平均委員（委員長を含む）数は一三名である[18]。同時期の三五八の省庁委員会の平均人員数は八名であった[19]。

12　第一一節で詳述するランシマン王立委員会の委員であったロンドン大学経済政治学院（ＬＳＥ）のザンダー教授は、王立委員会に限らず、専門家と非専門家を混ぜた諮問委員会のシステムがイギリスの経験では非常によく機能していると評価している[20]。したがって内閣が外部の専門家の諮問をあおぐための機関というよりは、むしろ政策立案過程に国民参加の要素を加えるための機関の側面があるというべきであろう。委員長および委員の仕事は本職とのかけもちである[21]。委員長は週に二〜三日は委員会の仕事に専念しなければならず、委員でも週一回はあったという。委員にはもちろん国費から給与が支給される。イギリスの場合、日本に比べれば、仕事は仕事、個人の私的生活は私的生活と極めて厳格に分けられており、ホンダなどイギリスに進出している日本企業のイギリス人労働者の使い方は当初大きな軋轢を生んだ。同様に本業と委員会の仕事の分業も比較的融通が効きやすいようである。これはイギリス社会の特色といえるかもしれない。ただし実務弁護士の場合、夜中の残業というものも「普通」のことなので、ザンダー教授も実務弁護士委員については委員会の仕事の兼務はきつかったようだと同情していた[22]。委員長に「偉大で善良な名士」が選ばれることのメリットとしては、ある程度経済的にも時間的にも余裕があって人望について定評のある人が選ばれるところにあるともいえるかもしれない。

13　委員会には委員会事務局がおかれるもので、事務職員（一～三名）には設置に直接関係した官庁の官僚、おもに若手の中間管理職クラスが本庁の仕事と一緒に委員会の事務をかけもつ場合がほとんどである[23]。しかし例外もあり、例えば判決債務の執行に関する省庁委員会（Departmental Committee on the Enforcement of Judgment Debts）の事務はイギリス国際法比較法研究所（British Institute of International and Comparative Law）の職員が担当した[24]。委員会事務局の働きについては第一一節のランシマン王立委員会に即して詳述する。

14　相談役（assessors）を設けることもあり、特定分野の専門家が選ばれることが多いが、事務職員が相談役という場合もある。委員（長）は仕事が終われば（最終報告書を提出すれば）元の仕事に戻るが、委員会を設置した省庁の方は委員会の出した結果に対応しなければならない。そのため主務官庁が委員会に付した相談役が一種の目付役として機能する場合もある。相談役については第一〇節のメイ調査委員会に即して詳述する。

15　王立および省庁委員会の平均寿命であるが、一九四五年から一九六九年の統計では王立委員会が二年半、省庁委員会が一年半で[25]、もちろん個別の委員会で六日間のもの[26]から八年を超えたものまであった[27]。後述する調査法廷に関する一九六六年のサーモン王立委員会（五・6）は八ヶ月で仕事を追え、一九九八年に設置された北アイルランドのロンドンデリー示威行進発砲事件のサーブル調査法廷は十二年かけて二〇一〇年三月二四日、最終報告書を提出した（五・10）。経費（国家予算）も同様に個別の委員会によって極めて大きな開きがあり、時間と経費をいかに制御するかは委員長の腕にかかっているところが大きい。また第一一節で詳述するランシマン王立委員会のように政府が二年の年限の遵守を厳しく要求する場合もある。

16　委員会は（最終）報告書を授権者に提出することによって終了するのが原則であるが、報告書の平均ページ数は王立委員会で三三〇ページ、省庁委員会で一一〇ページであった[28]。

17　イギリスの衆議院の任期は五年で日本より長いが、委員会によっては総選挙による政権交代をはさんで持続するものがある。たとえば一九五一年の総選挙による労働党（アトリー）から保守党（チャーチル）への政権交代時に新政権から任務継続の意思表示を得られたことを報告書で特記している省庁委員会が二例あったものの[29]、基本的に政権交代にかかわらず継続するのが原則であるように見える。第九節で扱うフィリップ王立委員会（一九七七―一九八一）も、一九七九年の総選挙による労働党（キャラハン）から保守党（サッチャー）への政権交代をはさんで継続した。王立委員会の場合は授権者が王冠であり報告書も王冠に提出されるので、政権交代は形式的には関係がない。同様に省庁委員会でも授権大臣の職がある限り、その椅子に座っているのが誰かは、報告書の提出には関係がない。ただし省庁改編で授権大臣のポストがなくなる場合もあるが、そういう場合は該当分野の新担当大臣に報告書を提出することになる。王立委員会であれ省庁委員会であれ、設立されるのはその目的や事案によって政府が直接関与するよりも外部の専門家に任せた方がよいとか、国民の間の幅広い意見を聴取してより民主的に政策立案をした方がよい、あるいは中立的に仕事を進めた方がよいと判断する場合に設立される場合が多く、また委員会の活動には政府は直接責任を負わず独立性が高いので、政権交代もあまり支障にならない場合が多いといえるかもしれない。もちろん委員会はあくまでも諮問機関であるため、その仕事が単なる調査や真相解明を超えて政策立案や行動提案である場合、政権交代後の新政権がその勧告をどの程度受け入れるかは、新政権次第というところがある。もちろん後述するように、真相解明の場合でも、その公表が問題となることがある（五・11）。同じことは授権政権に報告する場合でも発生しうる。また何らかの委員会を設立しようとする動きが政権交代で立ち消えになっても、数年後の再度の政権交代で当初の予定通り設立された例もある30。

四 議会専責委員会（Parliamentary Select Committees）

1　議会は「国民の大審問」（Grand Inquest of the Nation ⇓151）とも呼ばれ国政調査権を持つが、専責委員会（Select Committees ⇓153）は、議会が立法をもって設置する外部委員会（statutory commissions）とは違い、貴族院または衆議院または両院が合同でその議決により設置し、議員が特定の専門分野ごとに委員に選抜される委員会で、各省庁の所管公務その他の公共サービス全般の目付役で、幅広い調査、尋問権を持つ。王冠大権に基づくものではなく、議会固有の権限に基づくものである点で王立委員会や省庁委員会とは区別され、議員から構成される点で外部委員会とは区別される。

2　イギリスの議会は少なくとも名誉革命以来大変強力である。ただし一七一五年のホイッグのウォルポールを委員長として野党トーリーへの攻撃のために一七一三年のユトレヒトにおける対仏単独講和の調査を行った事例（⇓201）など党派性が高く、一九世紀にはナポレオン戦争やクリミア戦争への調査例があったが、一九一二年のマルコーニ社事件（大英帝国全土にわたる無線通信網の設置を特定の一社が一手に請負ったことによる汚職疑惑）でその調査の党派性が問題視され、当時の与党自由党の第一次世界大戦後の没落（一九二二年総選挙で大敗して以来二〇一〇年の連立内閣まで野党）とともにその歴史的役割を終えたといえよう31。

3　議会専責委員会は、日本の常設委員会や特設委員会のほとんどに相当する議会活動の日常的な形になっており、基本的に常設で特定の専門分野の仕事を担当するので与野党議員のコンセンサスをはかりやすい32。たとえば貴族院欧州連合委員会は欧州連合立法案を事前点検する機能をもち33、とくにその法律小委員会などは外部からの聴聞も含め、活発に活動している。ただし次の第五節でふれるスコット調査委員会（⇓267—270）の背景となったことであるが、一九八〇年代のイラクへの不正武器製造機器輸出疑惑に関連して一九九二年ころ衆議院通商産業委員会が得た情報と、被告 Matrix Churchil 社の重役三名の刑事裁判において裁判所の証拠開示命令で明らかになった情報とがあまりにも違い過ぎたことで、与野党コンセンサス型の議会専責委員会の調査能力の限界も浮き彫りにされた[34]。

五．調査法廷（Tribunal of Inquiry）

1 議会専責委員会による調査の党派性の問題は、一七世紀に王権と議会が対立していた時代は別として、その後の議院内閣制の発展とともに必然的に表面化してきたもので、一九二一年の軍需省汚職疑惑に関連して、議会自身の「国民の大審問」（Grand Inquest of the Nation）機能を第三者機関に任せ、それに裁判所と同様の強制力を持たせたものが一九二一年調査法廷証拠法（Tribunal of Inquiry (Evidence) Act 1921）であった[35]。

【註】なお一九二一年調査法廷証拠法は二〇〇五年四月七日の調査法（Inquiries Act 2005）により同年六月七日に廃止された。一九二一年法の近年最後の利用例について五節一〇款で触れるが、その調査活動の終了直後に廃止された（五・12）。一九二一年法は例えば一九六六年一〇月二一日のウェールズのアベルファン（Aberfan）炭鉱のボタ山崩壊事故に関する Edmund Davies 控訴院判事を委員長とする調査に用いられたことがあるものの[36]、利用度は低かった。しかし一九二一年法はあらゆる調査について常に利用可能な選択肢として存在し、どのような調査でも必要に応じて一九二一年法にもとづく調査法廷に改組することは可能であったという点で、いわば「伝家の宝刀」としての影響力を持っていたといえる。一方、二〇〇五年の新法は沢山の条文を持ち詳細な規定を持っているが、既存の王立委員会や省庁委員会でできる範囲のことで、立法の意味は一九二一年法に基づく調査法廷を廃止したことである。そのため、本報告では、一九二一年法の内容について説明する。

2 調査法廷は一九二一年の調査法廷証拠法（Tribunal of Inquiry (Evidence) Act 1921）に依拠して貴衆両院の議決（resolutions）をもとに王冠ないし大臣が設置するもので、高等法院（High Court of Justice）同様の証人喚問および証拠提出の強制権をもち、具体的には命令に従わなければ裁判所侮辱罪（Contempt of Court）で高等法院において裁かれ二年以内の投獄刑または無限罰金刑またはその両方を科すことができた。証人の権利などは通常の裁判におけるのと同様であるが、調査法廷での証言を刑事訴追の証拠にすることを免除する（ただし偽証罪の訴追を除く）規定[37]は盛り込まれなかった。

3　ただし後述する調査委員会では、真相解明を優先して、たとえば一九九九年一〇月五日午前八時過ぎに発生したロンドン・パディントン駅近くの列車衝突事故の調査（これは厳密には一九七四年の職場等における健康と安全に関する法律一四条[38]にもとづく健康安全委員会の調査委員会で、その意味で立法授権委員会であったが、広い意味で省庁委員会の一種と見なしてよい[39]）においても、やはり調査における証言をもとにしては偽証罪以外の刑事訴追（たとえば業務上過失致死傷の）は行なわないという法務総裁（この点では日本の検事総長に相当）の約束が得られた[40]。一般に、調査委員会に限らず調査法廷においても真相解明を優先して、同じ約束がなされるのが普通であるといって過言ではない。

4　なお一九二一年調査法廷証拠法一条一項による高等法院と同様の裁判所侮辱罪の適用は、証人の出頭と証拠物の提出に関するもので、法文の文面からは厳密には調査の結果に予断や偏見の効果を与える報道や評釈にまで及ぶものとは捉えにくい。しかし対イラク武器輸出（一九八〇年代）および関連刑事訴追の失敗に関する一九九二年から一九九六年にかけての調査委員会において、同委員会が一九二一年調査法廷証拠法の適用を受けていないにもかかわらずサッチャー保守党内閣の閣僚経験者や官僚が裁判所侮辱罪を理由にして報道機関の取材を拒否し続けたことについて、スコット調査委員長から苦言が漏れた[41]。もちろん真相は報道や評釈による裁判所侮辱罪の危険ではなく、かりに調査における証言をもとに偽証罪を除く刑事訴追は行なわないという法務総裁の約束があっても、取材に対する答弁は調査における証言ではないので、刑事訴追の危険が予見されたことが、閣僚や官僚たちの取材拒否の直接的原因であったと考えられる。

5　調査法廷については後述する一九六三年のデニング記録長官（イングランド・ウェールズ第三位の裁判官）の調査委員会のあとを受けて、一九六六年のサーモン控訴院裁判官（当時）の王立委員会が証人喚問や証拠提出のあり方について研究を行ったことがあり、一九二一年から一九六六年までの間の一五件の調査法廷が対象となった。うち一九二四年の狂人および精神錯乱者の扱いに関する王立委員会は、調査法廷の権限をもつ王立委員会であった[42]。

6　一九六六年の調査法廷に関するサーモン王立委員会は調査（inquiry）において遵守されるべき証拠調べの六原則というものを勧告した。

（1）調査対象を定めるには、法廷はまず対象者に影響を与える情況が存在し、その情況を法廷が捜査すべきであることについて、十分な心象を得ていなければならない。

（2）調査対象者を証人として喚問するには、まず対象者に対する攻撃内容およびその証拠を対象者に開示しなければならない。

（3）（a）調査対象者は防御の準備と法的助言を受けるための十分な機会を与えられなければならない。

（3）（b）調査対象者の弁護費用は通常は公費で負担されるべきである。

（4）調査対象者は公開法廷において対象者自身の弁護士（ソリシタまたはバリスタ）によって尋問され、自らの主張を陳述する機会を与えられなければならない。

（5）調査対象者が調査において喚問を希望する関連証人は、特別な困難がない限り、聴取すべきである。

（6）調査対象者は、自身に何らかの影響を与える証拠について自身の弁護士によって反対尋問を行う機会を与えられなければならない[43]。

7　以上のサーモン控訴院裁判官の六原則については、対イラク武器輸出および関連刑事訴追失敗に関する一九九二年から一九九六年にかけての調査委員会を指揮したリチャード・スコット副大法官（イングランド・ウェールズ次席裁判官）から不必要に通常のイギリスの司法手続きにならい過ぎていて、とくに言葉遣いが訴訟手続用語を髣髴とさせ、これを厳密に守っていては訴訟ではないことが前提の調査の迅速かつ効率的な進行に重大な支障をきたすとして強力な批判が出ている[44]。とくにスコット副大法官は第二・第三原則（前もって自己に不利な主張と証拠を開示され、それに反駁する準備ができること）がある以上、第六原則（反対尋問権）に従うべき理由はないとしている[45]。もちろんスコット調査委員会は調査法廷ではなかったが、サーモン王立委員会の六原則には調査委員会も一応従うことが期待されており、調査委員会も調査法廷同様に通常は裁判官と弁護士（訴追経験も有することが多い）を主体としているために、そのような批判が出たのである。

8　スコット副大法官は自らかわりに五原則を勧告した。

（1）証人は質問される事柄について前もって十分に告知されるべきこと。

（2）他の証人から不利でかつ調査に関連性のある証言の出た証人については、不利な証言を告知し、反駁の機会を与えるべきこと。口頭で証言を聴取する場合は、調査に関連性がないのに他人を傷つける証言の出ないように注意しなければならない。文書の形でそのような証言が提出された場合は、公表してはならない。

（3）調査委員会が批判を報告書に載せる場合は、その前に、まず批判の対象となる人に対して告知し、これに対する回答や追加証拠を提出する機会を与えるべきこと。

（4）調査対象者には証言・証拠の提出段階、批判回答段階を問わず、法的援助がなされるべきこと。

（5）他の証人の反対尋問権や自己の弁護士による主尋問および再尋問を受ける権利および関係者の出頭権は、糾問的調査（inquisitorial inquiry）における聴聞手続においては、公正さと特段の事情に照らしてどうしても必要であると認められない限り、許されない。

9　スコット委員長はイギリス式の弾劾手続（adversary system）と糾問手続（inquisitory system）の区別を強調しているが、これはすぐに日本や大陸法系の刑事手続を想起するよりは、イギリス国内のイギリス式司法手続のかかえる諸問題についての認識、とくに弁護士費用が非常にかさむことを前提にしていることを忘れるべきではない。イギリスの調査のやり方は第八節（フィッシャー調査委員会）で見るように非常に裁判的である。なおスコット調査委員会の一九九六年の報告書は極秘未公開部分が多いものの翌一九九七年五月の総選挙における保守党の史上最低の記録的大敗北の要因の一つとなった。

10　強制力をもつ調査法廷の最新の実例として一九七二年一月三〇日の北アイルランドのロンドンデリー「血の日曜日」事件（Bloody Sunday）への調査法廷が一九九八年一月に設立された。一九七二年の同事件については直後に強制力を持たないウィジェリー調査委員会が設置され、イギリス軍の発砲を全面的に擁護する内容の報告書を提出していたが、銃撃された被害者を証人として呼んでおらず、その後、被害者の事件前後の行動について軍の主張と異なることが明らかとなったため、一九九八年当時労働党政権が進める北アイルランド和平の一環として一九二一年調査法廷証拠法にもとづく調査法廷が新たに設置された。普通の調査と同様、真相解明のために法務総裁が調査法廷における証言を偽証罪以外の罪の刑事訴追の証拠に使用することはないことを約束した。ただし、これは厳密には刑事訴追そのものを免除するものではない。別の証拠をもとに同じ事実関係について刑事訴追がありうるということである[46]。

11　この調査法廷の任命権者は王冠ではなく首相であったが、その理由は北アイルランド紛争の性格に鑑み、スコットランド人ブレア首相（当時）の授権が適切であったためと考えられる。委員もサーブル（Saville）貴族院裁判官（現職、イングランド出身）、カナダのニュー・ブルンスウィック州の元首席裁判官、オーストラリアの元高等法院（＝最高裁）裁判官の三人であった。かたやイギリスの軍、治安警察、諜報機関、かたやアイルランド島の武力統一をめざすゲリラ、そして一般市民を相手にした調査であるため、一定の国際性を持たせたと思われる。

12　調査法廷は、二〇〇四年一一月二二日と二三日に最終弁論を実施し、二〇〇五年一月に最後の匿名の追加証人の証言を聴取した[47]。この直後の二〇〇五年四月七日の調査法（Inquiries Act 2005）により、調査法廷の根拠立法である一九二一年調査法廷証拠法（Tribunal of Inquiry（Evidence）Act 1921）が同年六月七日付で廃止された。その後、サーブル判事の調査最終報告書の公表は異常に遅れ、サーブル判事は最終報告書を二〇一〇年三月二四日に政府に提出、同年五月六日の総選挙による政権交代を経て、二〇一〇年六月一五日に公表された48。供述書二五〇〇通、口頭供述のべ九二二名、録画テープ一二一本、録音テープ一一〇本、証拠ファイル一六〇冊、供述語数二～三千万語、経費は最後の証言聴取後も現職の勅撰弁護士を委員として雇い続けていたために二〇〇九年九月現在総額一億八四〇〇万ポンド（購買力平価で約三六八億円）、最終的に一億九五〇〇万ポンド（約三九〇億円）に上った49。

13　保守党のキャメロン新首相は、同日午後の衆議院本会議において、自らの愛国心のため世界最高水準にあると信じるイギリス軍の行動について悪いことは何一つ信じたくはないと前置きしながら、サーブル報告書の結論は明確で曖昧なところは一切なく、一九七二年一月三〇日に発生したことは正当化されず、正当化されえない、過ちであったと全面的に認めて、政府と国を代表して犠牲者に深く謝罪した。サーブル報告書は、デモ行進に対して実弾を撃ち込んだのはイギリス軍の支援中隊（Support Company）であったこと、中隊は中隊長の間違った命令に従って現場に急行したこと、最初に発砲をしたのはおそらくイギリス軍であること、発砲につき事前警告は一切なかったこと、死傷者は全員非武装の一般市民であったこと、誰ひとりとして他人に危害を加えるなど銃撃の正当化されるような行動はとっていなかったこと、一部の共和主義者の発砲音が聞かれたが、実際に銃撃を受けた市民に対する銃撃を正当化するものではなかったこと、むしろイギリス軍が自制心を失い、説示や訓練を忘れ、銃撃にあたり軍紀をまったく維持できなかったこと、そしてその後の調査で責任を逃れるために多数の兵士が意図的に偽証したこと、死傷者の中には明らかに逃げる過程または死傷者に寄り添っているときに銃弾を浴びた人がいることを明らかにした。キャメロン首相は、報告書の中に殺人罪や違法な殺人という表現を探している人に対しては、それは調査の目的ではなく、政治家の決めることでもないと述べながら、真実を隠して北アイルランドにおける法と秩序の維持に携わってきた人の名誉を称えることもできないと述べて権威ある報告書の内容を厳粛に受け止め、四〇年も前のことで首相が謝罪することに疑問を投げかける人もいること、首相の世代は一九七〇年代のことは習ったことがあると感じる程度で、それを経験したとは感じていない人もいることに言及しながら、しかし、発生すべきことでなかったことが発生し、被害者家族が今も深い悲しみと痛みを感じて生きている事実、イギリス軍の部隊が過ちを犯した事実を直視し、軍隊の行為に窮極の責任を持つのは政府であると述べて、政府、そして国を代表して、深く謝罪した[50]。

14　この報告書の公表の著しい遅れの理由はよく分からないが、保守党時代の事件を労働党政権が調査にかけ、二〇〇五年そして二〇一〇年の総選挙を考えて、その内容に直面するのは保守党政権がよいと判断したのかもしれない。

六．調査委員会（Inquiries）

1　調査委員会も形式的には前述の省庁委員会の一種であるが、通常は調査法廷のような強制力は持たない。ただし一九六三年のデニング記録長官による防諜機関及びプロフューモ前陸軍大臣の議会答弁調査委員会（Inquiry into the Security Service and Mr. John D. Profumo ⇒84）は、授権者であるマクミラン首相からさらなる権限が必要であればそう要求するべく伝えられていた[51]。

2　調査委員会の調査のあり方は、とくに再審無罪判決後に誤判の背景の調査を担当したヘンリー・フィッシャー元高等法院裁判官の調査委員会（第八節）およびジョン・メイ元控訴院裁判官の調査委員会（第一〇節）に即して後述する。

七．警察に対する苦情の調査制度

1　一九六六年の調査法廷に関する王立委員会の調べで、一九二五年、一九二八年、一九五九年に警察に対する苦情の調査を目的とした王立委員会が計五件設立されていたことが分かるが、とくに一九六〇年から一九六二年にかけての警察に関する王立委員会の提案を受けて、一九六四年警察法は三二条により内務大臣による自治体警察調査権を付与すると同時に、同法四九条により内務大臣は必要とあれば別の自治体警察に捜査を委任し、委任をうけた警察本部長は必要とあれば公訴長官（Director of Public Prosecutions）に捜査報告書を提出し刑事訴追を勧告することができるようになった。以後現在に至るまで、制度としてはこの自治体警察による他の自治体警察の捜査が警察に対する重大な苦情の調査の基本形をなしている。

2　一九七六年警察法一条により警察苦情局（Police Complaints Board）が一九七七年六月一日に設置され、他の自治体警察に対する捜査を委任された警察本部長の捜査報告書を審査し、必要とあれば捜査対象の自治体警察の本部長に適切な懲戒措置を強制することができるようになった。

3　一九八一年四月のブリクストン騒乱事件における警察の対応がスカルマン貴族院裁判官の調査委員会に人種的偏見を背景にしていたと批判され、さらに第九節で後述するフィリップス教授の王立委員会の勧告を受けて制定された一九八四年警察および刑事証拠法（Police and Criminal Evidence Act 1984）にもとづき、警察苦情局は一九八五年四月二九日から警察苦情庁（Police Complaints Authority）に改組され、新庁は自治体警察による他の自治体警察の捜査を監督（supervise）することができるようになった。

4　その後、一九九三年四月二二日黒人少年 Stephen Lawrence 殺人事件におけるロンドン警視庁の杜撰な捜査が問題となり、一九九七年五月の総選挙による政権交代後、同年七月三一日に内務大臣がマクファーソン元高等法院裁判官に調査を委任、一九九九年二月のマクファーソン調査委員会の報告書が警視庁は一九八一年のスカルマン調査委員会の勧告に従わず「組織的人種主義」におかされていると、警察苦情庁の一九九七年一二月一五日の結論と正反対の結論を出したこと[52]を受けて、二〇〇二年警察改革法が制定され、これまでの警察苦情局と警察苦情庁が獲得してきた権限の上に積み重ねて独自の対警察捜査権を持つ独立警察苦情委員会（Independent Police Complaints Commission ⇒228）が設置され、二〇〇四年四月一日から活動している。

また独立警察苦情委員会があっても、内務大臣が調査委員会を別に設けた最近の実例として、二〇〇一年八月のケンブリッジ県ソーハム村の小学生女児二人の誘拐殺人事件に関連して二〇〇三年一二月に同小学校で児童の世話係だったイアン・ハントリーに有罪評決が下ったことを受けて設立されたビチャード調査委員会がある。これは犯人逮捕のきっかけになったのが北のハンバー河畔県警の管区の住民からの通報で、その内容たるや同所で女児との不適切な関係が問題となって小学校の児童世話係の職を追われた人物がケンブリッジ県の事件の小学校において捜査に「協力」している様子が放映されているのを見て驚いて通報したという事情に鑑みて、ハンバー河畔県警とケンブリッジ県警におけるこども保護手続、とくにこどもの世話をするおとなに関する事件の記録、おとなの選任手続、および学校など他の機関との情報共有システムのあり方について、調査が行なわれたものである[53]。ビチャード調査委員会の二〇〇四年六月二二日つけ報告書の勧告に従いこどもの世話をするおとなの選任・排除システム（Vetting and Barring Scheme）が二〇〇九年一〇月一日から施行されているが、町内のサッカー・チームの送り迎えに自分のこどもだけでなく他人のこどもも乗用車に乗せる行為にまでこのシステムが適用され、過去の性犯罪の記録がないかどうか監視されることについて、いろいろ議論が出ている。

八．フィッシャー調査委員会

調査までの経緯は次の通りである。一九七二年四月二一日から二二日にかけての夜半にロンドンのある住所における火災と住民Maxwell Confaitの死亡について、少年三人が逮捕され、同年一一月二四日に三人とも有罪評決を受け、一九七三年七月二六日に控訴院が控訴を棄却した。一九七三年一一月、一九六四年警察法四九条にもとづき三人の少年のうち一人に対する取調警察官の暴行を主張する苦情について警部（Chief Inspector）による捜査が行なわれたが、一九七四年七月一六日のある衆議院議員の申立を受けて内務大臣が警視庁で該当事件の捜査に関与しなかった警視正（Chief Superintendent）による捜査を命令した。一九七五年六月一八日に内務大臣は少年三人の有罪評決について一九六八年刑事上訴法にもとづき控訴院に再審を付託、同年一〇月一七日、控訴院は三人の有罪評決のもとになった自白の信頼性を疑い、有罪評決のすべてを破棄した。同年一一月二八日、内務大臣は法務総裁とともに再審無罪となった少年三人の刑事裁判に至った事情について、ヘンリー・フィッシャー元高等法院裁判官に調査を授権状（warrant）をもって委任した[54]。授権状があった点において通常の省庁委員会の中でも王立委員会に近い権威を持つ調査委員会であった。内務大臣からの委任による調査と内務大臣による控訴院への再審付託との因果関係については、フィッシャー委員長は警部や警視正の内務大臣宛報告書を読まなかったと記しているために不明であるが、何かなければ再審付託という決定は下らなかったと思われる。なお、この調査委員会においても、真相解明を優先するために、法務総裁から調査における証言を証拠にして偽証罪以外の刑事訴追は行なわれないことが、約束された[55]。

2　フィッシャーは一九一八年一月二〇日生まれ、オックスフォードの古代ギリシャ・ラテン文学の研究者であったが、戦争中マラヤ・ビルマ・インド戦線に送られ、戦後復員するとすぐに法律に転換し、わずか四九歳で高等法院裁判官に昇進し、わずか二年半で退職して銀行につとめ（その銀行の頭取は後にイングランド銀行の頭取となった）、それも五年でやめてオックスフォードのウォルフソン・カレッジの学長に就任したという多才な人で、その後半生を大学院生と様々な調査を相手に過ごし、二〇〇五年四月一五日に死亡した。のちにカンタベリー大司教にのぼりつめる聖職者の長男でありながら戦争中、士官候補生として教会の儀式に参列するようにいわれてもまるで仏教徒でもあるかのごとく人間の知ないし認識の限界を強く自覚していることを理由にこれを拒絶し、高等法院裁判官就任式でも聖書に手をおいて宣誓することを拒否して、かわりに良心に誓った（affirmation ⇓175）という逸話があり、常識にとらわれず精神の独立と自由を何よりも大切にした人であったといわれる56。少年三人の自白にもとづく冤罪事件の調査報告書において、自白を証拠にしたければまず取調の全過程を録音しなければならないと結論した人物らしい逸話といえるかもしれない。

3　王立または省庁委員会の委員長の人選は、委員会の成否を分ける最も重要な政治的判断である。そしてフィッシャー調査委員会の事例は実務法曹経験を持つ高名な学識経験者の選任ということで類別できる。さらに選任時点では、一九七三年に社会保障制度の調査を行なった経験もあった。古代ギリシャ語も一流、ピアノも一流、法曹界でも金融界でも何をやらせても一流であり、何よりも何事にもとらわれずに「わが道を行く」独立性の高い人物であったことが、この種の調査によく適していると評価された理由であろう。とくに高等法院裁判官に就任して病気でもないのにわずか二年半で勝手に退職したことはまったく前例のないことで、前保守党政権の大法官からは身分が終身任期で保証されている公職についた以上は一生勤める義務があると厳しく批判されたのにもかかわらず、わが道を行った評判はイギリスの著名人の間では鳴り響いており、オックスフォードにおいても伝統と格式に縛られず、教授も学生も同じ高さの床に置かれたテーブルで食事をとり、最高決定機関に学生の代表を入れるなど、民主的なウォルフソン・カレッジの運営でよく知られていた。

4　フィッシャー調査委員会は委員長一人を委員とする単独委員会であったが、事務局には授権者が内務大臣と法務総裁の二人であったことを反映して内務省と法務総裁省（Law Officers' Department）から秘書が一名ずつ計二名派遣され、実質的な聴聞の際には法務総裁省からもう一名追加派遣され、書類や手紙の整理やタイプなどを担当した。

5　予備聴聞は一九七五年一二月一九日に公開で議会議事堂の正面右手の官庁街を抜ける大通り（47 Parliament

Street）に面する建物において実施された。日本の誤判事件の調査にあてはめれば現地の県庁所在地あたりの公共施設が想定されようか。予備聴聞では委員長は委員会の厳密な調査の対象となることが予想される人や団体で希望する場合には弁護士をつけることを許可し、内務大臣と法務総裁はとくに再審無罪となった少年三名と別の匿名男性一名について、それぞれバリスタ正副二名とソリシタ事務所一ヵ所ずつの常識的な弁護費用を公費で負担することを約束した。またおそらく実質的な聴聞の開始前と思われるが、委員長は犯行現場の家と家の中およびその周辺を視察した。

6　委員長はまず問題の殺人放火事件について警察の再捜査が行なわれることを望み、その結果をまって、実質的な聴聞は翌一九七六年九月六日から開始され、その後同年一二月二日まで全部非公開で計四六日を数えた。場所は非公開であることに鑑みて高級ホテルやクラブなどが使用された。

7　聴聞手続は、「大蔵省ソリシタ」（Treasury Solicitors）という名前で知られた国に雇われた弁護士たち（とくに刑事訴追担当）から依頼を受けた勅撰バリスタ二名と平バリスタ二名の計四名が調査弁護士（Counsel to the Inquiry）として証拠調べを主導した。調査弁護士は訴追も弁護もどちらもする刑事バリスタであったと思われる。フィッシャー委員長が示した手順は以下の通りである。まず調査弁護士が冒頭陳述で彼らの手持ちの資料から分かる範囲で事実関係と争点を明らかにし、次に調査に参加する当事者の弁護士が簡単な冒頭陳述を行なう。調査に提出された証拠はすべて調査弁護士が証拠調べを主導する。つまり調査弁護士が全証人に対して主尋問を行うことが原則なので、別に証人を呼ぶことを希望する当事者は、まず大蔵省ソリシタに連絡して証人候補の陳述書のコピーを渡し、委員長の許可を仰ぐ。しかし自己の弁護士をつけることが許されている当事者については、委員長は自己に弁護士による主尋問を受ける権利を許可し、またこれを期待する。主尋問のあと、他の出頭者の弁護士は委員長の決定する順番で反対尋問の機会を与えられ、調査弁護士が最後の反対尋問を行い、そのあと証人自身の弁護士が再尋問を行う。主尋問を調査弁護士が行う場合も同じ手続で反対尋問等を行うが、調査弁護士による最終反対尋問は、主尋問を担当したのと別の調査弁護士によって行なう。書証については、まず大蔵省ソリシタに提出し、大蔵省ソリシタと調査弁護士が審査し、必要とあればその証拠能力について委員長の判断を仰ぐ。この手順を経ずに直接調査に書証を提出することは認めない。証拠調べの最後には、出頭権のある当事者は委員長に言いたいことを述べる権利を有し、そのあと調査弁護士が最終陳述をなす57。証拠能力のポイントが出たが、調査においては伝聞証拠排除則など刑事裁判の厳格な証拠法は適用されず、弁護士の議論を聞いた後で委員長の自由な心証にもとづき斟酌するものとされた58。また証人として出頭しない人物の書証に対して反駁を希望する当事者がいるときは、委員長の権限でその人物を証人として呼び寄せる手続を取ることとされた59。

8　また少年三人の刑事裁判に至った過程における言動が批判される可能性のある証人に対しても、実質的聴聞が開始される前に、その旨の告知がなされ、批判の根拠を陳述した書類が送られた。調査の過程で新たな批判が出たときは、可及的速やかに同様の告知がなされた60。

9　調査では警察の再捜査で疑いのかかった三名（うち一名は死亡）のうち、二名が匿名で証人として出頭し、死亡した一名の妻は、家族をよく知る仲介者と大蔵省ソリシタが出頭要請（一九七六年八月五日に訪問、数通の手紙ⅰ、同年九月二七日に仲介者だけが訪問して最終要請）し、交通費や生活のための手当の支給および弁護士の選任などを約束して要請したものの協力を得られなかった61。結果的に、調査委員会では真犯人を断定することはなかった。警察捜査の手順についても、三名を捜査対象から外すのが早過ぎなかったかどうかという大きなポイントがあったものの、強く批判することはなかった。

10　フィッシャー調査委員会の調査手続は以上のように非常に裁判手続的であったが、これは真犯人の疑いがかかっている人物に対する調査、そして再審無罪判決とそれに至る過程で批判されてきた警察の捜査および訴追過程の調査ということで、第五節でとりあげたスコット調査委員会が原則として不必要と考えた自己の弁護士による主尋問と再尋問を受ける点を手続があえて要請されていたためと考えられる。

11　調査弁護士について、スコット調査委員会の調査弁護士だったバクセンデール勅撰弁護士（バリスタ）について逸話を紹介すると、女性で、非常にものやわらかに最初から最後まで非常に礼儀正しく尋問したが、その段階的、構造的に鋭く本質へ迫っていく尋問術には数々の証人（サッチャー元首相を含む閣僚、官僚、企業経営者）も舌を巻いたという。基本的に本物の裁判における法廷尋問術のベテランが必要である。（ちなみにイギリスではあまり手振りや大げさな身動きはしない）。尋問の下準備資料はバリスタも指揮するが、基本的にソリシタが集める。調査委員会では、調査委員長も裁判ではないため「職権証拠調べ」で聴聞の下準備の指揮も自ら行なうけれども、やはりイギリスのことなので、委員長は裁判官のように、尋問は基本的に調査弁護士にまかせているようなところがある。

九．フィリップス王立委員会

1　フィリップス王立委員会は、上述のフィッシャー調査委員会（八）の報告書の提出されたあと、一九七八年二月三日に労働党内閣の助言と同意をもって王冠授権状で設立された。一九七九年の総選挙による保守党内閣への政権交代を経て一九八一年一月にエリザベス女王に報告書を提出した。これは現代イングランド・ウェールズ刑事司法の基本法というべき一九八四年警察および刑事証拠法と一九八五年犯罪訴追法の立法のたたき台となった。

2　フィリップス王立委員会の委員長シリル・フィリップスはインド史の研究者で東洋アフリカ研究学院（SOAS）の院長（一九五七―一九七七）、ロンドン大学副学長（一九七二―七六、ちなみに学長はアン王女なので実質的学長）という学識経験者であったが、実は、戦中戦後にかけて陸軍省で復員兵士の教育訓練、そして大蔵省で復員職員や新入職員の教育訓練、そして植民地省の依頼で英領東アフリカにおける教育に携わる中で、その知性、組織力、優れた対人関係をもって官庁に知られ、独自の歴史と資産を持つカレッジ多数から構成されるオックスフォード大学やケンブリッジ大学以上に複雑な構造のロンドン大学の運営、図書館の設立、文書の保管においても、その卓越した組織行政能力で知られた[62]。歴史学の教授が委員長として裁判官（控訴院）一名、勅撰弁護士（法律委員会委員で刑事法院の非常勤裁判官）一名、ソリシタ弁護士二名、警察官二名（それぞれ警察本部長と自治体警察連盟事務局長）、内務省高官一名、有給治安判事（これは法曹資格者）一名、市民治安判事五名（それぞれ社会学教授、ファビアン協会職員、生協職員、聖職者、主婦）、労働組合役員一名、報道関係者一名の計一五人の多種多様な委員[63]をまとめあげて最終勧告のほとんどを圧倒的多数の賛成で仕上げたことは、後世の王立委員会に一つの基準を示す、見事な業績を残したというべきであろう。

3　フィリップス教授の王立委員会の一九八一年報告書は内務省の受けがよく、即時に立法案の作成が始まったが、人権擁護市民団体や刑事弁護界からは批判も多かった[64]。批判は多種多様であったが、一律に自白を補強する証拠なしには有罪にできないとする立法が必要であるとする意見が取り入れられなかったことが一つの批判点であった。それから一九八四年警察および刑事証拠法と一九八五年犯罪訴追法の制定には三年から四年の時間が経過したが、一九八三年に総選挙をはさみ多数を拡大した保守党内閣による多数の改正が盛り込まれた。しかし必ずしもフィリップス報告書が骨抜きにされたということでもなく、たとえば取調べられる被疑者のための無償法的助言について、私選弁護士でも弁護士費用を国庫から支出するという点は、議会討論の中で決まったものであり[65]、一九八四年法の制定過程は、それ自体として議会制民主主義の活きた実例といって過言ではない。

一〇．メイ調査委員会

1　設立の経緯は次の通りである。一九七四年一〇月五日にギルトフォードで、同年一一月七日にウールウィッチで爆弾テロが発生し多数の死傷者を出した。一九七五年一〇月二二日、ギルトフォードの四人と呼ばれる四人の男女が殺人罪等で有罪となり、一九七六年三月四日、その親戚でマグワイア家の七人と呼ばれる男女が爆発物取締法違反で有罪となり、全員終身刑に処せられた。一九七七年に四人と七人の控訴が棄却され有罪が確定した。一九八九年一〇月一九日に控訴院が内務大臣の再審付託（同年一月一六日付）を受けてギルトフォードの四人の有罪評決を破棄したことを受けて、一九八九年一〇月二六日、内務大臣と法務総裁が元控訴院裁判官ジョン・メイにギルトフォードの四人の誤判に至った経緯とまだ獄中にいるマグワイア家の七人（うち一人獄中死）が有罪になった経緯の両方の調査を授権状をもって委任した。フィッシャー調査委員会と経緯の上でも形式的にも同じ種類と考えてよい。

2　再審無罪判決の決め手となったのは、内務大臣から控訴院への再審付託の後も、内務大臣の要請で事件の所轄（サリー県警）の内部資料を調べていた別の県警（エイボン・サマーセット合同県警）の女性捜査官（警部補）が、一九八九年五月頃、四人の有罪すべての基礎となっていたパトリック・アームストロングの「自白」を書き取ったはずの取調官の手書きのメモとその後タイプされたはずの調書を見比べてみたところ、手書きのメモの方がタイプされた調書の方を写し書きしたものであったことが判明したのである。このため同年一〇月、公訴長官は有罪評決の維持を断念した66。内務大臣の再審付託そのものは四人のうちの唯一の女性キャロル・リチャードソンの取調時の健康状態に関する新証拠（フィリップス王立委員会報告書をうけた一九八四年警察および刑事証拠法のもとで彼女の自白の信頼性に疑いを投げかける）と新アリバイ証人に依拠するものであったが、控訴院での再審前にとんでもない事実が新たに判明したわけである。第七節で概観した警察同士の相互調査が割りと良心的に機能した実例であり、時間こそかかったけれどもエイボン・サマーセットなどという片田舎の女性捜査官の新発見（それもサリー県警、日本でいえば神奈川県警に匹敵する県警の失敗を暴いた）が公訴長官の耳に届いたことも特筆されるべきであろう。控訴院で再審の裁判長をつとめたイングランド・ウェールズ首席裁判官は警察がウソをついたと断定して四人全員の有罪評決を破棄した67。首席裁判官の無罪理由も興味深いので要約すると、「自白」の手書きのメモの方がタイプされた調書の方を書き写したものである点につき、最初から警察の作文がタイプで作成されたあと裁判所に提出すべき証拠として手書きのメモが作成されたのか、それとも別の手書きのメモがあって、それを修正する形で調書がタイプされ、つじつまあわせに手書きのメモを書きなおしたのか、その二つの両極端の可能性が考えられ、真相はその中間なのであろうが、どちらにせよ自白をそのまま書き取ったメモとして裁判所に提出されたものが実はそうではなかったことに違いはなく、本件は何より警察が裁判所に提出した証拠が信用できるかどうかに依拠しているので、四人全員の有罪に疑問が残るというものであった。

3　メイ調査委員会は、実はギルトフォードの四人を取調べたサリー県警の三人の警察官（同時にマグワイア家の七人の捜査にも関連していた）に対する刑事訴追が行なわれていたために、同刑事裁判の結果に予断効果を生みかねない調査はできず、最初から大きな制約を受けていた。しかし、メイ委員長は要領よく、まず最初にまだ獄中にいるマグワイア家の七人の有罪評決に疑いを投げかけ、同時にサリー県警の三人の裁判に直接関係しないニトログリセリン鑑定に関する法科学者の証拠の信用性について集中して調べて（聴聞手続はフィッシャー調査委員会に準じた）、一九九〇年七月九日の最初の中間報告書で七人に対する有罪評決を破棄することを勧告した68。これを受けて内務大臣は同年同月一二日に七人の件を控訴院に再審付託し、翌一九九一年六月二六日に控訴院は七人の有罪評決を破棄した。内務大臣は同様の連続爆弾テロ事件に関して同様のニトログリセリン鑑定で有罪になっていたジュディス・ウォードの件も再審付託し、彼女も一九九二年六月四日に再審無罪となった。その間もメイ調査委員会は問題の警察官についての調査ができないので、すでに明らかになっている書証をもとにマグワイア家七人とジュディス・ウォードに対する鑑識、訴追過程、公判過程、控訴過程および内務省の再審請求に対する対応に関する問題点について一九九二年一一月一九日に第二報告書を提出し69、最後にギルトフォードの四人を取調べた担当警察官に対する刑事訴追が終了（一九九三年五月無罪）するのをまって、ギルトフォードの四人の誤判の経緯に関する最終報告書を一九九四年五月一一日に提出した70。調査費用は総計二一五万ポンド（今の購買力平価一ポンド二〇〇円として約四億三千万円）にのぼった[71]。

4　メイ調査委員会の最終報告書（一九九四年五月一二日）は、後で設立されたランシマン王立委員会報告書（一九九三年六月二日）よりも一年以上遅れてしまった。

5　メイ調査委員会の構成を見ると、フィッシャー調査委員会と同じく委員は委員長一人であったが、委員長自身の選任で三人の相談役を置いた。うち一人は警察監察官（Her Majesty's Inspector of Constabulary）バラット、一人は第二次世界大戦後のイギリス刑法学をリードしたジョン・スミス教授（ケンブリッジ）、もう一人は産業協会会長（Industrial Society）グラハムであった[72]。秘書（委員会事務局）は二人（男女、内務省から）およびタイピスト一人、調査弁護士は勅撰弁護士二人と若手弁護士一名（全員バリスタ）で、この調査弁護士が調査すべきポイントを明らかにした[73]。さらに法科学的証拠につき調査委員会は一人の独立専門化学者として北アイルランドのベルファスト女王大学のトーバーン・バーンズ教授に諸鑑定を依頼した[74]。その鑑定はバーミンガムの内務省法科学研究所（Forensic Science Laboratory）で行なわれ、その結果は誤判被害者側にも問題の刑事訴追に関する鑑定を行なった陸軍と内務省の法科学者側にも受け入れられた[75]。

一一・ランシマン王立委員会

1　ランシマン王立委員会は、一九七四年一一月二一日のバーミンガムにおける連続爆弾テロ事件に関連して有罪となった六人（バーミンガムの六人）の有罪評決が、一九八七年に次ぐ一九九〇年の内務大臣の二度目の控訴院への再審付託の結果、一九九一年三月一四日に控訴院で破棄されたのを受けて、その翌日、内務大臣が設置を宣言したものである。再審無罪の決め手となったのは先のギルトフォードの四人と同様に取調中の「自白」の同時筆記メモが静電気分析（ESDAテスト）の結果同時記録でありえないことが判明し、かつマグワイア家の七人と同様に内務省の鑑識の法科学者がニトログリセリンの検査においてタバコからでも陽性反応が出る可能性を隠していたことによるものであった[76]。王立委員会は一九九一年六月一一日に王冠授権状をもって正式に発足した。その間、公訴局は三人の警察官を偽証罪および司法手続歪曲の共謀罪で刑事訴追したが、裁判官は予断効果の高い報道の結果公正な裁判は不可能であるという理由で訴追を中断させてしまった[77]。王立委員会は授権から二年後の一九九三年六月二日に報告書を提出した。内務大臣から二年以内に報告するように厳しく指導されていたからであるが、この間の事情については後述する。かかった経費は二六〇万ポンド（購買力平価一ポンド二〇〇円として約五億二千万円）であった。

2　ランシマン王立委員会は、メイ調査委員会と異なり別にバーミンガムの六人の誤判に至った経緯やその後の警察官の偽証罪等の訴追失敗を調べるのではなく、個別事件の調査ではなく、広く「犯罪者を処罰し無実の人を釈放するための刑事司法制度の効率性を審査する」ことを目的とし、ただしメイ調査委員会のメイ委員長を王立委員会の委員に加えて、その個別の調査対象事件からの教訓にもとづき王立委員会の広い政策立案、行動提案に寄与することが求められた[78]。

3　委員長のランシマン子爵（Walter Garrison Runciman）は自由党のランシマン子爵（チェンバレン内閣において対独宥和政策ズデーデン割譲に直接かかわった）の孫で、いわゆる古典的な「偉大で善良な名士」の一人であった。一九三四年生まれの企業経営者（曽祖父が一大海運会社を創設）でケンブリッジ大学トリニティ・カレッジの比較歴史社会学の研究者でもあり、新ダーウィン理論の文化的社会的文脈における優等選択への応用をテーマとする。子爵はフィリップス王立委員会（委員一五名）よりは少ない計一〇名の委員を率いた。委員の内訳は元控訴院裁判官（メイ）一名、元警察本部長・現警察監察官（王冠に直属し各地の警察本部から独立している）一名、法心理学者一名、化学者（ブリティッシュ石油）一名、刑事バリスタ（非常勤裁判官）一名、ソリシタ三名（うちロンドン大学の法学教授ザンダー一名、元ソリシタ協会会長一名、もう一名は民間会社員で法律には疎かった）、北アイルランド省の元高官（課報機関）一名、官僚委員会委員（後述）一名であった。

4　委員会事務局は四名で、ザンダー元委員（教授）によると一名は五〇代の内務省高官、あとの三人は二〇代から三〇代の内務省または大法官省の官吏であった[79]。

5　ザンダー教授によると、王立委員会の最終報告書の草稿は八回書き直したということで、この報告書草稿の作成をこの四名の事務員が担当したという。もちろん八つの草稿（各二〇〇ページ前後のもの）は委員会の全員総会での審議をもとにし、草稿の出来上がりを全員総会が点検しさらに議論を重ねるという形で進行した。この全員総会の議論は非常に白熱したものであり、分野によっては小委員会に分かれて作業したが、メインは全員総会であった。ザンダー教授はさらに、イギリスでは日本のように年長者の権威の前に皆が黙って静かに聞いているということはないと付け加えた[80]。

6　さらに、二年以内に報告書を提出するようにという内務大臣の指示について、ザンダー教授は非常に不満に思っていたが、ランシマン委員長はあくまでも遵守する姿勢で（実は、前節のメイ調査委員会がサリー県警の三人の警察官に対する刑事訴追の遅れのために遅れていたことで、ランシマン王立委員会についても極めて強い世論の突き上げがあった）、どのようにして一一人からなる委員会の多様な意見をまとめていくかについては、ランシマン委員長と年配の内務省官僚（M. J. Addison）との間で戦略を練っていたということである。基本的に大多数の賛成が得られない事案については先送りにしながら争点を次第次第に絞ってゆき、最終的にはザンダー教授が反対意見をのべ（とくに弁護側の証拠開示義務について）、弁護士（バリスタ）委員がその一部（控訴院が再審において再公判を命じる場合の基準をより緩くしてもよいのではないか）に賛成するという形になったけれども八一、総計三五二点の勧告につき大多数の賛成を得ることに成功した[82]。

7　ザンダー教授は、イギリスの官僚の中立性を強調し、委員会の仕事の中身であった政策提言の立案に官僚が口出しすることはなく、報告書の草稿の作成やその他の資料の収集において、官僚の仕事は見事であったとしている[83]。

8　またザンダー教授によると、ランシマン王立委員会の最大の功績といわれる独立した刑事再審委員会（Criminal Cases Review Commission）の設立については、これを最初に勧告していたメイ調査委員長だけでなく、警察出身の委員、北アイルランド省出身の委員を含めて、王立委員会全体が最初から賛成であったとしている[84]。

9　ランシマン王立委員会はさらに外部の刑事学者や法曹に委託して二二の研究調査（ドイツやフランスの刑事訴追制度の比較研究や、被疑者の心理についての経験的心理学者の研究報告、刑事裁判手続や警察署以外での取調等の実地調査など）を行い、それぞれ研究報告書が出ている[85]。ただしランシマン王立委員会の方針は基本的に一九八四年警察および刑事証拠法と一九八五年犯罪訴追法の実績の上に積み重ねるというものであった。

10　勧告に対する保守党政権の対応としては、まず一九九四年犯罪および公共秩序法は王立委員会が勧告しなかった黙秘からの不利益推認を認めた。一方一九九五年刑事上訴法は勧告通り刑事再審委員会を設立し、これがランシマン王立委員会の最大の功績となった。ついで一九九六年の刑事訴訟および捜査法は勧告通り（しかしザンダー委員の強い反対意見にもかかわらず）弁護側にも公判前に弁護方針等の開示義務を課し、証拠開示体制の運用はさらに実態調査をすべき課題を残している。

11　ザンダー教授によると、王立委員会の報告書を受けたその後の政府の対応について批判的に追跡研究、発言を続けているのは基本的にザンダー教授本人とときどきランシマン元委員長くらいだということで、ザンダー教授はその後の追跡研究を仕事と自認している[86]。なお、この点については、議会議員を含めた広い公務員の綱紀に関して一九九四年一〇月に設置されたノーラン控訴院裁判官（⇓227―229）の調査委員会[87]の場合は、「授権範囲」を自らの解釈で大いに拡大し、それ以前の同様の調査委員会等の勧告がどれくらい守られているかまで審査し、授権との関係ではノーランは「フランケンシュタイン」にたとえられたほどであった[88]。サッチャー・メージャー保守党政権の人事で興味深い点は、ノーランに授権した大法官マカイ卿その人が、そもそも保守党貴族ではなく、たまたま保守党貴族の大法官候補に問題があったためのピンチヒッターであったことで、マカイ卿自身はスコットランド国教会の厳格な長老派プロテスタントでありながらカトリックのノーランをその独立心をかって指名したという。調査委員会の委員長に必要な資質は、第八節のフィッシャー調査委員長と同様、この独立心であろう。

12　ちなみにフィリップスおよびランシマン王立委員会の委員のその後として、フィリップス委員会のソリシタ弁護士委員二名のうち一名ウォルター・メッリクスは当時ロンドン北部のカムデン区市民法律相談所所長であったが、その後一九九七年の労働党政権の一九年ぶりの復活後、二〇〇〇年金融役務および市場法のもとでの金融オンブズマン庁[89]の設立に携わり二〇〇一年から二〇〇九年まで首席金融オンブズマン（Chief Financial Ombudsman）として金融機関の過誤の追及に活躍し、二〇〇九年一〇月からは新設の医師のオンブズマンといえる医師審判官（Health Professions Adjudicator）に就任する。そしてランシマン王立委員会のプラシャー委員はケニヤ出身のインド系で当時は官僚委員会（Civil Service Commission ⇒230—231）の非常勤委員と大法官省の弁護士実務教育に関する諮問委員会の委員であったが、その後一九九七年から二〇〇〇年まで仮釈放庁長官、二〇〇〇年から二〇〇五年まで公務員委員会の筆頭委員、二〇〇五年から二〇一一年二月はじめまで裁判官任用委員会（Judicial Appointments Commitee）の委員長をつとめた。

13　プラシャーのつとめた官僚委員会は実は一八五四年の常任官僚組織に関するノースコート・トラビリヤン調査委員会（委員長二名の名前⇒230）の報告書[90]にもとづいて組織された中央官僚の独立任用機関（当初は首相が官僚委員会委員長を兼任して議会に対して責任を追うのが慣例）で、その後一九三一年のトムリンソン王立委員会[91]と一九五五年のプリーストリー王立委員会の報告書[92]を経て、一九六八年の官僚に関するフルトン調査委員会報告書九三に基づき外交官を除く中央官僚（Home Civil Service）人事を管轄してきた大蔵省の一局を吸収し、その後は230—231頁で述べたようにむしろ官僚の紀律の維持と高級官僚の人事許可の役割を担う機関に変化し、憲法改革統治法（Constitutional Reform and Governance Act 2010）により法人格を持つに至った。

14　プラシャー女爵が初代委員長をつとめた裁判官任用委員会は二〇〇五年憲法改革法により設置された独立機関で、委員は一五名（男七女八）、出身別の内訳は裁判官五（控訴院裁判官二、高等法院裁判官一、巡回裁判官一、区裁判官一）、審判官一、弁護士二（バリスタ一、ソリシタ一）、市民治安判事一、官僚二（中央一、地方一）、大学教授一（ロンドン大学キングス・カレッジKCL法学部長）、大学経営者一（ロンドン大学政治経済学院LSE）、報道記者一（ＢＢＣ）、公益組合仲間（パートナー）一である。このうち委員長が非法律職であることと、裁判官五、弁護士二、審判官一、市民判事一、非法律職五の枠組みが法定されている。ただし二〇〇九年一〇月一日から従来の貴族院上告委員会にかわって（人員はほとんどひきついで）発足した連合王国最高裁判所の人選だけは、連合王国最高裁判所首席裁判官と次席裁判官がそれぞれ議長と副議長をつとめ、イングランド・ウェールズ、スコットランド、北アイルランドの三つの法域それぞれにおける裁判官任用委員会がそれぞれ一名ずつ内部指名する計三人と一緒に決定する。ちなみに、この二〇〇五年憲法改革法の制定および裁判官任用委員会の新設については、王立・省庁委員会はどちらも用いられず、労働党ブレア内閣の独断であった。

一二　総括と注意点

1　第二節に記したとおり、イギリスの王立委員会は一二世紀に遡り王冠大権に基づいて王冠授権状をもって設置されるものであるが、日本の天皇には憲法四条および同七条の定める国事行為の制約があるので、天皇が授権状にかかわる認証を行なおうにも国会の立法による授権（憲法七条五号）がない限り、違憲と考えられる。

2　省庁委員会については、日本でも各省庁の設置法の授権の範囲内で、大臣の権限の一部を委譲ないし委任する形で大臣諮問委員会を設置することは可能であると考えられる。またイギリスの省庁委員会の根拠も、現実には議会立法の影響を少なからず受けており、王冠大権に依拠しているという見方は必ずしも正しくない。そして、立憲君主制・議院内閣制のもとでは、王立委員会と省庁委員会の区別はあまり大きくはない。

3　王立委員会の方が、王冠による授権である点で、大臣から授権される省庁委員会と異なり、政権交代に形式的には影響をうけないという利点はあるかもしれないが、省庁委員会の方も、大臣という職を個人と切り離して考えれば、それほど王立委員会と違うわけではない。

4　ただし王立委員会の利点を考えてみると、王冠授権状の価値ということに置き換えられるが、その高い権威だけでなく、王冠の超党派性、政治的中立性、独立性に訴えることができる点であろう。日本でもイギリスのやり方を参考にして天皇の認証をうける委員会を設置し、政党や官僚や司法から超然とした委員会の立場を打ち出す政治的メリットはあるかもしれないが、いずれにせよ日本では立法の授権を受けた委員会の形式をとる必要があろう。

5　もちろん日本国憲法のもとでは、総選挙において主権者である国民の強い信任を得た内閣であれば、皇室の権威を持ち出すよりも、民意を持ち出す方が、何より憲法の要請に忠実であろう。民意に訴えるのであれば、たとえば国会両院の議決をもって国会の諮問委員会を設置するという手法も考えられるであろう。あるいは政局から少し距離をおくために参議院の諮問委員会にする方法もあるかもしれないし、立法をもって調査委員会を設置する方策もある。

6　王立・省庁委員会に共通する利点とは、基本的に政府が世論にこたえるのに政府自身が直接携わらない方がよい場面で設置されることの多いもので、単に世論対策に改革への手順を踏んでいるように「見せかける」だけの場合もあるが、もちろん専門家にまかせる利点、あるいは幅広く国民や識者の意見を聞き集めて、改革のための国民的コンセンサスを築き上げる「根回し」機能も期待できる。イギリス的な漸進的・積み重ねの改革には、便利な手法だといえるかもしれない。

7　ただ反面ウィルソン元首相が「王立・省庁委員会は議会の議事の数分（minutes）で出来て何年もの時間を浪費

する」と批判したというように、いたずらに時間と予算を浪費する危険性もあるので、ランシマン王立委員会のように授権（助言同意）者の方で、時間制限を設ける必要性もあるかもしれない。

8　そこまでしなくても、実際上、一番注意すべき点は、どのような目的で委員会を設置し、誰を委員長に任命するかであろう。

9　そして、改革のためには、いきなり改革法案を通してしまう選択肢も存在する。たとえばイギリスでもブレア労働党内閣のように議会で十分な多数を占め、十分な世論の支持を得ていた政権は、事前に根回しもなくいきなり二〇〇五年憲法改革法（立法）をもって一気に貴族院の裁判権を連合王国最高裁判所として独立させ、裁判官任用委員会と裁判官任用オンブズマンを創設した。この問題についての調査委員会や王立委員会などは見当たらない。

10　日本の刑事司法改革を念頭に、天皇による認証を受けるだけのために立法措置が必要となれば、二〇〇九年の総選挙後の国会情勢を考えれば、ストレートに議員立法で改革法案を作成して通したとしても、その方がかえって時間的にも予算的にも効率的であるという見方は十分にできる。

11　実はザンダー教授は、イギリスにおける二〇〇五年憲法改革法のやり方には大反対であり、王立委員会なり省庁委員会なり一般市民を入れた何らかの外部機関における政策検討があるべきだったとしているが、日本においては、被疑者取調の全部録音などの個別の改革は、まずは実験ということで国会の立法で警察・検察に義務付けてやらせてみてはどうかという意見であった[94]。

12　日本の問題の性質をよく考えて、いろいろな改革の手順、手法の組合せを検討するのがよいのではないだろうか。

13　この点で、たとえばイギリスのフィッシャー調査委員会やフィリップス王立委員会の背景となった冤罪・誤判の発覚のあり方を見ると、内務大臣に再審請求をなす再審システムの中で、基本的に警察の内部調査に大きく依存しながら、それでも実際に機能していたことがうかがえ、日本の再審制度がかりに法務大臣に再審請求する制度であったらどうなるかを考えてみれば、それだけでも、土台があまりにも違うことが明らかであろう。そして再審における裁判所の態度も日本とイギリスでは本質的な違いがあることもうかがえる。

14　日本の問題は例えば自白だけでは有罪にできないという憲法と刑事訴訟法の規定があるのに、現実には、理論的には自白だけでも有罪にできるイギリスとは全く逆の結果を生んでいることにある。イギリスにおけるフィッシャー調査委員会とフィリップス王立委員会は、決して日本国憲法第三八条三項に相当する条文をつくることはしなかったが、現実にはバーミンガムの六人の弁護人の一人であったイギリス屈指の刑事弁護バリスタであったマイケル・マンスフィールドをして、現在の刑事裁判の焦点は取調室で何があったかではなく、法科学的証拠に移っていると言わしめた[95]。このような日英の違いの背景にあるのは、究極のところ、やはり袴田事件の熊本典道元裁判官の証言にもあらわれているような裁判官の態度である。裁判官の人事権を握る最高裁事務総局を変えなければ、有効な改革は出来ないであろう。

15　氷見事件、足利事件に即して考えれば捜査過程、訴追過程、裁判過程、上訴過程、そして再審裁判所の調査（真相解明）が望ましい。日本では、できれば証人の出頭と証拠の提出を強制できる立法が必要となる可能性は高いと思われる。また真相解明のために、調査に提出する証拠をもとには偽証罪を除く刑事訴追は行なわないとする法務大臣の約束は必要であろう。調査の指揮者には裁判官経験者か学術経験者がよいであろう。その事務スタッフは日弁連や研究機関などを考えてもよいかもしれない。調査スタッフにはジャーナリストは必要であろう。

16　調査と同時に広い刑事司法改革の政策立案のための別の諮問委員会があってもよいと思われる。それを首相ないし法相の諮問委員会とするか、あるいは国会の諮問委員会（たとえば衆参両院の議決をもって授権する）とするかは、自由な選択肢というべきであろう。その委員長は、改革のポイントをよく心得た聡明な学術経験者が望ましいと思われるが、何より組織運営に優れた統率力とカリスマ性と人望も必要である。法学者に限定すべき理由はないと思われる。そして、死刑廃止など世論を二分する議論にあつくなる人ではなく、具体的に取調のあり方の改革などを実務的に警察官や検察官を相手に冷静におだやかに粘り強く突っ込んだ議論のできる人の方が望ましいと思われる。委員会の大きさは一〇人から多くて一二人程度が一番手ごろであろう。委員に法曹三者と警察と法科学者が入るのは当然であろうが、ランシマン王立委員会にいなくてフィリップス王立委員会にはいた誤判事件などの調査的報道（investigative journalism）の経験者も当然必要であろう。

17　ただし、いたずらに検察や警察を排除し、これと対決姿勢をとるのは長期的にみて建設的ではないだろう。イギリスと比較したとき、どうみてもおかしい、最優先でかわってもらわなければならないのは裁判官ではないかと思われる。

18　今回、日本史上初の総選挙による本格的政権交代を経て、志布志事件、氷見事件、足利事件など、警察当局も認めざるをえない冤罪事件の反省をもとに、本格的な裁判官人事および刑事司法の改革を行なうとすれば、それは国会が憲法上の「国権の最高機関」としての権能とくに国政調査権を実際に発動し、広い意味の刑事手続と司法機関と捜査訴追機関のあり方を憲法の要請にどこまで近づけることができるかどうかの試金石となるでろう。

i　フィッシャー調査委員会の仕事のあり方の例として、調査への出頭を拒否した妻への手紙の文面の和訳を掲げる。「騎士ヘンリー・フィッシャー殿の調査は、一九七二年当時の警察の捜査が完全にまたは十分になされたかどうかについて行なわれる予定ですが、とくにマクスウエル・コンフェーの殺害に関して（少年たち）以外に疑いのかかった可能性のある人物数名についての捜査のあり方が問題となっており、その人物の中には亡くなられた貴女のご主人、ウィンストン・マクミラン・グッドの名前も挙がっております。本調査においては、マクスウェル・コンフェー殺害事件の捜査においてご主人ウィンストン・グッドを捜査の対象から外すのがあまりにも早過ぎたのではないか、そして捜査を続けてさえいればご主人こそ単独または誰かと一緒に本件殺人に直接関与したと結論できるところまでゆきついたのではないか、ということが指摘されると予想されます。

本官は、ここに貴女の亡きご主人に対してこのような指摘がなされることが予想されることをお伝えして、貴女が調査委員会においてご主人の利益を代表することを希望なさるかどうかをうかがいたいと思います。

貴女がご主人の利益を代表したいと思われる場合は、またはこの件に関して他の手段で援助や助言を得たいとお考えになる場合は、直接弁護士のところへこの手紙を持ってゆくか、あるいは市民相談室に行って弁護士を紹介してもらって弁護士にこの手紙を見せて、弁護士を通して本官にできるだけ早く連絡を取ってください。

騎士ヘンリー・フィッシャー殿は、貴女が以前に提出された陳述書や証言に基づいて調査に出席されれば大いに助かるとお考えです。一九七二年の公判のときに貴女が裁判所に提出された陳述書と証言の記録を同封します。調査への出席を確認していただければ幸甚です。

貴女の調査出席のための常識的な交通費やその間の収入減や生活の必要に対応する手当につきましては本官から支給いたします。貴女のお返事のために返信用の宛先を印刷した着払い封筒を同封します。」

1　Police and Criminal Evidence Act 1984.
2　Prosecution of Offences Act 1985.
3　Criminal Appeals Act 1995.
4　Timothy John Cartwright, *Royal Commissions and Departmental Committees in Britain, A Case Study in Institutional Adaptiveness and Public Participation in Government*, Hodder and Stoughton, London, 1975, p. 1.
5　Cartwright, 1975, 36, Table 3.1.
6　Sir Edward Coke, *Institutes*, II, ss. 4, 78, 165.
7　Cartwright, 1975, 50.
8　Cmnd. 2700 (1924).
9　Her Majesty's Principal Secretaries of State.
10　Cartwright, 1975, 50.
11　Cartwright, 1975, 51.

12 Cartwright, 1975, 103-104, and Table 6.3.

13 The Royal Commission on the Criminal Justice, Report (1993) Cm 2263.

14 Cartwright, 1975, 72, Table 5.4.

15 Cartwright, 1975, 70, Table 5.3.

16 Cartwright, 1975, 67; Peter Hennessy, *The Hidden Wiring: Unearthing the British Constitution,* Indigo, London, 1996, p. 181.

17 Cartwright, 1975, 70, Table 5.5.

18 Cartwright, 1975, 70, Table 5.6.

19 Cartwright, 1975, 70, Table, 5.6.

20 二〇〇九年一〇月七日 Michael Zander 教授との筆者の会見において。

21 二〇〇九年一〇月七日筆者の Michael Zander 教授（ランシマン王立委員会委員）との会見。次項でのべる事務局の官僚もかけもちが原則であるのと同じと思われる。

22 二〇〇九年一〇月七日会見。

23 Cartwright, 1975, 70, 79-80. ただしランシマン王立委員会のザンダー教授は委員会事務局の官僚は専任で出向していたと推測している（二〇〇九年一〇月七日）。

24 Cmnd. 3909 (1969).

25 Cartwright, 1975, 190, Table 11.1

26 Brook Inquiry into certain allegations about the misuse of official facilities for the circulation of private documents (Cmnd. 583).

27 Black-Sheil Committee on the Supreme Court of Northern Ireland (Cmnd 227).

28 Cartwright, 1975, p. 195, Table 11.2.

29 Cartwright, 1975, 52.

30 Cartwright, 1975, 52.

31 Royal Commission on Tribunals of Inquiry, Report (1966) Cmnd 3121, para. 6-13.

32 Peter Hennessy, *The Hidden Wiring: Unearthing the British Constitution,* Indigo, London, 1996, p. 155.

33 House of Lords Select Commission on the European Union.
34 Peter Hennessy, 1996, p. 115.
35 Cmnd. 3121, para. 13.
36 Durham Mining Museum, <www.dmm2.org.uk/ukreport/553-04.htm>
37 一八八八年特別調査委員会法（Special Commission Act）一〇条二項。
38 Health and Safety at Work etc Act 1974.
39 Health and Safety Commission, *The Ladbroke Grove Rail Inquiry, Part I, Report,* by the Right Hon. Lord Cullen PC, Health and Safety Executive, London, 2001.
40 Health and Safety Commission (Lord Cullen Inquiry), 2001, para. 2.7 on p. 8.
41 Report of the Inquiry into the Export of Defence Equipment and Dual-Use Goods to Iraq and Related Prosecutions (1995/6 HC 115), para. A2.11 on p. 10.
42 Royal Commission on Lunacy and Mental Disorder (1924), Cmnd. 2700.
43 Salmon Report, Cmnd. 3121 (1966), para. 32.
44 Scott Report (1995/6 HC 115), para. B2.29-B.2.30 and para. K1.4-K1.8.
45 Scott Report (1995/6 HC 115), para. B2.29.
46 一八八八年特別調査委員会法一〇条二項と同じ立場。
47 http://www.bloody-sunday-inquiry.org/index2.asp?p=6
48 BBC, 'Bloody Sunday Report Published', 15 June 2010, <http://www.bbc.co.uk/news/10320609>
49 BBC, 'Bloody Sunday Report Published', 15 June 2010, <http://www.bbc.co.uk/news/10320609>
50 BBC, 'Bloody Sunday Report Published', 15 June 2010, <http://www.bbc.co.uk/news/10320609>
51 Cmnd. 2152 (1963), Cartwright, 1975, 144. 現職の陸軍大臣（元連合軍日本占領最高司令部イギリス軍代表武官で、タイ王宮を舞台とした映画『王様と私』の主演女優と結婚するなど女性関係の派手なイタリア系）と関係していたある女性が同時に在英ソ連大使館付海軍武官（スパイを暗示する）とも関係していたことについての同陸軍大臣の衆議院での答弁の真実性について、野党と報道機関の追及が止まらず、陸軍大臣の辞任をうけてマクミラン首相が大法官と相談して当時のデニング記録長官（イングランド・ウェールズ次席裁判官）に前陸軍大臣の艶聞とその対ソ防諜への影響について調査を委任した（首相府委員会の例）。デニング卿は証人一六〇名以上に対する調査を六九日間で行った。前陸軍大臣は議会侮辱罪で処罰された。

52 Report of an Inquiry by Sir William Macpherson of Cluny, Cm 4262 (1999).

53 The Bichard Inquiry Report, 2003/4 HC 653.

54 Report of an Inquiry by the Honourable Sir Henry Fisher into the circumstances leading to the trial of three persons on charges arising out of the death of Maxwell Confait and the fire at 27 Doggett Road, London SE6, (House of Commons Parliamentary Papers, 1977/78 HC 90), para. 1.1-1.4 and preface.

55 Fisher Inquiry Report (1977/78 HC 90), Appendix A, para. 9.

56 The Times, 18 April 2005; The Daily Telegraph, 15 April 2005.

57 Fisher Inquiry Report (1977/78 HC 90) Annex A, para. 10.

58 Fisher Inquiry Report (1977/78 HC 90) Annex A, para. 12.

59 Fisher Inquiry Report (1977/78 HC 90) Annex A, para. 12.

60 Fisher Inquiry Report (1977/78 HC 90) Annex A, para. 12.

61 Fisher Inquiry Report (1977/78 HC 90) Annex A, para. 8.

62 The Times, January 9, 2006.

63 Philips Royal Commission, Report, 1981, Cmnd 8092, Annex A.

64 Michael Zander, The Police and Criminal Evidence Act 1984, 5th ed., Sweet and Maxwell, London, 2005, xi-xv.

65 幡新大実「イングランド・ウェールズにおける総合法律支援制度の構造改革」季刊刑事弁護四八号（二〇〇六年）。

66 Joshua Rosenberg, The Search for Justice: An Anatomy of the Law, Hodder and Stoughton, London, 1974, pp. 303-304.

67 R v Armstrong, Conlon, Hill and Richardson (1989) The Times, October 20, p. 33.

68 Sir John May Inquiry, Interim Report on the Maguire Case, House of Commons Parliamentary Papers 1989/90 HC 556, p. ii.

69 Sir John May Inquiry, Second Report on the Maguire Case, House of Commons Parliamentary Papers 1992/93 HC 296, p. ii.

70 Sir John May Inquiry, Final Report, House of Commons Parliamentary Papers 1994/95 HC 449, p. iii.

71 Sir John May Inquiry, Final Report, 1994/95 HC 449, p. ii.

72 House of Commons, 10 January 1990, Written Answers to Questions, Column 624, Mr. Waddington (Secretary of State for Home Department).

73 Sir John May Inquiry, Interim Report, para. 1.10.

74 Sir John May Inquiry, Interim Report, para. 1.16; Professor Duncan Thorburn Burns of Queen's University Belfast.

75 Sir John May Inquiry, Interim Report, para. 1.16.

76 R v McIlkenny (1991) 93 Cr. App. R 278; Andrew Ashworth, Criminal Process, 2nd ed., Oxford University Press, 1998, p. 12.

77 The Times (1992) October 16.

78 Runciman Royal Commission, Report, 1993 Cm 2263, p. 1.

79 二〇〇九年一〇月七日会見。

80 二〇〇九年一〇月七日会見。

81 Royal Commission on Criminal Justice, Report (1993) Cm 2263, pp. 220-235.

82 Royal Commission on Criminal Justice, Report (1993) Cm 2263, Chapter 12.

83 二〇〇九年一〇月七日会見。

84 二〇〇九年一〇月七日会見。

85 Royal Commission on Criminal Justice, Report (1993) Cm 2263, Appendix 4.

86 二〇〇九年一〇月七日会見。

87 Nolan Committee on Standards in Public Life, First Report (1995) Cm 2850; Second Report (1996) Cm 3270; Third Report (1997) Cm 3702.

88 Peter Hennessy, 1976, 181-189.

89 Financial Services and Market Act 2000, Financial Ombudsman Service.

90 Northcote and Trevelyan, Report into the Organisation of Permanent Civil Service, (1854) House of Commons Parliamentary Papers, vol. xxvii, p. 1.
ノースコートとトレブリャンは一八四八年一一月から一八五三年一一月まで五年かけて中央官僚組織を調査し、東インド会社官僚制度に関する一八五四年のマコーリー（Macauley）報告書の影響も受けて一種の科挙の採用を勧告した。授権者が誰か報告書の関連部分が公開されていないので不明であるが、一八五四年三月一三日の貴族院議事録（Parliamentary Debates, 3rd Series, vol. 131, columns 640-669）では枢密院議長、同年五月五日の衆議院議事録（Parliamentary Debates, 3rd Series, vol. 132, columns 1306-1307）ではグラッドストン大蔵大臣が質問に回答している。マコーリーはオックスフォードかケンブリッジで古代ギリシャ・ラテン人文学を学んだ者こそ高級官僚の一般職として最も優れているという古典的立場を貫いたが、ノースクロフトは地理や政治経済のような実務に関連ある学科で国家試験を行なってもよいのではないかという意見であった。

91　Royal Commission on the Civil Service, 1921-1931, by Lord Tomlinson, Report (1931) Cmd. 3909.

92　Royal Commission on the Civil Service, 1953-1955, by Sir Raymond E. Priestley, Report (1955) Cmd. 9613.

93　Committee of Inquiry into the Civil Service by Lord Fulton, Report (1968) Cmnd. 3638 (Appendix B contains the Northcote-Trevelyan Report and the Macauley Report).

94　二〇〇九年一〇月七日会見。

95　二〇〇七年三月の New Law Journal 主催の実務法曹セミナーの基調演説で。

第I部のおわりに　余談と雑感

本書の見るところ、イギリス人の国制（ポリテイア⊇憲法）の基本原理は大まかにいうと三つあり、一つ目は自由であり、二つ目は法の支配であり、その系（附随定理）として、議会を通して委任または信託された統治業務の議会を通した説明責任（アカウンタビリティー、accountability）があり、三つ目は集中権力（議院内閣制）の総選挙による交代の時間的なバランス、抑制と均衡（check and balance）である。

「アカウンタビリティー」の起源として本書はフランス民法一九九三条「受任者は委任者に対し事務管理の報告をなし（rendre compte de sa gestion）、その代理人として受領した物は例えそれが本人宛のものでなくとも全て委任者の物として引渡す義務を負う」のローマ法源（学説彙纂三編三章四六節四款）が、一五五八年のエリザベス一世の王位継承演説の「私に委任（committed）された天の任務（office）・・・だから・・・天によい業績報告（make a good account）ができるように諸卿も私を助けて欲しい」（181―183頁・254頁注1）という部分に影響を与えていると指摘した（iii）。ローマ法源自体に後にドマ（『自然秩序における市民法』一編一五章）が訴訟代理、委任契約、任命（*des procurations, mandemens et commissions*）一般にこの報告責任を課した根拠があるものの（xvi頁注3）、右の私法原理を国政に応用することを誰が思いついたのか、ここでは厳密な考証はできない。ただ大陸法系諸国に応用傾向が薄いことを踏まえて、誰よりもエリザベス一世にそうする強い動機と契機があったことは指摘できる。それはエリザベス一世が他ならぬ女王だったことに起因する。エリザベスの異母姉メアリー一世はイングランド史上、実質的に最初の女王であったと言ってよいが、すぐにスペイン王フェリペ二世と結婚して共同統治した。これに対しエリザベスは一五五八年の王位継承から一六〇三年に死ぬまで四五年近くにわたって女王単独でイングランドに君臨した。日本では一五六〇年の桶狭間の戦の二年前から一六〇三年の江戸幕府の成立まで、織田信長、豊臣秀吉、徳川家康の三代にわたる天下統一の時代で、イギリスもヘンリー八世の宗教改革後、メアリー一世のカトリックへの回帰を経て、エリザベス一世が再びプロテスタントに戻し、スペインを含む国内外のカトリック勢力との正面衝突を回避しながらも、ついにやむをえず一戦を交えるという、一つ間違えばエリザベス本人の命はもとより祖国の命運そのものがかかった難局であった。その全貌を王位継承当時に予見することは不可能であっただろうが、女の身で男のように引っ張るだけでは統治できないことは必定（男でも一歳年下の織田信長の最期を考えればよい）、王権神授説だけでは誰もついてはこない。だからこそ、あえて同説を逆手にとって、統治が天からの委任業務であることを強調することで、委任者に対して良い業績報告ができるように委任業務を手伝って欲しいと臣下に頼みこむ必要があったと思われる。実際、この王位継承演説の主語は「朕」（royal we）ではなく、「私」（I）で、自然の肉体をもつ一人の女性が王という政体（国家機関）の任務を首尾よくこなせるように威厳を保ちながら助けて欲しいと懇願した、まさに一世一代の迫真の大演説であった。ヘンリー八世の六番目で最後の后キャサリン・パーが晩年の王を説得して一五四三年王位継承法により王女メアリーとエリザベスにも王位継承権を与え、将来女王になるべく教育していたことからすれば、エリザベスがこの日のために必死に演説内容を考えて準備していたことは間違いないだろう。このような主権者からの委任業務報告義務への言及は男系男子のみの王位継承を許すサリー法（lex Salica）を奉じる大陸法系諸国では必要のないことであった。しかしエリザベス女王の願いは男の王では考えられないような国民的求心力を発揮し、結果的にイングランドがプロテスタント王国として生き残るだけではなく、スペインに代わる世界帝国として成長する礎を築くことになり、女王を守るためにイギリス海軍の父フランシス・ドレイク、イギリス法の父、エドワード・クックなどの豪傑が出現した。そして、父ヘンリー八世がローマ教皇の勅許の代りに議会立法を用いたことが議会最高立法権の種を準備したのと同様、エリザベス一世の委任権力の業績報告責任論も、後の名誉革命と選挙法改正等を経て、立憲政治、議会制民主主義の原則として花開くことになったと考えられるのではないだろうか。

委任事務処理状況報告義務のローマ法源は紀元後二世紀のガイウス（法務官告示について）であるが、それと別にアリストテレスにも専制君主（僭主）も贈答品の「収支を説明する必要がある」（牛田徳子訳『アリストテレス・政治学』京都大学学術出版会二〇〇一年二九九頁ベッカー番号1314b4-5）という一節があり、これが特に一五〜六世紀の古典文芸復興（ルネサンス）の時代の統治論ないし事務管理論にも影響を与えたかも知れない。しかし、エリザベス一世の趣旨は会計報告よりも広く、アリストテレスの「統治術」の助言とは別次元の真摯なものなので、その典拠はローマ法だったと思われる。それを教えた法学者ないし文献が存在したであろうが、それは後世の研究を期待する。

さて、自由について、本書では統治機関について述べて、市民的自由について述べる機会は第二部に回す。イギリスは、個人は法律で禁じられている事項を除いて何でも自由にできるという古典的自由主義が本来好きな国で、たとえば犯罪の被疑者（裁判で有罪が確定するまで無罪が推定される）の身柄の拘束を時間単位で計り原則としてテロ特例法事件を除き殺人罪被疑の最長九六時間までが上限で、これを超えるテロ特例法案を否決した貴族院の審議で「憲法」という言葉が何度となく使われたこと（筆者「テロ法による未決拘留の例外規定と運用について」季刊刑事弁護五七号二〇〇九年一六四―一七一頁）もその一例であり、分野こそ違うが『イギリス債権法』で触れた契約の自由、とくに契約交渉破棄の自由もこれに沿うものといえよう。そして、イギリス人が「憲法」と名のつく「硬性」の特別の改正手続きを要し内容的に主要な憲法的規範の大部分を包括する「法典」を持たず、コモンローと個別議会制定法の許容する範囲内で統治権力の側の自由もある程度残っているところも、逆説的ではあるが、イギリス人の国制が自由で「達人」の国制である所以であると言えるかもしれない。プラトンではないがイデア（理想）に近づけば近づくほど法的規制は少なくなるはずだからである。

ところで、本書のこの部分は、二〇一二年一二月一六日の総選挙で選挙公約に憲法改正を掲げた政党の圧勝を受けて執筆されている。本書は、「不文憲法の国」イギリス人の国制を論じる立場から、各所に成文憲法の例としての日本国憲法の批判も交えてきたが、言いたいことは、自由な市民国家の立憲政治を実践することの方が紙切れ憲法よりも大切であるという点に尽きる。従って、仮に日本の立憲政治の成熟の結果、日本国の憲法的な能力制限（禁治軍処分）と国際的後見制度(日米安保条約)が解除されるのならば、それはそれで一定の合理性はあるかもしれないが、ほぼ半世紀にわたって長期一党支配のもとで有権者から国会を通して信託された統治権の行使について国会を通して有権者への説明機能（アカウンタビリティー）が機能せず、一九九三年と二〇〇九年の二度の政権交代の、官僚とマスコミの不協力と誤導による流産の結果として有権者が希望を失い、中国や北朝鮮の脅威と、後見国アメリカの戦争への従軍を日本兵に求める声を背景として改憲するのでは、話が違うと言わなければならない。

自民党の改憲案は、イギリス権利章典第六条流の原則違法の軍隊を議会立法で授権期間を限定して例外的に設置して不断に見直す方式とは逆に、軍隊を合憲にするために憲法を書き換える案である。それは財務省や外務省や警察や検察にも憲法上の根拠のない国に、軍隊にはそれらに優越するような憲法的根拠を与えて、さらに特別裁判権まで付与するものなので、実践的には軍隊の軍隊による軍隊のための憲法と化す危険がある。イギリスの権利章典第六条が、国民を軍隊の無法から保護すると同時に外国から渡来した征服王の海外での戦争にイギリス人が不本意に動員されないようにするための規定であったことを考えれば（⇓44—46）、自民党案は、独立した自由民主主義国の軍事法制のあり方を考える上で、現状の日本国憲法の比較法的位置づけについても、まだまだ勉強不足だと言わなければならない。そして改憲手続のための国民投票法は最低投票率の規定さえ見当たらず、これでは衆愚改憲を可能にし、わざわざ成文憲法を持つ意義さえ自ら破壊することになる。自民党は、このような改憲手続と改憲案を準備することで、自ら、逆に日本には今でも憲法上の重度の能力制限と国際的後見制度が必要であることを証明する症例と化している。これは、強い敗戦コンプレックスにより戦後憲法に対する反動が自己目的化してしまっているからである。

右の懸念を裏付けるように、近年の日本憲政には、左のように、まことに憂慮すべき事象が多い。

第一に、二〇〇七年八月一三日頃、安倍晋三内閣の小池百合子防衛大臣が守屋武昌防衛事務次官の退任予定を発表したあと、八月二八日、安倍首相が内閣改造で小池大臣の方を先に更迭した（次官は八月三一日退任）。小池大臣が主張した次官の収賄はその後一〇月から一一月にかけて国会両院での証人喚問を経て、同年一一月二七日に東京地検が元次官を逮捕、二〇〇八年一一月五日東京地裁で懲役二年六ヵ月の実刑が下るという経緯をたどった。結果的には、なぜ小池大臣が辞めなければならなかったのか分からず、それでは民主的に選ばれた文民政治家による防衛省・自衛隊の統制という憲法的要請に即して将来に大きな不安を残す采配となった。とくに守屋次官は慣例であった財務省や警察庁出身の次官ではなく防衛省生え抜きであったために、組織の論理が公益を損ないやすい日本では問題が特に深刻である（イギリスの高官人事は生え抜きにしない傾向が出ている）。大臣は官僚の不祥事につき個別責任を負うが、それは統制権の放棄ではない（⇓223）。安倍首相による小池大臣の罷免は、安倍内閣が小池大臣による次官更迭の発表の前にその理由の真相解明と責任追及とその後の防衛省改革についてどのような方策を立てていたのか、内閣としての統治能力に根本的な疑問を投げかけた。その上、小池大臣を先に罷免して罪を犯した官僚に遠慮した采配は、官高政低の日本において、かつて軍部大臣現役武官制のために内閣が軍官僚の意思に左右されて国が滅んだ前科に鑑み、憂慮すべき先例となる危険が大きい。

第二に、二〇一〇年一一月二七日、仙石由人内閣官房長官の「暴力装置でもある自衛隊」という発言、とくにマックス・ウェーバーの『職業としての政治』の学術用語（⇓51）が、参議院で自衛隊侮辱にあたるとして問責決議が可決され同長官が辞職に追い込まれた。これは一九三五年、美濃部達吉貴族院議員の天皇機関説という学説が、貴族院において、そして院外の訴追機関から、不敬罪にあたるとする非難を浴び、それに報道機関が阿諛迎合した末に、美濃部議員が辞職に追い込まれた大日本帝国の自壊過程の重要な一幕と本質的なところで重なる。即ち、感情論が理性を埋没させたのである。「暴力装置」発言には、なぜ憲法九条の禁じる「戦力」という言葉を使わないのかと質問すればよかったので、この有様ではイギリス議会のようなユーモアのセンスもなく、国会の存在意義を自ら壊している。

第三に、大日本帝国の政策の結果、今や数世代に亘って日本生まれ日本育ちの「韓系日本人」が多数いて、本人の日本公民として生きる希望と帰化手続の間に大きなギャップが残る中で、本人の政治信条とかかわりなく「在日韓国・朝鮮人」という「レッテル」を貼られて不当な差別を受けている場合が圧倒的に多いことは、本来、国会において冷静、真摯かつ理性的な議論を尽くしていかなければならない現代日本最大の人権問題の一つであるところ、二〇一一年三月四日、これを政治資金規正法上の「外国人」に当るなどと主張して前原誠司外務大臣を攻撃した参議院の多数は、いたずらに日本社会に根強い人種的偏見と弱い者いじめを煽るものでナチス的である。これに対して大臣は一切反論せずにへなへなと辞任した。イギリス（連合王国）が、かつて「合邦」というより実態として「併合」し、その後独立したアイルランド共和国（⇓32―34）の議員や市民にイギリスの衆議院議員の被選挙権を与えている度量（⇓148）と対照的である。

第四に二〇〇八年二月一九日未明に東京湾への入口近くで発生した自衛艦あたご漁船清徳丸の衝突事件では、沈没漁船の引揚調査が一切行われずに、検察の証言聴取と立証における失態のために被告自衛官の責任は問えず、逆に裁判所が無罪判決には何ら必要ないのに沈没船の死者に衝突責任をなすりつけた（横浜地裁平成二三年五月一一日判決）。この判決は二重三重の意味で驚くべきものである。まず検察の証言聴取や立証に瑕疵があり信用できないのであれば、イギリスであれば「被告人が申し開きをすべき訴追の一件が成立しない」（no case to answer）ということで訴追が棄却されるだけで終わり、少なくとも裁判所としては「検察の主張は合理的疑問を差し挟む余地のないところまでは（beyond reasonable doubt）立証できていない」という理由で無罪にできるので、どこにも沈没漁船の死体さえ上がっていない漁師に衝突責任を押し付けなければならない必要性はなかった。そもそも無罪判決には必要ないのに、被告自衛官に対する刑事訴追の端緒となった二〇〇九年一月二二日の横浜地方海難審判所の事実認定と正反対の事実認定を、冬の雨天の暗闇の中の海上衝突事故原因について、何らの物的証拠もなく、裁判所が独自に行ったことは、刑事事件における立証ルールを無視し刑事裁判の目的と分限を完全に逸脱するものであった。裁判所（秋山敬裁判長）が、このように裁判官の分限を大きく踏み外して、卑怯にも「死人に口なし」で死人を冤罪に陥れることで、敢えて自発的に自衛隊に媚を売った事実は、紀律を失った軍隊の自壊に国が巻き込まれた挙句の果て外国軍隊に占領された過去を持つ日本において、極めて憂慮すべき事態である。なぜなら、少なくとも張作霖爆殺事件のときに厳正な捜査と刑事手続がとられていたら、その後の満州事変という関東軍指導者たちの特別刑法犯、陸軍刑法にいう司令官の擅権罪、例えば同三七条の司令官が権外のことにおいてやむことをえざる理由なくして勝手に軍隊を動かすことや同三八条の命令を待たず理由なく戦闘を始めること等の死刑等にあたる罪を犯すことは防げたと思われるが、彼らが日中戦争当時の陸軍の指導者となり満州事変当時の部下から当時の犯罪を告発される恐怖により前線の部下の同様の犯罪に対する統制力を喪失して、専ら海軍や天皇の責任で事態を収拾してもらおうとしたことが裏目に出て対米英開戦という自爆に至ったと考えられるからである。国が自律した独立国であるためには、このように軍隊に対する犯罪捜査と刑事司法が厳正である必要があるが、二〇一一年五月一一日の横浜地裁「あたご」判決のように、裁判所が裁判の目的を逸脱してまで自衛隊に媚を売るようでは話にならないのである。

第五に、二〇一一年三月一一日の東日本大震災による東京電力福島第一原子力発電所の多重炉心溶融（メルトダウン）事故を受けて原子力基本法が改正され、第二条の基本方針に、原子力利用の安全確保について「我が国の安全保障に資することを目的として行う」という一文が書き加えられた。日本は、日本人の組織の鋭い分析で知られるロンドン経済政治学院名誉教授ロナルド・ドーアに、現行の核拡散防止条約から脱退して「核非武装を選択する国は核保有国のうち三ヵ国から核攻撃に対する報復を約束してもらう代りに、核武装を選択する国は核非武装国に対する核攻撃に対する報復を約束することを義務付ける多国間条約」を作って米国から独立しろと（朝日新聞二〇一二年一〇月二一日）、つまり核保有国なのか非核国なのかハッキリしろという皮肉を込めた助言を受けているように、日本は責任逃れの隠れ核保有国なのである。寺田寅彦の「天災と国防」(『経済往来』一九三四年一一月号)の発想なら、世界有数の地震火山列島における「原子力利用」はそれ自体として最大級の国の安全保障上の危険だろうが、霞ヶ関で解釈すると、改正原子力基本法第二条は逆に核武装による平和と安全の確保を意味しかねない。そしてそのためのプルトニウム生産を任された電力会社が、エネルギー源という公共財を支配しながら、委任権力としての自覚を持たないように私的独占企業となり、監督官庁の天下りの受け皿となって実質的に何人にも説明責任を負わない絶対権力と化して国民を収奪していることは、かつて帝国陸海軍が帝国憲法の文言から統帥権を引き出して虎の威を借る狐となり何人に対しても説明責任を負わずに絶対権力化していたのと同様であり、「絶対権力は絶対に腐敗する」というアクトン卿の歴史の法則(Lord Acton, 'absolute power corrupts absolutely')に従い必ず国を滅ぼし民を虐げるであろう。

日本が中国や北朝鮮を相手に実践すべきことは、責任ある自由民主主義の模範を示すことであって、隣国の全体主義専制支配者の自己正当化の材料を日本の方から提供することではない。

かつて島国の日本が大陸国家にならんとして中国国民党を痛めつけたために中国が共産化したのと同様のメカニズムで、今また大陸中国が海洋国家にならんとして、その反動で日本が野蛮なヤクザ国家になり下がるという、東アジア諸国の相互劣化の連鎖は、日本の方で断ち切らなければならない。

理性による自制が大切である。

本書は、自由人の憲政のための最低限度の要件、法の支配、とくに委任権力の説明責任(アカウンタビリティー)が、日本政治の実態において充たされる現実的可能性の乏しいことを遺憾とする。しかし、それを追求する道はあり、まずは政権交代の時間的なバランス、抑制と均衡を保つことが第一歩であろう。総選挙において二大政党には有権者に明快な選択肢を提供する義務がある。そして有権者から選択肢を奪うことに全力を尽くして憚らないほど国を私物化して(委任権力という自覚を失って)いる官僚制度の改革が不可欠である。それには裁判官人事、検察人事を含めた公務員採用昇進制度の抜本的改革（イギリスの例⇒230―231頁、裁判官人事について次期作）が必要である。

日本には、アリストテレス流に分析すれば自由人が自由人を統治する立憲政治（Aristotle, *Politica*, 1255b20）の伝統がない。むしろあらゆる組織の中で構成員が上から下まで組織の奴隷となり、精神の貧しい奴隷が奴隷を支配する傾向が強い。その意味で、国（ポリテイア＝自由市民団）なき奴隷組織の雑居体である。なぜなら日本の学校、企業、官庁その他あらゆる組織において上から下まで蔓延している「いじめ」は卑しい奴隷精神のあらわれであるからである。

アリストテレス曰く、「野蛮人は女性と奴隷を同じ地位につけるが、これは生来の指導者を持たないからである…野蛮人は奴隷と生来同じである」（アリストテレス『政治学（国制学）』1252b5-9）。ここから、「女性を奴隷扱いする人間はその性質が奴隷的である」↓「弱いものいじめをする人間はその精神が奴隷的である」という命題を導き出せると同時に、「奴隷の群れは生来指導者を持たない」という命題も出てくる。そしてそれは日本国の現状をあまりにも的確に表現している。

一方、イギリスに見るような自由社会では、組織は自由な個人の目的追及の道具として存在している。次はイギリス人の言葉ではないが、カントも「各人の自由が他人の自由と共存できるようにする法により人間の自由を最大化する（幸福の最大化はこれに自然に付随する）国制・憲法は少なくとも一個の必然的な理想（イデア）であり、この理想は憲法の起草においてだけでなく、一切の法律の土台になければならない」（『純粋理性批判』第一集先験的原理論、第二巻先験的論理学、第二部先験的弁証論、第一編純粋理性の概念について、第一章イデア一般について、より）と論じている。

自由人は相手の自由を尊重し、その言動の気高さ、公明正大さ（アカウンタビリティー）とフェアプレーを追求し、弱い者いじめのようなファウルプレー、卑怯さ、卑しさ、汚さを嫌悪する。しかし、たとえば日本の官庁や企業で期末になると蔓延する数字合わせ、業績合わせの粉飾決算はアカウンタビリティー（会計報告責任）の否定である。日本の政治風土に歴史的に根差した「院政」もまたアカウンタビリティー（責任の所在を明らかにすること）の否定そのものである。大学のサークルでも集めた資金の管理の受任者が大学当局に紙切れを提出しても肝腎の委任者には会計報告をしないところが多い。興味深いことに、イギリス議会では与野党の指導者が最前列に対面して着席し、平議員が後部座席に着席する（backbenchers ⇒213）が、これはアカウンタビリティー（公明正大な説明責任）を果たすのに都合のよい席順である。これに対して日本において政党の有力者が必ず議場の最後列に着席するのは、「院政」の因習でアカウンタビリティーを否定するのに都合がよい。また、普通、原発を進めようとすればするほど専門家の警告に謙虚に耳を傾けるもので、それが自由人の自由人に対するあり方である。日本では逆に少しでも原発に批判的な専門家がいれば、これを社会から抹殺し、安全神話を捏造することに組織をあげて取り組む。これは卑怯なだけでなく自殺行為であるが、それでも既存の組織に従順な組織人間だけが幅を利かせて姑息に棲息するようになるのは、日本が奴隷による奴隷支配のまかりとおる指導者なき野蛮社会である例証である。自由精神は自由と気高さを求め、好敵手を望むが、奴隷精神は自由と気高さを嫌い、真実を隠し、正義の芽を摘むことに全力を尽くすからである。

自由の最大の敵は人民の無気力である。「小粒」精神である。安定を望んで「寄らば大樹の蔭」で高学歴、官庁、大企業を志向する者の精神は自由ではなく初心から奴隷である。全員が大組織という大樹に寄りかかるから、全員が上から下まで組織の奴隷になる。全員が安定安心を求めてアメリカに頼る、原子力に頼るから、自らその奴隷になる。しかし、アリストテレスではないが、人の自由と誇りを打ち砕いて奴隷にして支配するよりも、気高い自由人を相手に立憲政治を行う方が尊いではないか。

日本には「イギリスには憲法がない」、専門的には「硬性の成文憲法典がない」といって、まるで優越感にでも浸るような傾向さえ見受けられるが、自由ではなく大樹に寄りかかることを求め、組織の中でなれあい、アカウンタビリティー（公明正大な説明責任）を厭うのでは、一億総奴隷化、奴隷の奴隷による支配だけが蔓延し、自由人が自由人から委任されて統治する立憲政体（ポリテイア）を築くことなど到底できない。本書は決してイギリス人の国制が完璧だなどというつもりはない（完璧な国制などはありえない）が、憲法という名前の紙切れの有無よりも、本当の意味で立憲政治を実践できていないのはイギリスなのか日本なのか？立憲政治もまともにできない国が憲法を書き換えたところで何になるか？成文憲法のもろさとして下手な改正は想像を超える帰結をもたらしかねない危険がある。改正するにしても改正手続を改正すると憲法典を持つ意義を廃しかねないので、手続には触らず特定の一条文に限って改正するのが常道である。そういう点を日本の有権者が憲法改正の提案を前にしっかりと考えられることを願って書かれた。

311　連合王国の歴代首相 1830 ～

Prime Minister	Term of Office		Elections	Party	Cabinet
Winston Churchill	1945.05.23	1945.07.26		Cons	Churchill Caretaker
Clement Attlee	1945.07.26	1951.10.26	1945,1950	Labour	Attlee
Sir Winston Churchill	1951.10.26	1955.04.07	1951	Cons	Churchill III
Sir Anthony Eden	1955.04.07	1957.01.10	1955	Cons	Eden
Harold Macmillan	1957.01.10	1963.10.19	1959	Cons	Macmillan
Sir Alec Douglas-Home	1963.10.19	1964.10.16		Cons	Douglas-Home
Harold Wilson	1964.10.16	1970.06.19	1964,1966	Labour	Wilson I
Edward Heath	1970.06.19	1974.03.04	1970	Cons	Heath
Harold Wilson	1974.03.04	1976.04.05	1974.2. 1974.10	Labour	Wilson II
James Callaghan	1976.04.05	1979.05.04		Labour	Callaghan
Margaret Thatcher	1979.05.04	1990.11.28	1979,1983 1987	Cons	Thatcher
John Major	1990.11.28	1997.05.02	1992	Cons	Major
Tony Blair	1997.05.02	2007.06.27	1997,2001 2005	Labour	Blair
Gordon Brown	2007.06.27	2010.05.11		Labour	Brown
David Cameron	2010.05.11		2010	Cons	Cons-Lib

Prime Minister	Term of Office		Elections	Party	Cabinet
Marquess of Salisbury	1886.07.25	1892.08.11	1886	Cons	Salisbury II
William Gladstone	1892.08.15	1894.03.02	1892	Liberal	Gladstone IV
Earl of Rosebery	1894.03.05	1895.06.22		Liberal	Rosebery
Marquess of Salisbury	1895.06.25	1902.07.11	1895,1900	Cons	Salisbury III
Arthur Balfour	1902.07.11	1905.12.05		Cons	Balfour
Sir Henry Campbell-Bannerman	1905.12.05	1908.04.07	1906	Liberal	Campbell- Bannerman
Herbert Asquith	1908.04.07	1915.05.25	1910.2 1910.12	Liberal	Asquith
Herbert Asquith	1915.05.25	1916.12.07		Liberal	Wartime Coalition
David Lloyd-George	1916.12.07	1922.10.19	1918	Liberal	Wartime Coalition
Andrew Bonar Law	1922.10.23	1923.05.20	1922	Cons	Bonar Law
Stanley Baldwin	1923.05.23	1924.01.16		Cons	Baldwin I
Ramsay MacDonald	1924.01.22	1924.11.04	1923	Labour	MacDonald I
Stanley Baldwin	1924.11.04	1929.06.05	1924	Cons	Baldwin II
Ramsay MacDonald	1929.06.05	1931.08.24	1929	Labour	MacDonald II
Ramsay MacDonald	1931.08.24	1935.06.07	1931	Labour	National Coalition
Stanley Baldwin	1935.06.07	1937.05.28	1935	Cons	National Coalition
Neville Chamberlain	1937.05.28	1939.09.03		Cons	National Coalition
Neville Chamberlain	1939.09.03	1940.05.10		Cons	Chamberlain War
Winston Churchill	1940.05.10	1945.05.23		Cons	Churchill War

資料：連合王国の歴代首相 1830 〜

Prime Minister	Term of Office		Elections	Party	Cabinet
Earl Grey	1830.11.22	1834.07.09	1831, 1832	Whig	Grey
Viscount Melbourne	1834.07.16	1834.11.14		Whig	Melbourne I
Duke of Wellington	1834.11.14	1834.12.10		Tory	Conservative Provincial
Sir Robert Peel	1834.12.10	1835.04.08	1835	Conservative	Peel I
Viscount Melbourne	1835.04.18	1841.08.30	1837	Whig	Melbourne II, III
Sir Robert Peel	1841.08.30	1846.06.29	1841	Cons	Peel II
John Russell	1846.06.30	1852.02.21	1847	Whig	Russell I
Earl of Derby	1852.02.23	1852.12.17	1852	Cons	Derby I
Earl of Aberdeen	1852.12.19	1855.01.30		Peelite	Peelite-Whig
Viscount Palmerston	1855.02.06	1858.02.19	1857	Whig	Palmasteron I
Earl of Derby	1858.02.20	1859.06.11		Cons.	Derby II
Viscout Palmerston	1859.06.12	1865.10.18	1859,1865	Liberal	Palmerston II
Earl Russell	1865.10.29	1866.06.26		Liberal	Russell II
Earl of Derby	1866.07.28	1868.02.25		Cons	Derby III
Benjamin Disraeli	1868.02.27	1868.12.01		Cons	Disraeli I
William Gladstone	1868.12.03	1874.02.17	1868	Liberal	Gladstone I
Benjamin Disraeli	1874.02.20	1880.04.21	1874	Cons	Disraeli II
William Gladstone	1880.04.23	1885.06.09	1880	Liberal	Gladstone II
Marquess of Salisbury	1885.06.23	1886.01.28	1885	Cons	Salisbury I
William Gladstone	1886.02.01	1886.07.20		Liberal	Gladstone III

Impeachment of Henry St. John, the Viscount Bolingbroke
'House of Lords Journal Volume 20: 6 August 1715', Journal of the House of Lords: volume 20: 1714-1717 (1767-1830) , pp. 148-153. URL:
<http://www.british-history.ac.uk/report.aspx?compid=38459>

Ministerial Code (May 2010)
<http://www.cabinetoffice.gov.uk/sites/default/files/resources/ministerial-code-may-2010.pdf>

Ponsonby Rule
House of Lords, 2005-6, Select Committee on Constitution, 15th Report, Appendix 5 on Ponsonby Rule.
<http://www.publications.parliament.uk/pa/ld200506/ldselect/ldconst/236/23612.htm> accessed on 31 March 2012.

Martin STANLEY, How to be a Civil Servant?
<http://www.civilservant.org.uk/constitution.shtml> accessed on 31 March 2012.

日本語文献

井ヶ田良治『法を見るクレオの目～歴史と現代』京都法律文化社 1987 年
伊藤隆編『東條内閣総理大臣機密記録・東條英機大将言行録』東京大学出版会 1990 年
戒能通厚『イギリス土地所有権法研究』岩波書店 1980 年
戒能通厚編『現代イギリス法事典』新世社 2003 年
戒能通厚「イギリス憲法の実像～その歴史的文脈」『法律時報』2011 年（83 号 1 号～連載中）
加藤紘捷『概説イギリス憲法～由来・展開そして改革へ』勁草書房 2002 年
グールディング（幡新大実訳）『国連の平和外交』東信堂 2005 年
櫻井敬子・橋本博之『行政法』第二版弘文堂 2009 年
新名丈夫編『海軍戦争検討会議記録』毎日新聞社 1976 年
田島裕『イギリス法入門』有斐閣 1991 年
田島裕『イギリス憲法典～ 1998 年人権法』信山社 2001 年
田中英夫編『英米法辞典』東京大学出版会 1991 年
中井亜佐子・吉野由利編『ジェンダー表象の政治学～ネーション、階級、植民地』彩流社 2011 年
永井和『青年君主昭和天皇と元老西園寺』京都大学学術出版会 2003 年
中村民雄『イギリス憲法と EC 法～国会主権の原則の凋落』東京大学出版会 1993 年
中村民雄編『ヨーロッパ「憲法」の形成と各国憲法の変化』信山社 2012 年
幡新大実『イギリス債権法』東信堂 2010 年
幡新大実「英国における公権力行使の私法的制御について」『比較法研究』67 号 2005 年 218 頁
矢頭敏也訳編『イギリス法と欧州共同体法～比較法研究の一つの試み』早稲田大学比較法研究所叢書 20、1992 年

6404
Royal Commission on the Civil Service, 1921-1931, by Lord Tomlinson, *Report* (1931) Cmd. 3909.
Royal Commission on the Civil Service, 1953-1955, by Sir Raymond E. Priestley, *Report* (1955) Cmd. 9613.
Royal Commission on Criminal Justice (Viscount Runciman), Report, (1993) Cm 2263
Royal Commission on Lunacy and Mental Disorder (1924), Cmnd. 2700.
Salmon Report, Cmnd. 3121 (1966)
Royal Commission on Tribunals of Inquiry, Report, (1966) Cmnd 3121
Scott Inquiry Report (1995/6 HC 115)
Scott Report of the Inquiry into the Export of Defence Equipment and Dual-Use Goods to Iraq and Related Prosecutions (1995/6 HC 115)

Articles

Derek MASSARELLA and Izumi K. TYTLER, 'The Japanese Charters: The English and Dutch Shuinjo' (1990) 45 Monumenta Nipponica 189-206.
Arthur STOCKWIN, 'Political Revolution in Japan', Japanese Studies at Oxford, 2010, issue 2, p. 4.

Audio Sources

BBC, 'Bloody Sunday Report Published', 15 June 2010, <http://www.bbc.co.uk/news/10320609>
David MARR, *The Making of Modern Britain,* London: BBC 2009, CD 3
Jonathan SUMPTION QC, 'Judicial and political decision-making: the Uncertain Boundary', F. A. Mann Lecture 2011.
Stefan VOGENAUER, 'Common Law for Civil Lawyers' BCL/MJur lecture at the University of Oxford, 8 October 2009.

Web Sources

Professor Anthony BRADLEY, 'Memorandum on Parliamentary Privilege – The Relationship between Courts and Parliament' 9 April 1999, http://www.publications.parliament.uk/pa/jt199899/jtselect/jtpriv/43/8022402.htm#note1

Civil Service Commission
<http://civilservicecommission.independent.gov.uk/About_us/Our_Organisation/Civil_Service_Commissioners/Meet_the_Commissioners/index.html>accessed on 21 March 2012.

Composition of the Cameron Cabinet
<http://www.parliament.uk/mps-lords-and-offices/government-and-opposition1/her-majestys-government/> accessed 12 March 2012.
<http://www.number10.gov.uk/news/her-majestys-government/> accessed on 12 March 2012.

Crossman Diary Affair
Select Committee on Public Administration, 5th Report, 25 July 2006, <www.publications.parliament.uk/pa/cm200506/cmselect/cmpubadm/689/68905.htm>

London: Sweet and Maxwell.

PUBLIC PAPERS OF THE PRESIDENTS OF THE UNITED STATES (1961) *Dwight D. Eisenhower, 1953-1961,* vol. II, Washington DC: US Government Printing Office.

Joshua ROSENBERG (1974) *The Search for Justice: An Anatomy of the Law,* London: Hodder and Stoughton,

George Macaulay TREVELYAN (1922) *British History in the Nineteenth Century 1782-1901,* London: Longmans, Green and Co.

George Macaulay Trevelyan (1926) *History of England,* London: Longmans, Green and Co.

WAR OFFICE (1882) *Manual of Military Law,* London: HMSO.

Maximilian WEBER (1922) *Wirtschaft und Gesellschaft: Grundriss der Verstehenden Soziologie,* 5te revidierte Auflage, 1 Halbband, Tübingen: J. C. B. Mohr (Paul Siebeck) , 1976.

William WINTHROP (1920) *Military Law and Procedure,* 2nd ed., Washington DC: Government Printing Office.

Michael ZANDER (2005) *The Police and Criminal Evidence Act 1984,* 5th ed., London: Sweet and Maxwell.

Reports

The Bichard Inquiry Report, 2003/4 HC 653.

Black-Sheil Committee on the Supreme Court of Northern Ireland (Cmnd 227) .

Brook Inquiry into certain allegations about the misuse of official facilities for the circulation of private documents (Cmnd. 583) .

Committee of Inquiry into the Civil Service by Lord Fulton, Report (1968) Cmnd. 3638 (Appendix B contains the Northcote-Trevelyan Report and the Macauley Report) .

Lord Denning's Inquiry into the Security Service and Mr. John D. Profumo, Cmnd. 2152 (1963)

Health and Safety Commission, *The Ladbroke Grove Rail Inquiry, Part I, Report,* by the Right Hon. Lord Cullen PC, Health and Safety Executive, London, 2001.

Nolan Committee on Standards in Public Life, First Report (1995) Cm 2850; *Second Report* (1996) Cm 3270; *Third Report* (1997) Cm 3702.

Northcote and Trevelyan, *Report into the Organisation of Permanent Civil Service,* (1854) House of Commons Parliamentary Papers, vol. xxvii, p. 1.

Philips Royal Commission, Report, 1981, Cmnd 8092

Sir John May Inquiry, *Interim Report on the Maguire Case,* House of Commons Parliamentary Papers 1989/90 HC 556, p. ii.

Sir John May Inquiry, *Second Report on the Maguire Case*, House of Commons Parliamentary Papers 1992/93 HC 296

Sir John May Inquiry, *Final Report,* House of Commons Parliamentary Papers 1994/95 HC 449

Report of an Inquiry by the Honourable Sir Henry Fisher into the circumstances leading to the trial of three persons on charges arising out of the death of Maxwell Confait and the fire at 27 Doggett Road, London SE6, (House of Commons Parliamentary Papers, 1977/78 HC 90)

Report of an Inquiry by Sir William Macpherson of Cluny, Cm 4262 (1999)

Report of the Inter-Departmental Committee on Social Insurance and Allied Services, 1942, Cmnd

Nineteenth Century: the Passing of the Reform Acts of 1832, 1867, and 1884-5, New York: Wiley.

Stanley DE SMITH and Rodney BRAZIER（1998）*Constitutional and Administrative Law,* 8th ed. Harmondsworth: Penguin.

Alfred DENNING（1982）*What Next in the Law,* London: Butterworths.

Patrick DEVLIN（1956）*Trial by Jury,* London: Steven and Son, 1956.

Albert V. DICEY（1885）*An Introduction to the Study of the Law of the Constitution*（10th ed., 1959, London: Macmillan）.

Sir Robert C. K. ENSOR（1936）*Oxford History of England, vol. XIV, England 1870-1914,* Oxford: Clarendon Pres.

Philip S. JAMES（1989）*Introduction to English Law,* 12th ed., London: Butterworths.

Sir Thomas ERSKINE MAY（1844）*A Treatise upon the Law, Privileges, Proceedings and Usage of Parliament.*

Sir ERSKINE MAY（1896）*The Constitutional History of England Since the Accession of George the Third 1760-1860,* London: Longmans, Green and Co.

Gareth EVANS（1977）*Labour and the Constitution 1972-1975,* Melbourne: Heinemann.

Sir Matthew HALE（1713）, *A History and Analysis of the Common Law of England.*

Tim HARRIS（2006）*Restoration: Charles II and His Kingdoms 1660-1685,* Harmondsworth: Penguin History.

Tim HARRIS（2007）Revolution: *The Great Crisis of the British Monarchy, 1685-1720,* Harmondsworth: Penguin History.

Peter HENNESSY（1996）*The Hidden Wiring: Unearthing the British Constitution,* London: Indigo.

Peter W. HOGG（2000）*The Liability of the Crown,* 3rd ed., Toronto: Carswell.

Godfrey H. L. LE MAY（1979）*The Victorian Constitution* London: Duckworth.

John LOCKE（1689）*An Essay concerning the True Original, Extent, and End of Civil Government* in Peter LASLETT ed., *Locke Two Treatises of Government,* Cambridge: Cambridge University Press, 1988.

Ian LOVELAND（2009）*Constitutional Law, Administrative Law and Human Rights: A Critical Introduction,* 5th ed., Oxford: Oxford University Press.

Ann LYON（2003）*Constitutional History of the United Kingdom,* London: Cavendish.

Peter James MADGWICK（1994）*A New Introduction to British Politics,* 4th ed. Cheltenham: Stanley Thornes.

Geofrey MARSHALL and Graeme C. MOODIE（1971）*Some Problems of the Constitution,* 5th revised ed., London: Hutchinson.

Kenneth O. MORGAN（2009）*The Oxford Illustrated History of Britain,* New Edition, Oxford University Press.

Colin MATHEW and Brian HARRISON ed.,（2004）*Oxford Dictionary of National Biography,* Oxford: Oxford University Press, by Sir Kingsley WOOD and G. C. PEDEN.

Philip NORTON（2011）*A Century of Constitutional Reform,* Chichester: Wiley-Blackwell for The Parliamentary History Yearbook Trust.

Owen Hood PHILLIPS and Paul JACKSON（2001）*Constitutional and Administrative Law,* 8th ed.,

引用参考文献

Unpublished Sources

Bodleian Library, Oxford, MS Jap.b2

Public Record Office, LCO 2/3215, 'The Cabinet: Draft of a Broadcast by Lord Hankey' - BBC Home Service, 'The Cabinet System', *The Listener,* 31 October 1941.

Published Sources

John ALDER (2011) *Constitutional and Administrative Law,* 8th ed., Basingstoke: Palgrave Macmillan.

Michael J. ALLEN and Brian THOMPSON (2000) *Cases and Materials on Constitutional and Administrative Law,* 6th ed., London: Blackstone.

Michael J. ALLEN and Brian THOMPSON (2011) *Cases and Materials on Constitutional and Administrative Law,* 10th ed., Oxford: Oxford University Press.

Andrew ASHWORTH (1998) *Criminal Process,* 2nd ed., Oxford: Oxford University Press.

John H. BAKER (2002) *An Introduction to English Legal History,* 4th ed., London: Butterworths.

William BLACKSTONE (1765) *Commentaries on the Laws of England,* I, 1st ed.

Vernon BOGDANOR (1995) *The Monarchy and the Constitution,* Oxford: Oxford University Press.

Vernon BOGDANOR (2001) *Devolution in the United Kingdom,* Oxford: Oxford University Press.

Vernon BOGDANOR (2009) *The New British Constitution,* Oxford: Hart Publishing.

Vernon BOGDANOR (2010) *From New Jerusalem to New Labour: British Prime Ministers from Attlee to Blair,* Basingstoke: Palgrave Macmillan.

Vernon BOGDANOR (2011) *The Coalition and the Constitution,* Oxford: Hart Publishing.

Henry de BRACTON, *De Legibus et Consuetudinibus Anglicae,* Bract. Lib. i. fol. 5

Anthony W. BRADLEY and Keith D. EWING (1997) *Constitutional and Administrative Law,* 12th ed., London: Longman.

Anthony W. BRADLEY and Keith D. EWING (2011) *Constitutional and Administrative Law,* 15th ed., London: Longman.

Rodney BRAZIER (1999) *Constitutional Practice: The Foundations of British Government,* 3rd ed., Oxford University Press.

Harry CALVERT (1968) *Constitutional Law in Northern Ireland,* London: Stevens and Son.

Alex CARROLL (2009) *Constitutional and Administrative Law,* 5th ed., Harlow: Longman.

Alex CARROLL (2011) *Constitutional and Administrative Law,* 6th ed., Harlow: Longman.

Timothy John CARTWRIGHT (1975) *Royal Commissions and Departmental Committees in Britain, A Case Study in Institutional Adaptiveness and Public Participation in Government,* London: Hodder and Stoughton.

Peter CLARK (1985) 'The Edwardians and the Constitution' in Donald READ ed., *Edwardian England,* Groom Helm for the Historical Association.

James B. CONACHER, ed. (1971) *The Emergence of British Parliamentary Democracy in the*

R v Judith Ward [1993] 1 WLR 619 282
R v McIlkenny (1991) 93 Cr. App. R 278 283-4
R v Parliamentary Commissioner for Standards, ex parte Al Fayed [1997] EWCA Civ. 2488 175
R v Ponting (1984) unreported 176
R v Rule [1937] 2 KB 375 174
R v Secretary of State for Foreign and Commonwealth Affairs ex parte Everett [1989] 2 WLR 224 245
R v Secretary of State for the Home Department ex parte Bentley [1993] 4 All ER 442 245
R v Secretary of State for the Home Department ex parte Northumbria Police Authority [1987] EWCA Civ. 5 239
R v Secretary of State for Transport ex parte Factortame (No. 2) [1990] UKHL 13 105
R (on the application of Adams) v Secretary of State for the Home Department [2005] UKHL 66 246
R (on the application of Hooper) v Secretary of State for Work and Pensions [2005] 1 WLR 1681 237
Re MC [1985] AC 528 251-2
Rederiaktiebolaget Amphitrite v R [1921] 3 KB 500 249
Rivlin v Bilainkin [1953] 1 QB 485 173, 176
Robinson v Minister of Town and Country Planning [1947] KB 702 CA 87

S

Shrewsbury and Atcham Borough Council v Secretary of State for Communities and Local Government [2008] EWCA Civ. 148 237
Simmenthal SpA v Italian Minister for Fiance, 106/77 [1978] ECR 629 104
Stockdale v Hansard (1839) 9 A & E 1 169, 171

T

Thoburn v City of Sunderland [2002] EWHC (Admin) 195 66, 105-6
Three Rivers District Council v Bank of England [2000] UKHL 33 and [2001] UKHL 16 253
Trawnik v Lennox and Ministry of Defence [1985] 2 All ER 368 251
Turner v Sterling, (1671) 2 Vent. 24 253

V

Vauxhall Estates v Liverpool Corporation [1932] 1 KB 733 98

W

Ward's Case (1636) Clay 44 247
Wason v Walter (1868) LR 4 QB 73 174
Wheeler v Leicester City Council [1985] AC 1054 106
Wilkes v Wood (1763) Lofft 1 247
William Cory and Son v London Corporation [1951] 2 KB 476 250

Ellen Street Estates v Minister of Health [1934] 1 KB 590 98
Enrick v Carrington (1765) 19 St. Tr. 1030 244
Ex parte Cannon Selwyn (1872) 36 JP 54 78, 93, 104

G

Gibson v Lord Advocate 1975 SLT 134 103
Gossett v Howard (1845) 10 QB 359 151, 171
Gorringe v Calderdale Metropolitan Borough Council [2004] UKHL 15 254
Gouriet v Union of Post Office Workers [1978] AC 435 245

H

Hall v Hall (1944) 88 SJ 383 113
Huckle v Money (1763) 2 Wils KB 205 247

J

Jackson v Attorney-General [2005] UKHL 56 101, 110-1, 160, 203
James Bagg's Case (1615) 11 Co Rep 93b, 98 64

K

Karagozlu v Metropolitan Police Commissioner [2006] EWCA Civ 1691 253
Kuddus v Chief Constable of Leicestershire [2000] EWCA Civ 39 253

L

Laker Airways v Department of Trade [1977] QB 643 238, 245
Liversidge v Anderson [1942] AC 206 87

M

M v Home Office [1993] 3 All ER 537 252
MacCormick v Lord Advocate 1953 SC 396 (Scotland) 103
Mackalley's Case, (1611) 9 Co Rep 65b 248
Madzimbamuto v Lardner-Burke [1969] 1 AC 645 100
Manuel v Attorney-General [1983] Ch 77 93, 100
Marbury v Madison 5 US (1 Cranch) 137 (1803) 63, 195
Mortensen v Peters (1906) 14 SLT 227 (Scotland 95

N

NS (Saeedi) v Secretary of State for the Home Department [2011] EUECJ-C411/1 108

P

Pepper v Hart [1992] UKHL 3 44
Pickin v British Railways' Board [1974] AC 765 93, 102, 169

Q

Quinland v Governor of Belmarsh Prison [2002] EWCA Civ 174 251

R

R v A (No. 2) [2002] 1 AC 45 246
R v Armstrong, Conlon, Hill and Richardson (1989) The Times, October 20, p. 33 281
R v Collin Jordan [1967] Crim LR 483 DC 94
R v Graham-Campbell ex parte Herbert [1935] 1 KB 594 175

判例索引

A

A v Home Secretary [2004] UKHL 56 71
Anderson v Gorrie [1895] 1 QB 668 251
Ashby v White, 1 Smith's Leading Cases, 13th ed., 253 253
Attorney-General v de Keyser's Royal Hotel Ltd [1920] AC 508 61, 238
Attorney-General v Jonathan Cape [1976] QB 752 222
Attorney-General v Wiltshire United Dairies (1921) 37 TLR 884 63
Attorney-General for New South Wales v Trethowan [1932] AC 526 (PC) 98-9
Attorney-General of the Duchy of Lancaster v G. E. Overton (Farms) Ltd [1981] Ch 333 244

B

Beach v Freeson [1972] 1 QB 14 173-4
Blackburn v Attorney-General [1971] 1 WLR 1037 100, 245
Bonham's Case, (1610) 8 Co Rep 375 62, 102
Bradlaugh v Gossett (1884) 12 QBD 271 175
Burmah Oil Co Ltd v Lord Advocate [1964] UKHL 6, [1965] AC 75 85, 96-7

C

Carltona Ltd v Commissioners of Works [1943] 2 All ER 560 87, 233
Case of Convocations (1610) 12 Co Rep 72 103, 183
Case of Proclamations (1611) 12 Co Rep 74 61, 243
Case of Prohibitions del Roy (1607) 12 Co Rep 63 59
Case of the Sheriff of Middlesex (1840) 11 A&E 273 171
Church of Scientology v Johnson-Smith [1972] 1 QB 522 172
Churchward v R (1865) LR 1 QB 173 250
Clarke v Bradlaugh (1881) 7 QBD 38 175
Coomber v Justices of Berkshire (1883) 9 App Cas 61 248
Council of Civil Service Unions v Minister for the Civil Service [1985] AC 374 61, 232, 245, 250

D

Davis v Bromley Corporation [1908] 1 KB 170 253
Dorset Yacht Co. v Home Office [1970] AC 1004 251
Duncan v Cammell Laird [1942] AC 624 ii
Dunbell v Roberts [1944] 1 All ER 326 248
Dunlop v Woollahra District Council [1982] AC 158 253
Dunn v R [1896] QB 116 250

E

Edinburgh and Dalkeith Railway v Wauchope (1842) 8 Cl&F 710 93

SUBORDINATE LEGISLATION (EU)

日本国憲法

法令索引

STATUTES

A

B

ホールト（John Holt）　45
法案委員会（Standing Committee → General Committee）　154-5
北部大臣と南部大臣（Secretary of State for Northern Department and Secretary of State for Southern Department）の区別から内務大臣と外務大臣の区別へ　241
ホッブス（Thomas Hobbes）　21
ポリテイア（市民権、市民国家、統治原理、憲法、立憲政体、立憲政治）　i-ii, 301
ポンソンビー手続（Ponsonby Rule）　237, 241-3

ま行

南アフリカ（スタイン卿）　111
メアリー一世　36, 183, 184
メアリー二世　27, 34, 36, 102-3
メイ調査委員会（May Inquiry）　280-3
名誉革命（Glorious Revolution）　8, 25-27, 29, 34, 44, 90, 185
黙示廃止（先行立法の）（implied repeal）　98, 114

や行

有事立法　68, 109, 239-240
➡緊急大権（王冠大権）
ヨーロッパ→欧州

ら行

ランシマン王立委員会（Royal Commission on Criminal Justice）　258, 283-6
リチャード二世　169
リチャード三世　17, 34, 102
立法方式（enacting formula）　89-90
連合王国（The United Kingdom）　15, 28, 32, 33, 35, 103, 241
連合王国最高裁判所（Supreme Court of the United Kingdom）　75, 143, 149
ローマ教皇　35, 104
ロック　21, 85, 91, 240-1

➡連合王国
独立警察苦情委員会（Independent Police Complaints Commission） 274
独立非官庁公共団体（Independent or Executive Non-Departmental Public Bodies） 148, 228
➡クァンゴランド

な行

内閣（Cabinet） 208-210
内閣政府から首相政府へ 216-8
内閣と政府の別（内閣の閣僚は同時に枢密顧問、政府は枢密顧問でない閣外大臣や政府役員を含む） 208, 209, 210, 211, 212-3
内閣総辞職 150, 190
➡ねじれ現象、議会解散
内乱（The Civil War）、 21-24, 42, 43, 50, 184
二重王国（イングランドおよびウェールズ） 17
ねじれ現象と内閣総辞職と議会解散 199-204
ノーラン調査委員会（Nolan Inquiry） 227-9, 286-7
ノルマンディー公領 35, 209

は行

白書（white paper） iii, 156
ビクトリア 36, 190
平議員（backbenchers） 213
比例代表制 132-3
フィッシャー調査委員会（Fisher Inquiry） 274-279
フィリップス王立委員会（Royal Commission on Criminal Procedure） 258, 279-281
フォークランド戦争（Falklands War） 209, 212, 218, 224
腐敗した町選挙区（rotten borough） 114, 125-6
ブラクトン（Bracton） 59
ブラックストーン（William Blackstone） 46, 50, 58, 236-7
プロフューモ事件（Profumo Affair） 84, 272
➡デニング調査委員会（Denning Inquiry）
文民統制（civilian control） 211-2, 215, 216 海軍 , 216-8
ヘイル裁判官（Matthew Hale） 46, 50, 58
ヘンリー一世 18
ヘンリー二世（アンジュー伯プランタジネット家） 16, 17, 19, 35
ヘンリー三世 16
ヘンリー五世 17
ヘンリー六世 34
ヘンリー七世（テューダー家） 17, 18, 20, 34, 102
ヘンリー八世 17, 18, 20, 35, 36 184

た行

ジェイムズ一世（六世）（ステュワート朝） 15, 20, 35, 42, 183
ジェイムズ二世（七世） 26, 29, 31, 65, 102, 139, 184-5
自然的正義（natural justice） 62
シモン・ド・モンフォール（Simon de Montfort）の議会 16
司法消極主義 102, 104, 111
事務次官（Permanent Under Secretary of State） 212
➡政務次官（Parliamentary Under Secretary of State）
首位権（欧州共同体→連合の法の） 66, 104-105, 108
衆議院（House of Commons） 148
住民投票（referendum →国民投票） 115-6, 118-120
自由（freedom） i, 299
習律→憲法的習律
首相（Prime Minister） 213-5
➡内閣
首相の解任 197-8, 204-7
➡内閣総辞職
首相の任命 189-196
主務大臣（Secretaries of State） 210-1
省庁委員会（departmental committees） 260-5
➡枢密院
ジョージ一世（ハノーバー朝） 29
ジョージ三世 32, 83
ジョージ四世 83
ジョージ五世 83, 191-2
ジョン王 16, 36
人民主権 iv, 114-120
枢密院（Privy Council） iii, 208-210, 260
➡勅令（Order in Council）
枢密院司法委員会（Judicial Committee of the Privy Council） 143, 208
枢密院の委員会 208-9, 234
➡省庁委員会
スコット調査委員会（Scott Inquiry） 224-5, 265-6, 267, 268-270
➡イラクへの武器供与事件（Arms to Iraq Affair）
スコットランド 19, 28-29, 43, 60, 71, 103, 111, 115, 119
スコットランド教会（Church of Scotland → Presbyterian Church 長老派） 22, 185, 289
清教徒革命（ピューリタン革命）→内乱（The Civil War）
政教分離（separation of Church and State） 184
➡英国教会
制憲議会（Convention Parliament 1660） 24, 139
制憲議会（Convention Parliament 1689） 8, 26-27, 44, 50, 103

➡連合王国最高裁判所
貴族院（九人法廷）　71, 101, 110
貴族院議員株たたき売り事件（cash for honours affair）　204-5
共和国（Commonwealth）→内乱（The Civil War）
ギロチン＝法案の刻限設定（programming of a bill）　164
クァンゴランド（Quasi-Autonomous Non-Governmental Organisations ＝準独立非政府機関）と天下り　228
➡独立非官庁公共団体
クーデター（Pride's Purge）　23, 139
クック（Edward Coke）　43, 59, 61, 62, 64, 86, 102, 112, 183
軍　22-24, 43-52, 114, 139, 176, 184, 221-2, 238, 270-2
憲政の常道（日本語）　79
憲法改革法（Constitutional Reform Act 2005）の批判　146
憲法制定権力（pouvoir constituent）　59, 113
憲法的習律（constitutional convention）または習律　ii, viii, 49, 76-85, 150, 188, 190, 194, 237-8, 250
➡憲政の常道
憲法的基本権（constitutional fundamental）　110
➡最高法規
憲法的立法（constitutional statutes）ないし特別の憲法的地位を認められている立法　66-69, 105-106
➡最高法規
硬性憲法と軟性憲法　ii, 57
控訴院（イングランド・ウェールズ）　60
国王大権→王冠大権
国政調査（Grand Inquest of the Nation）　151, 265, 266
➡専責委員会（Select Committee）
国民投票（referendum →住民投票）　91, 116-8
コモンロー（Common Law）　58, 76

さ行

サーブル調査委員会（Saville Inquiry）　270-2
➡血の日曜日事件（Bloody Sunday）、北アイルランド
最高法規　ii, 62-3, 99, 109, 110-111
➡議会主権ないし最高立法権、憲法的立法、憲法的基本権
財産評価制（timocracy）　124
裁判所侮辱罪（Contempt of Court）　252, 266-7
三権分立（separation of powers）　ii, 240-1
➡勢力均衡（balance of powers）
裁判官任用委員会（Judicial Appointments Commission）　186, 287

王と民の原契約（original contract） 26, 114
王の大権→王冠大権
王立委員会（royal commissions） 260-2
大蔵大臣（Chancellor of Exchequer） 211, 213, 214
オズボザリー規範（Osbotherly Rules） 226, 233,
オレンジ君ウィリアム（Prince William of Orange）のイングランド侵略公約（The Invasion Manifesto）またはハーグ宣言 8, 26, 102-3, 123

か行

カールトーナ原則（Carltona Principle） 87, 233
閣外大臣（閣外相は枢密院の外で副大臣、政務次官まで） 210-3
閣内大臣（閣内相は首相と主務大臣を中心とした枢密顧問の集団） 210, 260
官僚（Civil Servants） 230-5, 260, 285-6
➡大臣責任、説明責任
議員経費不当請求事件（Parliamentary Expenses Affair ブラウン内閣時のスキャンダル） 178, 229
議院内閣制 ii, iv
議会解散権 85, 140, 189, 192, 207
議会綱紀オンブズマン（Parliamentary Commissioner for Standards） 154, 175, 177-8
議会最高立法権（legislative supremacy）または議会主権 71, 92-8, 104-5, 110-111
➡最高法規
議会裁判所（High Court of Parliament） 166, 169, 240
議員質問依頼料金事件（Cash for Questions Affair メイジャー内閣時のスキャンダル） 178, 225, 227
➡ノーラン調査委員会
議会特権（parliamentary privileges） x, 166
➡議会侮辱
議会内王冠主権 89, 103
議会の数え方（会期と任期） 141
議会の内規と慣習（laws and customs of Parliament） 75-6, 151-166
議会侮辱（contempt of Parliament） x, 171-9
議会立法（statute, Act of Parliament） 66, 93, 111-4,
議会立法手続 156-157
議事進行妨害（filibustering） 164
➡ギロチン（guillotine）
北アイルランド 33, 60, 116, 272-4
➡アイルランド
貴族院（House of Lords） 142-8, 184
貴族院（憲法の番人、憲法院） 144-6
貴族院（裁判権） 44, 60, 75, 142-3, 146, 149

日本語

あ行

アースキン・メイ（Thomas Erskine May）　76, 86
アームストロング覚書（Armstrong Memorandum）　224, 233
アイルランド（Ireland）　17-18, 31-34, 43, 104, 116, 118, 119, 148, 164, 202
➡北アイルランド
天下り→クァンゴランド
アン（ステュワート朝の最後）　28, 36, 140
委任立法（statutory instruments）　94
イラク戦争調査委員会（Chilcot Inquiry）　234
イラクへの武器供与事件（Arms to Iraq Affair）　224-5, 266, 268
➡スコット調査委員会（Scott Inquiry）
イングランド銀行　165
ウィリアム一世　34
ウィリアム三世　27, 34, 44
➡オレンジ君ウィリアム
➡メアリー二世（妻）
ウェールズ（Wales）　15, 16-17, 115-6,
ウェールズ大君（Prince of Wales）　16
英国教会（Church of England → Episcopal Church 聖公会、監督派）
18, 21, 22, 35, 104, 148, 183-7
➡聖職貴族
➡政教分離（separation of Church and State）
英国教会最高管領（Supreme Governor of the Church of England）　184
英国放送協会（BBC）　ix, 146, 148, 172, 178
英連邦　37, 148
エドワード一世　16, 19, 247
エドワード二世　16
エドワード三世　35, 247
エドワード六世　36
エリザベス一世　iii, 18, 20, 21, 35, 36, 160, 181-3, 301-3
エリザベス二世　36, 84
欧州共同体（→連合）加盟維持をめぐる国民投票　85, 117, 120, 222
王冠（Crown）　103, 142, 181-3, 188
王冠の権限　188-207
王冠大権（Royal Prerogatives）　61, 187, 232, 236, 239-245, 258, 260
王冠無答責（Crown Immunities）　245-8
欧州共同体（→連合）　34, 85, 105-9, 117, 120, 222
王政復古（Restoration）　21, 24, 43, 184

HM Revenue and Customs 国税関税庁 150
hung Parliament 宙ぶらりん議会 191
Leader of the House of Commons 衆議院対策委員長、閣内大臣の一人 161, 210
Lord Chancellor（Lord High Chancellor）大法官 218
National Audit Office 国家監査局 149
Order of the Day (Main Business) 議会各院の本議事 155
Osbotherly Rules オズボザリー規範 226, 233
Parliamentary Commissioner for Standards 議会綱紀オンブズマン 154, 175, 177
Parliamentary Under Secretary of State 政務次官 212
Permanent Under Secretary of State (Permanent Secretary) 事務次官 212
➡ spoils system 猟官制
Ponsonby Rule ポンソンビー手続 237, 241-3
private bills 非一般法律案 156
private members' bills 議員立法案（→ government bills） 156
public bills 一般法律案 156
Second Lord of the Treasury 大蔵卿委員次席→大蔵大臣
Secretary of State（英）主務大臣（同じ内閣に複数）、（米）国務長官
Select Committee 専責委員会　＊日本の国会の「常任委員会」と「特別委員会」の区別はイギリス議会にはないので要注意。日本の国会の特別委員会に似たものもあれば、Departmental Select Committees（官庁別専責委員会）など常任委員会にあたるものも含む。 150, 153-4, 267
Sergeant-at-Arms 衆議院の門番 175, 177
Speaker of the House of Commons 衆議院議長 152
spoils system 猟官制 212, 232
Standing Committee（史）法案委員会（→ General Committee）＊これは決して日本の国会の「常任委員会」ではない。「常設」でもない。 154-5
supply 議会による対政府資金供給ないし予算承認 149, 165, 205-6
➡首相の解任
Under Clerk of the Parliaments 衆議院事務総長（Clerk of the House of Commons）
ways and means 資金調達（課税と起債） 166
Westminster ウェストミンスター。イギリス議会の議事堂のある場所、議事堂または議会そのものを指す。日本の国会を永田町と呼ぶようなもの。スコットランド地方議会（Scottish Parliament）などと区別するときにもこの呼称が用いられる。
Westminster Hall ウェストミンスター・ホール。議事堂の敷地内にある手前の古い建物で古くは王座裁判所、衆座裁判所、勘定奉行裁判所の三つのコモンロー裁判所が開廷していたが、2010年6月15日の議事規則改訂で、衆議院の議場のかわりに利用できるようになった。 163
White Hall ホワイトホール。ロンドンの官庁街で、官庁を指すこともある。日本の霞ヶ関に相当。
white paper 白書（green paper; public bill） 156

人名・事項索引

※〔➡は参照項目を、→は関連名称をさす〕

ENGLISH

（主に難解語の語彙集で参照ページは主に日本語見出しを参照のこと）

Armstrong Memorandum アームストロング覚書 224, 233
Carltona Principle カールトーナ原則 78 注12, 233
carrying over（法案の）会期末の繰り越し 160
Chairman of Ways and Means 衆議院副議長＝歳入委員長 152
Chancellor of Exchequer「勘定奉行」（大蔵大臣） 211, 213, 214
Civil Service 官僚、公務員
Civil War（英）1641-1660 の日本語でいう清教徒革命を指すがイギリス本国では革命ではなく内乱に過ぎない、（米）1861-5 の南北戦争
Clerk of the House of Commons 衆議院事務総長 76
Clerk of the Parliaments 貴族院事務総長
Command Papers 王命文書 152, 170
Committee of the Whole House 議会各院の全院委員会 153
Commonwealth（史）共和国（⊂内乱＝ The Civil War）（現）英連邦（British Commonwealth of Nations）
Comptroller and Audit General 会計監査長 149, 232
Court of Common Bench or Pleas（史）衆座裁判所（「人民間訴訟裁判所」）
Court of Exchequer（史）勘定奉行裁判所（「財務府裁判所」）
Court of King's Bench（史）王座裁判所
Damian Green Affair 議会（衆議院）特権事件 ix-x, 174, 176-7
Duncan Sandys Affair 議会（衆議院）特権事件 172
First Lord of the Treasury（大蔵卿委員首席）→首相
➡ Second Lord of the Treasury
filibustering 議事進行妨害 164
➡ guillotine
General Committee 法案委員会（→ Standing Committee） 154-5
George Strauss Affair 議会（衆議院）特権事件 173
Government Whip 政府幹事 163, 212, 219
Grand Inquest of the Nation（議会による）国政調査 151
green paper 緑書（→ white paper） 156
guillotine ①斬首台（ギロチン）、② programming of a bill 法案審議の刻限設定 164
Hansard 出版社名で現在ではイギリス議会の公式な議事録を指す 152, 169
House of Commons 衆議院（「庶民院」）
House of Lords 貴族院

著者紹介

幡新　大実（はたしん おおみ）

1966 年生、東京大学法学部卒

1999 年、ランカスター大学 PhD

2003 年、英国法廷弁護士（インナー・テンプル）

2004 年、オックスフォード大学セント・アントニーズ・カレッジ上級客員研究員

2008 年、オックスフォード大学欧州法比較法研究所客員フェロー

2010 年、早稲田大学国際教養学部非常勤講師

主要著書

『イギリス債権法』東信堂、2010 年

『イギリスの司法制度』東信堂、2009 年

『国連の平和外交』（訳書）東信堂、2005 年

イギリス憲法Ⅰ　憲政

2013 年 5 月 30 日　　初　版第 1 刷発行　　〔検印省略〕

＊定価はカバーに表示してあります。

著者Ⓒ幡新大実／発行者 下田勝司　　印刷・製本／中央精版印刷

東京都文京区向丘 1-20-6　　郵便振替 00110-6-37828　　発行所

〒113-0023　TEL (03) 3818-5521　FAX (03) 3818-5514　　株式会社 東信堂

Published by TOSHINDO PUBLISHING CO., LTD.

1-20-6, Mukougaoka, Bunkyo-ku, Tokyo, 113-0023 Japan

E-mail : tk203444@fsinet.or.jp　http://www.toshindo-pub.com

ISBN978-4-7989-0174-9　C3032